工业强基系列丛书

工业强基

中国制造大系统之成功砝码

陈玉涛　主编

全国工业和信息化科技成果转化联盟　编著

电子工业出版社

Publishing House of Electronics Industry

北京 · BEIJING

内 容 简 介

为了解决制造业大而不强，自主创新能力弱，关键核心技术与高端装备对外依存度高等制约我国社会经济发展和国防建设的问题，国务院于 2015 年 5 月 8 日发布了《中国制造 2025》，力争通过"三步走"实现制造强国的战略目标。工业强基是《中国制造 2025》的核心任务，决定制造强国战略的成败，是一项长期性、战略性、复杂性的系统工程，必须加强顶层设计，制定推进计划，明确重点任务，完善政策措施，整合各方资源，组织推动全社会齐心协力，抓紧抓实，长期坚持，务求抓出实效。本书涉及工业强基的总体情况、项目实施进展，应用实例分析。旨在宣贯工业强基相关政策及实施纲领，为政府相关部门、各地方经信委、各行业协会及国内企业提供信息支持。

图书在版编目（CIP）数据

工业强基：中国制造大系统之成功砝码 / 陈玉涛主编；全国工业和信息化科技成果转化联盟编著. —北京：电子工业出版社，2017.3

ISBN 978-7-121-30885-7

Ⅰ.①工… Ⅱ.①陈… ②全… Ⅲ.①制造工业－研究－中国 Ⅳ.① F426.4

中国版本图书馆 CIP 数据核字（2017）第 021258 号

策划编辑：张瑞喜
责任编辑：张瑞喜
印　　刷：中国电影出版社印刷厂
装　　订：中国电影出版社印刷厂
出版发行：电子工业出版社
　　　　　北京市海淀区万寿路 173 信箱　邮编　100036
开　　本：710×1000　1/16　印张：15.75　字数：246 千字
版　　次：2017 年 3 月第 1 版
印　　次：2017 年 3 月第 1 次印刷
定　　价：89.80 元

编 委 会

主　编：陈玉涛

副主编：张立霞　马小纲　张　健

编　委：于　娟　甄敏娜　李　媛　李桂芳　任丽丽

　　　　赵　冲　米　娟　叶　珊　黄　忞　张丽娜

　　　　李玉敏　尹银锋　王中华　毛允德

顾问委员会

主　任：

柳百成　中国工程院院士，清华大学材料加工工程系、机械工程系教授

副主任：

朱宏任　中国企业联合会、中国企业家协会常务副会长兼理事长，原工业和信息化部总工程师

委　员（排名不分前后）：

屈贤明　国家制造强国战略咨询委员会委员，中国工程院制造业研究室主任

王小谟　中国工程院院士，中国电子科技集团公司电子科学研究院院长

序　一

2015 年 5 月，国务院正式颁布建设制造强国的纲领性文件：《中国制造 2025》。《中国制造 2025》聚焦实施创新体系建设、智能制造、工业强基、绿色制造、高端装备制造等五大重点工程，其中工业强基工程是重要组成部分。五大工程相互关联、互相促进，智能制造是主攻方向，而工业强基则是智能制造的技术基础和支撑。

我国已是名副其实的世界制造业第一大国，据 2015 年世界银行统计资料，我国制造业增加值约占全世界的 23% 左右。但是，总体上看，多数产业仍处在世界制造产业的中低端，大而不强的问题十分突出。我国制造业大而不强的原因很多，主要原因之一是缺乏核心和关键共性技术。

工业强基工程将关键共性技术归纳为"四基"：即基础零部件、基础原材料、先进基础工艺及关键技术基础。"四基"已经成为制约我国工业由大变强的关键，也是制约我国提高技术创新能力和全球竞争力的瓶颈所在。以数控机床为例，我国高档数控机床特别是配套的高档数控系统 80% 依靠进口。我国已是世界机器人消费大国，但是高端工业机器人及其关键零部件仍严重依赖于进口。

应该指出，工业发达的欧美国家，也在不断提升制造基础能力。近年来，美、英等国在"再工业化战略"指引下，采取多种举措加强制造领域竞争前关键共性技术（关键零部件、基础材料及先进基础工艺）的研发能力。同时，又特别强调加强制造基础能力与信息化深度融合。以美国举例，美国正在推行由一批制造创新研究院组成的"制造业—美国（Manufacturing

USA）"，已建成的九所制造创新研究院中，有三所与基础材料和制造工艺有关，有三所与智能制造有关。因此，无论是发展中国家还是工业发达国家，强大的制造基础是实现制造业强国的坚实基石。

"基础不牢、地动山摇"，工业强基是制造强国建设的重要基础，需要政府和企业共同努力，发挥其各自作用。首先，要提高对加强"四基"能力的认识，重视发挥政府的积极引导作用；要加强"四基"创新能力及平台建设，建设一批与"四基"有关的制造创新研究中心；要充分发挥产学研用积极性，组建创新联盟，分工合作，各司其职，协同创新；要十分重视提升"四基"创新能力与数字化、信息化技术的深度融合；加强"四基"能力建设、更要发扬"工匠"精神，长期坚持，持之以恒。

总之，实施工业强基工程，提升我国工业基础创新能力，任务艰巨，意义重大。需要政府、企业、高校院所和社会各界力量，共同努力，为实现由制造大国向制造强国转变，实现中华民族伟大复兴做出积极贡献。

本书扼要介绍工业强基工程出台前后背景，详细解读工业及信息化部相继发布的加快提升工业基础能力的指导意见、具体实施方案及典型示范案例。相信本书出版能为政府部门、制造企业、高校院所等有关人员提供信息支持。

2017 年 2 月 12 日

序 二

工业基础直接决定着产品的性能和质量，是工业整体素质和核心竞争力的根本体现，是制造强国建设的重要基础和支撑条件。虽然经过 30 多年快速发展，我国工业总体实力迈上新台阶，成为具有重要影响力的工业大国，形成了门类较为齐全、能够满足整机和系统一般需求的工业基础体系。但是，工业"四基"能力仍然不强，表现在核心基础零部件（元器件）、部分关键基础材料产品质量和可靠性难以满足需要，主要依赖进口；先进基础工艺应用程度不高，共性技术缺失；产业技术基础体系不完善，试验验证、计量检测、信息服务等能力薄弱，严重制约了我国工业转型升级和创新发展。因此，提升工业基础能力，既是促进我国产业结构调整和转型升级，加快我国工业向中高端迈进，实现经济可持续健康发展的必然要求，又是保障我国在 2025 年实现从工业大国迈向工业强国的战略基石。为此，工业强基工程作为《中国制造 2025》的核心任务之一被列出，并提出了"到 2020 年，40% 的核心基础零部件、关键基础材料实现自主保障，受制于人的局面逐步缓解。到 2025 年，70% 的核心基础零部件、关键基础材料实现自主保障，80 种标志性先进工艺得到推广应用，部分达到国际领先水平，建成较为完善的产业技术基础服务体系"的战略目标。

提高工业基础能力是一个系统工程，要充分发挥政、产、学、研、用各方的积极性和主动性，各司其职，分工合作，协同推进。一方面要充分发挥各级政府部门的重要引导作用。工信部于去年下半年正式出台了《工业强基工程实施指南（2016—2020 年）》，对到 2020 年我国工业强基工程的重点工作进行了具体部署。另一方面要充分发挥龙头企业和产业研究机构的作用，带动上下游和产学研用共同建设一批能够跨行业或全行业服务的基础共性零部件、基础工艺、基础材料的创新研究中心。虽然经过多年努力，我国产学研用协同创新取得了明显成效，但仍然存在一些体制机制障碍。其中关键是要充分发挥好企业在创新中的主体作用。习近平总书记去年 5 月 30 日在全国科技创新大会、两院院士大会、中国科协第九次全国代表大会上发表的重要讲话指出，我国必须坚持走中国特色科技创新道路，面向世界科技前沿、面向国民经济主战场、面向国家重大需求。这"三个面向"既是我国新时期科技创新的目标导向，也是我国企业创新的主攻方向。工业"四基"就是"三个面向"的重要领域。广大企业、尤其是行业领先企业要有勇立世界科技创新潮头的魄力和勇气，敢于挑战国外技术权威，积极开展原创性、高水平研发活动，突破核心基础零部件、关键基础材料和基础工艺，形成有重大影响的专有技术和基础产品，从引进、消化、吸收的"逆向创新"向"正向创新"转变，真正从创新追赶转变为创新引领。

中国企业联合会、企业家协会作为全国企业、企业家的社会组织，近年来在促进企业创新、开展两化融合、实施智能制造等方面开展了大量卓有成效的工作，取得了较好成效。未来我们将按照党中央、国务院部署，聚焦落实《中国制造 2025》，充分发挥桥梁纽带作用，积极建言献策，总结推广成功经验，搭建官产学研合作交流平台，为将我国早日建成制造强国作出自己的贡献。

是为序。

朱宏任

2017 年 2 月 12 日

前　言

　　工业基础能力直接决定着产品的性能、质量和可靠性，是制造业综合实力和国家产业竞争力的重要体现。与世界先进水平相比，我国制造业在核心基础零部件（元器件）、关键基础材料、先进基础工艺和产业技术基础（简称"四基"）上存在较大差距，底盘不牢、基础不强已成为制约制造业高端化发展的"卡脖子"问题。

　　党中央、国务院高度重视制造业的发展，第十二届全国人大四次会议通过的《中华人民共和国国民经济和社会发展第十三个五年规划纲要》提出全面提升工业基础能力。实施工业强基工程，重点突破关键基础材料、核心基础零部件（元器件）、先进基础工艺、产业技术基础等"四基"瓶颈。引导整机企业与"四基"企业、高校、科研院所产需对接。支持全产业链协同创新和联合攻关，系统解决"四基"工程化和产业化关键问题。强化基础领域标准、计量、认证认可、检验检测体系建设。实施制造业创新中心建设工程，支持工业设计中心建设。设立国家工业设计研究院。2015年5月，国务院印发了《中国制造2025》，要求大力实施工业强基工程，力争到2025年70%的核心基础零部件、关键基础材料实现自主保障。

　　2011年以来，工信部把提升工业基础能力作为推动工业转型升级的重要举措。在财政部、中国工程院、国务院发展研究中心等部门的大力支持下，工业强基体系化推进模式初步形成，全社会"重基础"、"打基础"的认识初步树立，一批"四基"领域瓶颈问题初步解决。

夯实工业基础是制造强国建设的重要抓手，工业强基成为全国各地区、全行业共同推动的重点任务。工信部、发改委、科技部、财政部联合发布了《中国制造 2025》五大工程实施指南，明确了未来 5 年到 10 年的发展方向和重点工作。工业强基主要解决核心基础零部件、关键基础材料、先进基础工艺的工程和产业化瓶颈问题，完善产业技术基础服务体系。工业强基是一项具有长期性、战略性、复杂性的系统工程，决定制造强国战略的成败，需要长期坚持。

本书系统梳理有关政策，统计分析工业强基示范应用项目及中标公示项目，重点解读"一条龙"应用计划和"一揽子"突破行动，提出工业强基发展的建议。内容涉及工业强基的总体情况、项目实施进展，应用实例分析。旨在宣贯工业强基相关政策及实施纲领，为政府部门、各地方经信委，各行业协会、国内企业及社会有关方面提供信息支持。由于我们水平和时间有限，不足之处在所难免，恳请专家和读者批评指正。

全国工业和信息化科技成果转化联盟

北京中企慧联科技发展中心

2017 年 2 月 12 日

目 录

第一章 概 述

↘ 工业强基的背景及要求

↘ 工业强基的重点任务

↘ 工业强基的发展阶段

一、工业强基的背景及要求
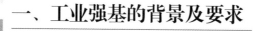

（一）背景

工业基础主要包括核心基础零部件（元器件）、关键基础材料、先进基础工艺和产业技术基础，直接决定着产品的性能和质量，是工业整体素质和核心竞争力的根本体现，是制造强国建设的重要基础和支撑条件。

经过多年发展，我国工业总体实力迈上新台阶，已经成为具有重要影响力的工业大国，形成了门类较为齐全、能够满足整机和系统一般需求的工业基础体系。但是，核心基础零部件（元器件）、关键基础材料严重依赖进口，产品质量和可靠性难以满足需要；先进基础工艺应用程度不高，共性技术缺失；产业技术基础体系不完善，试验验证、计量检测、信息服务等能力薄弱。工业基础能力不强，严重影响主机、成套设备和整机产品的性能质量和品牌信誉，制约我国工业创新发展和转型升级，已成为制造强国建设的瓶颈。未来 5～10 年，提升工业基础能力，夯实工业发展基础迫在眉睫。

工业强基是《中国制造2025》的核心任务，决定制造强国战略的成败，是一项长期性、战略性、复杂性的系统工程，必须加强顶层设计，制定推进计划，明确重点任务，完善政策措施，整合各方资源，组织推动全社会齐心协力，抓紧抓实，长期坚持，务求抓出实效。

（二）内涵及构成

1. 核心基础零部件

工业核心基础零部件和元器件，是组成工业制成品的、具有一定功能的、不可分拆或通常不予拆分的基础单元。核心基础零部件和元器件可以分为通用和专用两大类。

其中，通用核心基础零部件包含量大面广的机械基础零部件、电子元器件和仪器仪表元器件；专用核心基础零部件和元器件为面向具体工业行业和领域的核心基础零部件和元器件。如图 1 所示。

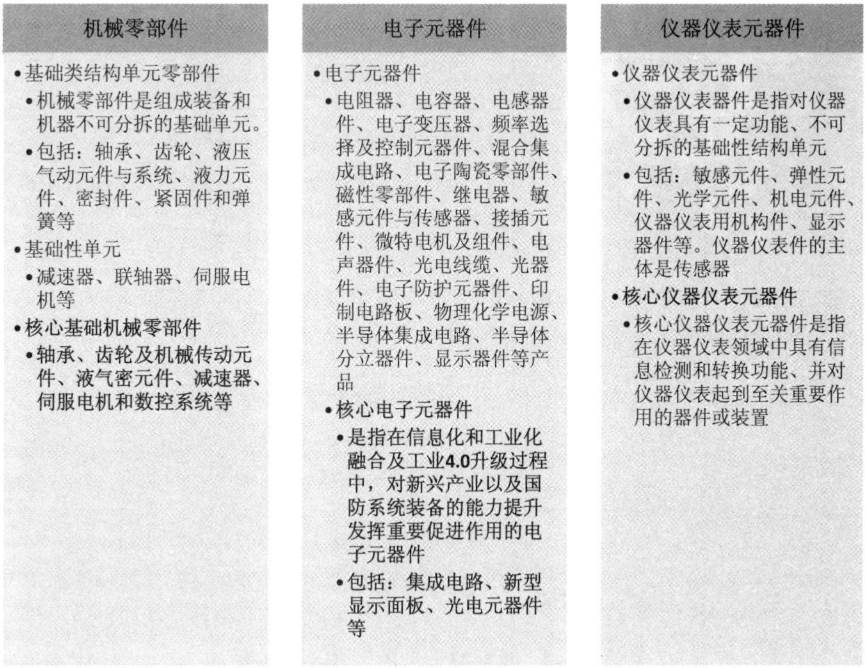

机械零部件	电子元器件	仪器仪表元器件
• 基础类结构单元零部件 • 机械零部件是组成装备和机器不可分拆的基础单元。 • 包括：轴承、齿轮、液压气动元件与系统、液力元件、密封件、紧固件和弹簧等 • 基础性单元 • 减速器、联轴器、伺服电机等 • **核心基础机械零部件** • 轴承、齿轮及机械传动元件、液气密元件、减速器、伺服电机和数控系统等	• 电子元器件 • 电阻器、电容器、电感器件、电子变压器、频率选择及控制元器件、混合集成电路、电子陶瓷零部件、磁性零部件、继电器、敏感元件与传感器、接插元件、微特电机及组件、电声器件、光电线缆、光器件、电子防护元件、印制电路板、物理化学电源、半导体集成电路、半导体分立器件、显示器件等产品 • **核心电子元器件** • 是指在信息化和工业化融合及工业4.0升级过程中，对新兴产业以及国防系统装备的能力提升发挥重要促进作用的电子元器件 • 包括：集成电路、新型显示面板、光电元器件等	• 仪器仪表元器件 • 仪器仪表器件是指对仪器仪表具有一定功能、不可分拆的基础性结构单元 • 包括：敏感元件、弹性元件、光学元件、机电元件、仪器仪表用机构件、显示器件等。仪器仪表件的主体是传感器 • **核心仪器仪表元器件** • 核心仪器仪表元器件是指在仪器仪表领域中具有信息检测和转换功能、并对仪器仪表起到至关重要作用的器件或装置

图 1 机械零部件和电子元器件分类构成

信息来源：国家制造强国建设战略咨询委员会。中企慧联整理。

核心基础零部件和元器件是装备制造业的核心，是战略物资，是产业创新的前提，直接影响经济和国防安全。目前我国核心基础零部件和元器件具有相当规模和一定技术水平的完整产业体系，产业规模发展迅速，研发能力显著进步。从我国的发展现状来看，我国工业核心基础零部件和元器件具有以下发展趋势。见表 1。

表 1 我国工业核心基础零部件和元器件发展趋势

类　别	趋　势	内　容
机械零部件	技术趋势	1）产品技术与高新技术相互融合 2）模块化、组合化、集成化技术得到重视 3）高性能和环保成为新的发展主题 4）广泛采用新材料、新工艺
	产业和市场发展	1）构建精细化工分工的企业集团 2）企业功能集研发、制造、销售、服务为一体 3）企业信息化 4）品牌建设及企业知名度
电子元器件	技术趋势	1）片式化无源元件的范围逐步扩大并向超小型化发展 2）传统引线型无源元件的小型化 3）无源元件集成技术发展 4）极限性能和环保要求提高
	产业和市场发展	1）自动化和机器人技术的普通速度加快 2）全球电子元器件制造业的第四次转移浪潮 3）市场竞争从规模竞争转向技术和标准的竞争 4）行业间的融合速度加快
仪器仪表元器件	技术趋势	1）逐步系统化 2）对理论创新的依赖程度增大 3）微型化、智能化和网络化
	产业和市场发展	1）产业化模式向国际合作方向发展 2）生产规模向规模经济或适度规模经济发展 3）生产格局向专业化方向发展 4）生产技术向自动化发展 5）企业重点技术从依赖引进技术向引进技术的消化吸收与自主创新的方向转移 6）企业经营从单体经营向集成化经营模式发展，从国内市场为主向国内、国外两个市场相结合的国际化方向跨越发展

信息来源：国家制造强国建设战略咨询委员会。中企慧联整理。

2. 关键基础材料

关键基础材料是指先进工业制成品自身及其生产过程中所使用的支撑和关键材料，是先进制造业发展的基础。关键基础材料种类较多，主要包括以下种类。如图2所示。

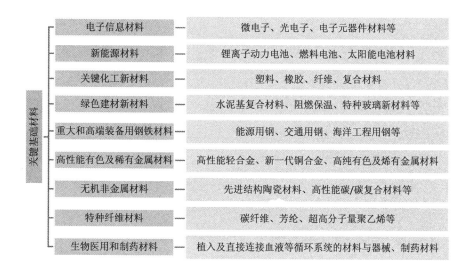

关键基础材料	电子信息材料	微电子、光电子、电子元器件材料等
	新能源材料	锂离子动力电池、燃料电池、太阳能电池材料
	关键化工新材料	塑料、橡胶、纤维、复合材料
	绿色建材新材料	水泥基复合材料、阻燃保温、特种玻璃新材料等
	重大和高端装备用钢铁材料	能源用钢、交通用钢、海洋工程用钢等
	高性能有色及稀有金属材料	高性能轻合金、新一代铜合金、高纯有色及烯有金属材料
	无机非金属材料	先进结构陶瓷材料、高性能碳/碳复合材料等
	特种纤维材料	碳纤维、芳纶、超高分子量聚乙烯等
	生物医用和制药材料	植入及直接连接血液等循环系统的材料与器械、制药材料

图 2 关键基础材料类别构成

信息来源：国家制造强国建设战略咨询委员会。中企慧联整理。

世界各国高度重视关键基础材料的研发与产业化，高新技术发展也促使关键基础材料的不断更新换代，跨国集团在此产业中占据着主导地位，并且，绿色、低碳成为关键基础材料发展的重要趋势。在此背景下，我国的关键基础材料前沿不断突破，核心竞争力显著增强，材料升级换代加速，与国家重大工程结合紧密，产业的规模也在不断扩大，区域特色逐步显现，与此同时，政策环境持续优化，宏观指导不断加强。

根据我国经济建设对关键材料的需求，结合国际材料产业发展趋势，在"十三五"时期及更长时期，我国重点的关键基础材料包括的内容见表2。

表2 重点关键基础材料列表

序号	重点关键基础材料	序号	重点关键基础材料
1	关键微纳电子材料	7	先进合金材料
2	新型显示材料	8	关键稀土功能材料
3	新能源电池材料	9	特种无机非金属材料
4	高性能化工材料	10	特种纤维材料
5	新型建筑材料	11	生物医用和制药材料
6	高端钢铁材料	12	前沿新材料

信息来源：国家制造强国建设战略咨询委员会。中企慧联整理。

3. 先进基础工艺

先进基础工艺是指工业装备和产品制造过程中量大面广、通用性强的关键的、共性的先进基础工艺。各行业都有先进基础工艺，按行业应用特点，基础工艺可分为两类，即通用先进基础工艺和专用先进基础工艺。如图3所示。

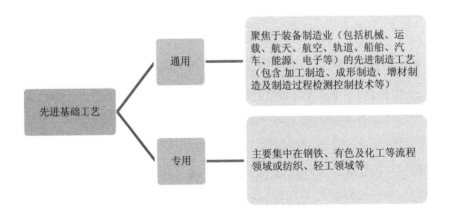

图3 先进基础工艺分类构成

信息来源：国家制造强国建设战略咨询委员会。中企慧联整理。

基础工艺发展趋势可归纳为 4 个方面。

1） 制造技术与高技术集成

2） 数字化智能化技术深度融合

3） 在极端条件下的基础工艺技术

4） 轻量化、精密化、绿色化制造基础工艺

发展先进基础工艺，需要根据关键、共性、卡脖子、需国家层面支持的原则。根据此原则，重点发展 14 项先进基础工艺，其中 10 项为通用先进基础工艺，4 项为专用先进基础工艺。见表 3。

表 3 14 项重点发展的先进基础工艺

序号	重点发展工艺	序号	重点发展工艺
1	近净成形制造工艺	2	轻量化材料成形制造工艺
3	先进热处理及表面强化工艺	4	金属增材制造工艺
5	精密及超精密加工工艺	6	高效及复合加工工艺
7	特种成形及加工制造工艺	8	超大型零件成形及加工制造工艺
9	集成电路及半导体器件制造工艺	10	制造过程数字化、智能化技术
11	绿色钢铁流程基础工艺	12	资源节能、环境友好的石化流程基础工艺
13	纺织领域先进基础工艺	14	轻工领域先进基础工艺

信息来源：国家制造强国建设战略咨询委员会。中企慧联整理。

4. 产业技术基础

产业技术基础以标准、计量、检验检测、认证认可等为核心要素，通过要素特性之间的相互融合而产生的综合效果，体现对产业发展的基础性和支撑性作用。

产业技术基础的核心要素包括标准、计量、检验检测和认证认可服务。四个核心要素贯穿于核心基础零部件（元器件）、关键基础材料、先进基础

工艺（简称"三基"）发展的全过程，产业技术基础是"三基"的基础和支撑，形成协同效应，作用于机械、航天、航空、轨道交通、汽车、能源装备等众多制造业领域，共同促进提质增效，推动产业转型升级。

（三）总体要求

1. 基本原则

落实制造强国建设战略部署，围绕《中国制造2025》十大重点领域高端突破和传统产业转型升级重大需求，坚持"问题导向、重点突破、产需结合、协同创新"，以企业为主体，应用为牵引，创新为动力，质量为核心，聚焦五大任务，开展重点领域"一揽子"突破行动，实施重点产品"一条龙"应用计划，建设一批产业技术基础平台，培育一批专精特新"小巨人"企业，推动"四基"领域军民融合发展，着力构建市场化的"四基"发展推进机制。

为建设制造强国奠定坚实基础。

——坚持问题导向。围绕重点工程和重大装备产业链瓶颈，从问题出发，分析和研究工业"四基"的薄弱环节，针对共性领域和突出问题分类施策。

——坚持重点突破。依托重点工程、重大项目和骨干企业，区分轻重缓急，点线面结合，有序推进，集中资源突破一批需求迫切、基础条件好、带动作用强的基础产品和技术。

——坚持产需结合。瞄准整机和系统的发展趋势，加强需求侧激励，推动基础与整机企业系统紧密结合，推动基础发展与产业应用良性互动。

——坚持协同创新。统筹各类创新资源，促进整机系统企业、基础配套企业、科研机构等各方面人才、资本、信息、技术的有效融合，产品开发全过程对接、全流程参与，探索科技与产业协调、成果和应用互动的新模式。

2. 主要目标

经过5～10年的努力，部分核心基础零部件（元器件）、关键基础材料达到国际领先，产业技术基础体系较为完备，"四基"发展基本满足整机和系统的需求，形成整机牵引与基础支撑协调发展的产业格局，夯实制造强国建设基础。到 2020 年，工业基础能力明显提升，初步建立与工业发展相协调、技术起点高的工业基础体系。40% 的核心基础零部件（元器件）、关键基础材料实现自主保障，先进基础工艺推广应用率达到 50%，产业技术基础体系初步建立，基本满足高端装备制造和国家重大工程的需要。具体目标是：

——质量水平显著提高。基础零部件（元器件）、基础材料的可靠性、一致性和稳定性显著提升，产品使用寿命整体水平明显提高。

——关键环节实现突破。推动 80 种左右标志性核心基础零部件（元器件）、70 种左右标志性关键基础材料、20 项左右标志性先进基础工艺实现工程化、产业化突破。先进轨道交通装备、信息通信设备、高档数控机床和机器人、电力装备领域的"四基"问题率先解决。

——支撑能力明显增强。建设 40 个左右高水平的试验检测类服务平台，20 个左右信息服务类服务平台，服务重点行业创新发展。

——产业结构优化升级。培育 100 家左右年销售收入超过 10 亿元、具有国际竞争力的"小巨人"企业，形成 10 个左右具有国际竞争力、年销售收入超过 300 亿元的基础产业集聚区。

二、工业强基的重点任务

（一）推进重点领域突破发展

围绕《中国制造 2025》十大重点领域高端发展以及传统产业转型升级，加强统筹规划，利用各类资源，分领域分阶段分渠道解决重点工程和重大装备的"四基"发展之急需。发挥工业强基专项资金的引导作用，突出重点，创新管理，梳理装备和系统需求，分析产业现状，遴选 170 种左右标志性核心基础零部件（元器件）、关键基础材料和先进基础工艺组织开展工程化、产业化突破。按照小规模、专业化、精细化的原则组织生产专用核心基础零部件（元器件）和关键基础材料，重点解决终端用户的迫切需求。按照大批量、标准化、模块化的原则组织生产通用核心基础零部件（元器件）和关键基础材料，推广先进基础工艺，重点提升产品可靠性和稳定性。组织实施"一揽子"突破行动，集中成体系解决十大重点领域标志性基础产品和技术，完善机制、搭建平台，引导材料、零部件研发生产企业、工艺和技术研发机构等有机结合，协同开展核心技术攻关，促进科技创新成果的工程化、产业化，解决高端装备和重大工程发展瓶颈。

（二）开展重点产品示范应用

应用是提升基础产品质量和可靠性，促进"四基"发展的关键。以需求为牵引，针对重点基础产品、工艺提出包括关键技术研发、产品设计、专用材料开发、先进工艺开发应用、公共试验平台建设、批量生产、示范推广的"一条龙"应用计划，促进整机（系统）和基础技术互动发展，协同研制计量标准，建立上中下游互融共生、分工合作、利益共享的一体化组织新模式，推进产业链协作。鼓励整机和系统开发初期制定基础需求计划，吸收基础企业参与；鼓励基础企业围绕整机和系统需求，不断开发和完善产品和技术。鼓励整机和系统企业不断提高基础产品质量、培育品牌，满足市场需求。提升先进基础工艺的普及率，提升生产技术和管理水平，促进高端化、智能化、绿色化、服务化转型。

（三）完善产业技术基础体系

针对新一代信息技术、高端装备制造、新材料、生物医药等重点领域和行业发展需求，围绕可靠性试验验证、计量检测、标准制修订、认证认可、产业信息、知识产权等技术基础支撑能力，依托现有第三方服务机构，创建一批产业技术基础公共服务平台，建立完善产业技术基础服务体系。根据产业发展需要，持续不断对实验验证环境、仪器设备进行改造升级，形成与重点产业和技术发展相适应的支撑能力。注重发挥云计算、大数据等新技术和互联网的作用，鼓励企业和工业园区（集聚区）依托高等学校和科研院所建设工业大数据平台，构建国家工业基础数据库，推进重点产业技术资源整合配置和开放协同。鼓励在工业园区（集聚区）率先建立第三方产业技术基础公共服务平台，提升工业集聚集约发展水平。

（四）培育一批专精特新"小巨人"

企业通过实施十大重点领域"一揽子"突破行动及重点产品"一条龙"应用计划，持续培育一批专注于核心基础零部件（元器件）、关键基础材料和先进基础工艺等细分领域的企业。完善市场机制和政策环境，健全协作配套体系，支持"双创"平台建设，鼓励具有持续创新能力、长期专注基础领域发展的企业做强做优。优化企业结构，逐步形成一批支撑整机和系统企业发展的基础领域专精特新中小企业。鼓励基础企业集聚发展，围绕核心基础零部件（元器件）、关键基础材料和先进基础工艺，优化资源和要素配置，形成紧密有机的产业链，依托国家新型工业化产业示范基地，培育和建设一批特色鲜明、具备国际竞争优势的基础企业集聚区，建设一批先进适用技术开发和推广应用服务中心。

（五）推进"四基"军民融合发展

调动军民各方面资源，梳理武器装备发展对"四基"需求，联合攻关，破解核心基础零部件（元器件）、关键基础材料、先进基础工艺、产业技术基础体系等制约瓶颈。建设军民融合公共服务体系，支持军民技术相互转化利用，加快军民融合产业发展。充分发挥军工技术、设备和人才优势，引导先进军工技术向民用领域转移转化；梳理民口优势领域和能力，跟踪具有潜在军用前景的民用技术发展动态，促进先进成熟民用"四基"技术和产品进入武器装备科研生产。推进军民资源共享，在确保安全的前提下，鼓励工业基础领域国防科技重点实验室与国家重点实验室、军工重大试验设备设施与国家重大科技基础设备设施相互开放、共建共享。推动国防装备采用先进的民用标准，推动军用技术标准向民用领域的转化和应用。

三、工业强基的发展阶段

（一）现阶段发展概述

1. 制造业发展形势和环境

1）全球制造业格局面临重大调整

新一代信息技术与制造业深度融合，正在引发影响深远的产业变革，形成新的生产方式、产业形态、商业模式和经济增长点。各国都在加大科技创新力度，推动三维（3D）打印、移动互联网、云计算、大数据、生物工程、新能源、新材料等领域取得新突破。基于信息物理系统的智能装备、智能工厂等智能制造正在引领制造方式变革；网络众包、协同设计、大规模个性化定制、精准供应链管理、全生命周期管理、电子商务等正在重塑产业价值链体系；可穿戴智能产品、智能家电、智能汽车等智能终端产品不断拓展制造业新领域。我国制造业转型升级、创新发展迎来重大机遇。

全球产业竞争格局正在发生重大调整，我国在新一轮发展中面临巨大挑战。国际金融危机发生后，发达国家纷纷实施"再工业化"战略，重塑制造业竞争新优势，加速推进新一轮全球贸易投资新格局。一些发展中国家也在加快谋划和布局，积极参与全球产业再分工，承接产业及资本转移，拓展国际市场空间。我国制造业面临发达国家和其他发展中国家"双向挤压"的严峻挑战，必须放眼全球，加紧战略部署，着眼建设制造强国，固本培元，化挑战为机遇，抢占制造业新一轮竞争制高点。

2）我国经济发展环境发生重大变化

随着新型工业化、信息化、城镇化、农业现代化同步推进，超大规模内需潜力不断释放，为我国制造业发展提供了广阔空间。各行业新的装备需求、人民群众新的消费需求、社会管理和公共服务新的民生需求、国防建设新的安全需求，都要求制造业在重大技术装备创新、消费品质量和安全、公共服务设施设备供给和国防装备保障等方面迅速提升水平和能力。全面深化改革和进一步扩大开放，将不断激发制造业发展活力和创造力，促进制造业转型升级。

我国经济发展进入新常态，制造业发展面临新挑战。资源和环境约束不断强化，劳动力等生产要素成本不断上升，投资和出口增速明显放缓，主要依靠资源要素投入、规模扩张的粗放发展模式难以为继，调整结构、转型升级、提质增效刻不容缓。形成经济增长新动力，塑造国际竞争新优势，重点在制造业，难点在制造业，出路也在制造业。

3）建设制造强国任务艰巨而紧迫

经过几十年的快速发展，我国制造业规模跃居世界第一位，建立起门类齐全、独立完整的制造体系，成为支撑我国经济社会发展的重要基石和促进世界经济发展的重要力量。持续的技术创新，大大提高了我国制造业的综合竞争力。载人航天、载人深潜、大型飞机、北斗卫星导航、超级计算机、高铁装备、百万千瓦级发电装备、万米深海石油钻探设备等一批重大技术装备取得突破，形成了若干具有国际竞争力的优势产业和骨干企业，我国已具备了建设工业强国的基础和条件。

但我国仍处于工业化进程中，与先进国家相比还有较大差距。制造业大而不强，自主创新能力弱，关键核心技术与高端装备对外依存度高，以企业为主体的制造业创新体系不完善；产品档次不高，缺乏世界知名品牌；资源能源利用效率低，环境污染问题较为突出；产业结构不合理，高端装备制造业和生产性服务业发展滞后；信息化水平不高，与工业化融合深度不够；产业国际化程度不高，企业全球化经营能力不足。推进制造强国建设，必须着力解决以上问题。

建设制造强国，必须紧紧抓住当前难得的战略机遇，积极应对挑战，加强统筹规划，突出创新驱动，制定特殊政策，发挥制度优势，动员全社会力量奋力拼搏，更多依靠中国装备、依托中国品牌，实现中国制造向中国创造的转变，中国速度向中国质量的转变，中国产品向中国品牌的转变，完成中国制造由大变强的战略任务。

2. 现阶段工作进展

工业强基是一项长期性、系统性、复杂性的战略工程，必须动员全社会力量，整合多方面资源，齐心协力、共同推进，为制造强国建设奠定更坚实的物质基础。目前，工业强基已经进入全面实施的新阶段。工业强基从"十二五"之初开始推动，经过多年努力，各方面取得了积极进展。如图4所示。

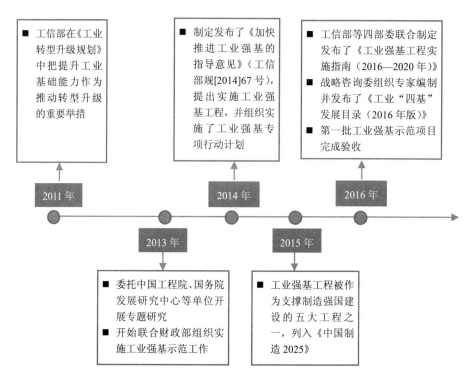

图 4 工业强基开展情况

1）制定发布了一系列指导文件

工业强基的制度体系日臻完善。从 2013 年起，即按年度编制"工业强基专项行动实施方案"，连续 4 年纳入"6+1"行动计划。2014 年工信部发布《关于加快推进工业强基的指导意见》，提出了工业强基的原则、目标、发展重点和主要任务。2015 年，工信部和财政部联合发布《关于组织开展 2015 年工业转型升级强基工程的通知》，首次明确了高端装备制造、电子信息、海洋工程等领域需要重点发展的 18 项技术、19 项核心基础零部件、5 项先进基础工艺，以及 13 种产业技术基础公共服务平台。2016 年，由工信部牵头，会同发改委、科技部、财政部、中国工程院、国家国防科工局、国家质检总局、国家标准委等 7 个部门共同编制，工信部、发改委、科技部、财政部联合发布了《工业强基工程实施指南（2016—2020 年）》，随后，起草《工业"四基"发展目录》，以及发布《工业强基工程实施方案验收评价工作细则》等，制定重点支持方向目录，开展工业强基专项行动，及组织实施工业强基工程。

2）积极协调推进工业强基战略研究

开展扎实的战略研究作为支撑，加强理论政策储备，提高科学决策水平。

2014 年工信部委托中国工程院开展了"工业强基战略研究"，全国人大原副委员长路甬祥担任项目负责人。项目组对重点省市的制造业发展情况开展专题调研，了解不同区域不同产业在"四基"方面的发展情况及存在的主要问题，并听取各地企业关于如何发展"四基"的意见和建议，推出了一系列有影响的研究成果，研究工作围绕 1 个综合、5 个领域、13 个重点行业，明确了 318 个重点方向和 39 项标志性项目。目前一期研究已圆满完成。

2016 年 6 月启动了二期研究，围绕重点领域"一条龙"推进路线图、专精特"小巨人"企业培育、公共创新平台建设、产业质量基础示范应用、数据平台建设及运行机制以及综合与政策等专题开展研究，二期课题共设置一个综合课题和五个专项课题，计划 2017 年 12 月完成。项目研究历时两年多来，有 40 多名院士和 100 多名专家完成了项目预期研究目标。研究工作取得了多方面的成果，提升了全社会对工业强基战略意义的认同和支持，为国家制定《工业强基工程实施指南》提供了科学扎实的基础。

与此同时，国研中心、赛迪研究院、部分行业协会等，开展了"十三五"工业强基的发展战略与政策、工业强基战略研究、电子信息产业强基方向研究等课题研究，这些战略研究为工业强基提供了重要的智力支持，为国家相关决策提供科学依据。

3）抓好工业强基工程示范项目建设

建立了较为完善的项目管理机制。与财政部合作，完善了从项目申请、项目遴选（招投标）到项目验收评价、绩效考评等的管理流程。创新招标代理机构遴选方式，通过比选方式组建工作强基工程招标代理机构库，选择确定了招标代理机构。制定发布了《工业强基实施方案验收评价工作细则》，进一步规划范目监督管理和验收评价工作。

中央财政加大资金力度。从 2013 年起，财政部在工业转型升级资金中安排支持工业强基工程示范项目，到 2016 年财政资金规模已达 16 亿元，为深化工程实施提供了重要保障。

实施了一大批工业强基重大项目。2013 至 2016 年，共安排了 276 个示范项目，总投资 423 亿元，国家财政投入资金超过 40 亿元。见表 4。

表 4 工业强基重大项目统计

"四基"类型	支持项目数量（个）	总投资（亿元）	重点支持方向／领域
核心基础零部件（元器件）	120	169	工业机器人轴承、传感器、核级静密封件等领域
关键基础材料	93	162	高铁列车结构材料、高端显示靶材、石墨烯等材料
先进基础工艺	15	28	超大型构件先进成形、增材制造、精密成型等工艺
产业技术基础	48	64	航空轴承检测、工业大数据、笔头及墨水适配试验、智能硬件底层软硬件、智能汽车与智慧交通应用等公共服务平台

信息来源：工信部《工业强基发展报告（2016）》。

推进了重要"四基"产品的示范应用。从 2013 年起连续发布工业强基工程示范应用重点方向，按不同年度"四基"产业发展重点，发布了 50 余项重点应用方向，推动整机和系统企业采用自主产品和技术。多年来，一批自主创新产品和工艺，如文物保护装备用传感器、低压纳滤水处理工艺等在国内企业实现了示范应用。

打造了一批产业共性技术服务平台。2015 年，制定《产业技术基础公共服务平台建设管理暂行办法》。从 2013 年起，安排支持了工程机械高压液压元件可靠性研究试验检测技术、锂电子动力电池工艺装备技术等 45 项产业技术基础公共服务平台项目，为"四基"企业解决行业共性问题提供了低成本、高效率的技术基础支撑。

4）工业强基取得的初步成效

初步形成了部省联动的良好态势。地方政府对强基的重视程度逐步提高，各地区把工业强基作为重要工作内容。如《中国制造 2025 江苏行动纲要》提出突破关键核心技术，聚集工业基础领域实施技术改造，进一步强化江苏制造基础；浙江宁波市提出推动基础领域优势产业集群的建设升级。各地区探索积累了一些先进管理经验，江苏省积极跟踪"四基"发展趋势，建立动态项目库，编制滚动项目计划；宁波市推进骨干企业引领、高成长企业带动、单项冠军企业示范等工作，形成了较为完善的"四基"企业梯队。

基本建立了分工明确、点面结合的工作体系。经过多年的磨合探索，初步形成了部委协调、专家聚智、机构支撑的强基工作格局。协调财政部、科学技术部等部委，工业强基重要文件、重大规划、重要政策的出台得到了大力支持。组建了强基工程专家咨询组，不定期如开会议、研讨"四基"发展重点和推进机制。

实现了资金管理、组织方式上的一系列转变。

在工作路径上，完成了从散点式扶持到体系化推进的重要转变，主要做法是按领域抓"一揽子"、按产品抓"一条龙"、按企业抓"一大批"。

在资金使用上，完成了从一次性奖补向分阶段后补重要转变，既解决项目的前期资金所需、又保证资金可控，发挥最大效益。

在项目遴选上，完成了从传统的专家评审向招投标方式的转变，逐步健全了示范项目管理流程。

在验收管理上，由传统的政府机关验收、推荐单位验收扩展到可委托第三方机构验收，充分发挥支撑机构的作用。

一批"卡脖子"问题得到初步解决。在专项资金支持下，工业"四基"领域取得了突破性进展。自 2014 年开始，工信部围绕重点装备和重大工程需求，组织开展工业强基示范项目，支持了航空航天关键基础材料、输电设备基础零部件等。仅 2015 年开展的工业强基专项行动，支持了 118 个示范项目，一批关键共性技术和产品实现示范应用。财政部设立了工业强基工程专项资金，给予相关企业资金支持。目前规模达到 16 亿元。示范项目在不同年度各有侧重，能够适应国家整机产业发展所需，能够反映工业基础领域的突出问题。政策和项目的实施效果已初步显现。在部分领域形成核心技术，一些重点领域"卡脖子"问题初步得到解决。见表 5。

表 5 工业强基突破项目举例——按"四基"类型

"四基"类型	产品 / 技术 / 项目名称	重要突破
核心基础零部件（元器件）	高速动车组齿轮传动系统	成功突破了齿轮修形、轻铝合金材料、润滑密封等关键技术，完成高铁列车齿轮传动系统的全面自主化研制，解决了进口产品的运行中产生的箱体破裂、轴承烧损等质量问题，实现了为国内高铁动车配套的齿轮传动系统的国产化替代
	汽油机缸内直喷喷油器总成	打破了国外电喷系统零部件厂家在汽油缸内直喷喷油器的技术垄断，替代了国内缸内直喷汽车所采用的进口产品
	掺铒光纤激光器	突破了大功率泵浦源、掺铒光纤、光纤光栅等激光器核心零部件的国产化难题，填补了国内高功率连续掺铒光纤激光器空白，同时打破了国际上此类产品对中国的出口管制和贸易壁垒
	航空紧固件"航空铆钉"	填补了以抽芯铆钉为代表的高端航空紧固件的国内空白，助力大飞机制造国产化的进程，实现了航空紧固件行业的本地配套能力，促进国内航空行业的整体技术水平发展
	挖掘机专用高压柱塞泵和多路控制阀	在 140cc 以下的高压柱塞泵和 180L/min 的液压多路阀领域实现多项关键技术的突破，打破国外的技术封锁和市场垄断

"四基"类型	产品/技术/项目名称	重要突破
关键基础材料	特钢高标准轴承材料示范项目	形成了整套高标准轴承钢制造核心自主技术，实现高标准轴承钢、高档汽车用钢打破国外垄断，国内市场占有率分别提高到80%和35%。加快了高标准轴承钢产业化水平
	高速列车车体底架用7000系高性能铝合金结构材料	突破了产品生产过程中易裂、力学性能不能满足客车要求的难题
	低残余应力航空铝合金材料	突破航空铝合金预拉伸厚板、锻件低残余应力制造关键技术，极大地改善了该产品长期依赖进口的局面
	新型平板显示用高纯靶材	突破了大长宽比超高纯靶材精密机械加工工艺、大尺寸超高纯铝靶材压延技术、大面积异种金属无间隙微缺陷焊接控制技术、大尺寸超高纯靶材清洗封装工艺，打破了美、日对溅射靶材产业的垄断
	高阻尼/高回弹橡胶及热塑性弹性体材料	项目开发了适用于高阻尼桥梁隔震支座高阻尼橡胶，实现了高阻尼桥梁隔震支座、弹性车轮高硬度高回弹橡胶材料、热塑性车车钩缓冲弹性元件的产业化，摆脱国外的技术封锁，切实解决了轨道交通、桥梁、建筑等领域的材料及制品配套需求
	超超临界火电机组高压锅炉用特种不锈钢管	全面掌握了超超临界火电锅炉管等的特种管材的设计、制造关键技术、从根本上解决了高性能不锈钢管长期依赖进口的难题
	高纯晶体六氟磷酸锂（锂电池重要原料）示范项目	实现世界首创，正在进行试生产，经石化联合会初步鉴定，达到国际领先水平，打破了日韩垄断
	人工合成高品质云母材料	使我国摆脱对国外进口天然云母的依赖并突破替代技术

（续表）

"四基"类型	产品/技术/项目名称	重要突破
先进基础工艺	智能高速动车组制造关键技术	达到国际先进水平
	艾滋病疫苗生产工艺	达到国际先进水平
	双轴并联混合动力技术	达到国际先进水平
	差别化纤维生产工艺技术	达到国际先进水平
	蛋白长效化技术	实现世界首创
	植物多元醇及燃料乙醇改良湿法生产工艺技术	实现世界首创
	有机电致发光	实现产业化
	热冲压成型	实现产业化
	T400级碳纤维生产	实现产业化
产业技术基础	工程机械高压液压元件可靠性研究试验检测技术 - 工业强基平台	为"四基"企业解决行业共性问题提供了低成本、高效率的技术基础支撑
	锂电子动力电池工艺装备技术 - 工业强基平台	为"四基"企业解决行业共性问题提供了低成本、高效率的技术基础支撑
	高端仪表与控制系统检测认证公共服务平台	填补我国在高端仪表与控制系统检测技术和标准化领域的空白

信息来源：工信部《工业强基发展报告（2016）》。

（二）下一步推进思路和重点

工信部是《中国制造2025》实现制造强国目标"三步走"行动纲领的主要制订参与单位之一，2016年4月在京举办"展望十三五"系列报告会第六场报告会上，工信部苗圩部长指出，围绕《中国制造2025》的十大重点领域，工信部联合中国工程院等单位梳理出近期需要重点发展的80种关键基础材料、185项核心基础零部件（元器件）、105项先进基础工艺和63项产业技术基础，并提出了重点行业"四基"发展方向和实施路线图。下一步将围绕以上梳理的重点方向，统筹相关资源，集中使用、滚动支持的实施路径，来努力实现从根本上解决"四基"能力薄弱问题，以及有效破解制约产业发展的瓶颈。

深入实施工业强基工程，攻克一批关键共性技术和先进基础工艺，提高核心基础零部件的产品性能和关键基础材料的制造水平，构建新型制造体系。将力争到 2020 年初步建立与工业发展相协调、技术起点高的工业基础体系；强化工业基础能力，统筹推进"四基"发展，及加强"四基"创新能力建设，依据工业强基的实施方案继续开展工业强基工程。

随着工业强基工作的推进实施，各领域提倡和鼓励采用先进技术、工艺与装备，限制或者淘汰落后技术、工艺与装备，替代国外进口，通过改造传统产业，促进升级换代，将带动全行业先进科技成果转化应用效率的进一步提高，降低制造成本，缩短研制周期，促进节能环保工作的开展，以及将有利于提高各领域装备研制的生产水平和企业核心竞争力。在未来，随着我国继续推进工业强基，发展基础短板的不断完善，未来将有望向国际技术水平看齐和赶超。

各地相继出台适合本地的工业转型升级实施方案及指导意见等政策措施，推进供给侧结构性改革，不断提升制造业发展层次，实施工业强基工程，加强和推进传统工业品牌建设和标准化工作，提升当地工业制造企业的核心竞争力；通过组织实施工业强基项目，强化工业基础能力，推进产业联盟建设。拿河北省举例，"十三五"期间河北省将实施 14 个转型升级重大专项。2016 年 8 月，河北省出台支持企业技术创新指导意见，支持核心关键技术攻关。指导意见中指出，每年重点支持 10 个以上工业强基重大项目。加快突破高档伺服、智能数控等关键技术、共性技术，加强石墨烯、OLED 显示材料等高性能材料技术攻关，力争在核心技术、关键技术及高端产品研发、设计、生产和应用技术等方面有新突破。2016 年 11 月，河北省政府发布了《河北省工业转型升级"十三五"规划》，明确了"十三五"时期发展目标。其中，在工业强基专项方面，《规划》指出，将围绕河北省确定的制造业七大重点领域高端发展以及传统产业转型升级，以推进创新成果工程化、产业化突破为主攻方向，开展工业强基专项行动。到 2020 年，100 项核心基础零部件（元器件）和关键基础材料等实现打破国外垄断，50 项重点示范产品工艺填补国内空白。

推进工业强基工作，需要按照体系化、整体化的推进思路，以企业为主体、以问题为导向、以应用为牵引、以创新为动力、以质量为核心，关注热点、聚焦重点、突破难点。

1. 进一步强化工业强基前瞻性研究

继续加快推进工业强基战略的研究工作。积极发挥高校、研究机构的作用，围绕工业强基的宏观发展、财政税收政策、金融政策、公共服务平台建设、具体产业领域的重点方向等，开展专题性研究。发挥工业基础领域行业协会在信息、服务、技术等方面的综合优势，积极开展调查研究，掌握第一手资料数据，发挥政府和"四基"企业之间的桥梁纽带作用。

2. 继续组织实施"一揽子"突破重点项目

围绕《中国制造 2025》重点领域整机发展需要，聚焦工业"四基"领域亟待解决的重点难点和卡脖子问题，在新一代信息技术、轨道交通装备、高档数控机床和机器人等领域，选择一批核心基础零部件、关键基础材料、先进基础工艺，实施"一揽子"突破行动。继续做好重点项目遴选工作，加强重点项目的事中事后监督和验收评价，组织开展对重点项目实施进展和专项资金使用情况的监督检查。建设、完善产业技术基础服务平台，加强对平台运行的评估与指导，有效发挥平台对行业技术基础发展的支撑和服务作用。

3. 开展重点产品和工艺"一条龙"应用计划

分年度确定重点产品和工艺，提出从关键技术研发、产品设计、专用材料开发、先进工艺开发应用、公共试验平台建设、批量生产、示范推广的"一条龙"应用计划，优先在超大型构件、高速动车组轴承及地铁车辆轴承、机器人用精密齿轮等领域选定一批"一条龙"应用示范企业和项目。推动建设一批新技术新产品推广应用中心。组织地方、协会创新思路和方法，整合相关资源，注重需求侧激励，鼓励应用方与提供方紧密合作，形成研发、生产、销售共同体。

4. 培育一批"四基"专精特新"小巨人"企业和产业集聚区

完善中小企业扶持政策，在金融、税收、公共服务平台、政府采购等方面为中小企业提供支持，通过资本市场、金融市场为中小企业提供融资便利条件。培育一批专注于"四基"细分领域的专精特新"小巨人"企业。围绕核心基础零部件（元器件）、关键基础材料和先进基础工艺，培育和建设一批特色鲜明、具备国际竞争优势的"四基"产业聚集区。鼓励产业集聚发展，争取每年创建 1～2 家"四基"领域国家新型工业化产业示范基地。

5. 加强部门协同与部省联动，推动政策落地

加强部门间沟通合作，完善工业强基重大工程招标采购办法。继续加大金融对工业基础领域的支持力度，引导金融机构发展适合"四基"领域企业需求的金融产品和服务，支持工业基础企业在银行间债券市场发行非金融企业债务等融资工具进行直接融资。对于提供《工业"四基"发展目录》中产品和服务的企业，推动落实在进入全国中小企业股份转让系统挂牌时"即报即审"、减免挂牌初费和年费，以及首发上市时优先审核等政策。加强部省合作，共同扶持"四基"典型企业和重点产品，联合搭建工业强基应用推广平台。引导和鼓励社会资本特别是民间资本投向工业"四基"领域。

6. 加强宣传推广，扩大强基工程的社会影响

组织招开年度工业强基工程发展专家论坛、现场会、打造"四基"领域政产学研对接的载体。组织编写工业强基工程的工作进展、成效、经验、突出问题和发展思路。推动互联网＋强基，打造整机（系统）企业、科研机构、民间资本与"四基"企业对接的网络交流交易平台。协调传统媒体和新媒体，向社会公众推送强基宣传内容，提高工业强基工程的影响力。

第二章 工业强基项目解析

制造业是国民经济的主体，是立国之本、兴国之器、强国之基。18 世纪中叶开启工业文明以来，世界强国的兴衰史和中华民族的奋斗史一再证明，没有强大的制造业，就没有国家和民族的强盛。打造具有国际竞争力的制造业，是我国提升综合国力、保障国家安全、建设世界强国的必由之路。

新中国成立尤其是改革开放以来，我国制造业持续快速发展，有力推动工业化和现代化进程，显著增强综合国力，支撑我国的世界大国地位。然而，与世界先进水平相比，我国制造业仍然大而不强，在自主创新能力、资源利用效率、产业结构水平、信息化程度、质量效益等方面差距明显，转型升级和跨越发展的任务紧迫而艰巨。

当前，新一轮科技革命和产业变革与我国加快转变经济发展方式形成历史性交会，国际产业分工格局正在重塑。必须紧紧抓住这一重大历史机遇，按照"四个全面"战略布局要求，实施制造强国战略，加强统筹规划和前瞻部署，力争通过三个十年的努力，到新中国成立一百周年时，把我国建设成为引领世界制造业发展的制造强国，为实现中华民族伟大复兴的中国梦打下坚实基础。

2015 年 5 月，国务院发布了《中国制造 2025》行动纲领。该纲领将制造业定位成"立国之本、兴国之器、强国之基"，提出了建设制造业强国的三步走战略。如图 5 所示。

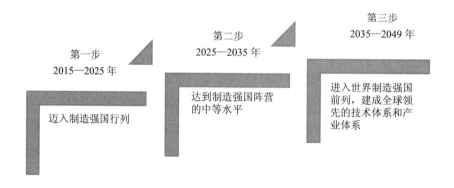

第一步
2015—2025 年
迈入制造强国行列

第二步
2025—2035 年
达到制造强国阵营的中等水平

第三步
2035—2049 年
进入世界制造强国前列，建成全球领先的技术体系和产业体系

图 5 建设制造业强国的三步走战略

围绕实现制造强国的战略目标，《中国制造2025》明确了强化工业基础能力的战略任务和重点：

核心基础零部件（元器件）、先进基础工艺、关键基础材料和产业技术基础的工业基础能力薄弱，是制约我国制造业创新发展和质量提升的症结所在。要坚持问题导向、产需结合、协同创新、重点突破的原则，着力破解制约重点产业发展的瓶颈。

统筹推进"四基"发展。制定工业强基实施方案，明确重点方向、主要目标和实施路径。制定工业"四基"发展指导目录，组织实施工业强基工程。统筹军民两方面资源，开展军民两用技术联合攻关，支持军民技术相互有效利用，促进基础领域融合发展。强化基础领域标准、计量体系建设，加快实施对标达标，提升基础产品的质量、可靠性和寿命。建立多部门协调推进机制，引导各类要素向基础领域集聚。

加强"四基"创新能力建设。强化前瞻性基础研究，着力解决影响核心基础零部件（元器件）产品性能和稳定性的关键共性技术。建立基础工艺创新体系，利用现有资源建立关键共性基础工艺研究机构，开展先进成型、加工等关键制造工艺联合攻关；支持企业开展工艺创新，培养工艺专业人才。加大基础专用材料研发力度，提高专用材料自给保障能力和制备技术水平。建立国家工业基础数据库，加强企业试验检测数据和计量数据的采集、管理、应用和积累。加大对"四基"领域技术研发的支持力度，引导产业投资基金和创业投资基金投向"四基"领域重点项目。

推动整机企业和"四基"企业协同发展。注重需求侧激励，产用结合，协同攻关。依托国家科技计划（专项、基金等）和相关工程等，在数控机床、轨道交通装备、航空航天、发电设备等重点领域，引导整机企业和"四基"企业、高校、科研院所产需对接，建立产业联盟，形成协同创新、产用结合、以市场促基础产业发展的新模式，提升重大装备自主可控水平。开展工业强基示范应用，完善首台（套）、首批次政策，支持核心基础零部件（元器件）、先进基础工艺、关键基础材料推广应用。

一、2014 年工业强基项目分析

（一）示范项目

为贯彻落实《工业和信息化部关于加快推进工业强基的指导意见》（工信部规〔2011〕67 号）精神，根据《工业和信息化部关于开展 2014 年工业强基专项行动的通知》（工信部规〔2014〕95 号）要求，2014 年 8 月，工业和信息化部办公厅印发《关于开展 2014 年工业强基示范应用工作的通知》（工信厅规〔2014〕154 号），启动开展工业强基示范应用工作。

根据年度工作要求，选取了 20 个重点方向（例如：高纯靶材在新型显示器件中的示范应用，新型片式元件在智能手机中的示范应用，工业集成控制先进技术示范应用等）重点推广开展示范应用。两年来，项目按照工作进度逐步推进，突破了工程化、产业化瓶颈；同时，示范工程承担企业也发挥了对行业发展的引领、支撑和服务作用，示范项目实施效果明显。见表 6。

表6 2014 年工业强基示范应用重点方向

重点方向	优选单位（提供方单位）数量
高温除尘先进技术示范应用	4
交通运输用铝材示范应用	3
中高温太阳能真空集热管的关键技术示范应用	2
发酵酒消减有害物质基础工艺示范应用	2
柴油机高压共轨燃油喷射系统示范应用	1
超薄高密度印制电路板在移动终端中的示范应用	1
新型片式元件在智能手机中的示范应用	1
北斗卫星导航和位置信息综合示范应用	1

重点方向	优选单位（提供方单位）数量
大功率微波技术在褐煤干燥方面的示范应用	1
铬铁碱溶氧化制备铬化物无毒工艺示范应用	1
工业集成控制先进技术示范应用	1
国产卫星星群新疆区域综合应用产业化示范应用	1
垃圾高压挤压分离技术示范应用	1
覆盖新疆范围适合 GFCCD 影像几何控制点影像库示范应用	1
面向流程工厂应用的三维协同设计平台示范应用	1
高安全性动力电池复合隔膜材料示范应用	1
造纸用高速宽幅稀释水水力式流浆箱示范应用	1
高纯靶材在新型显示器件中的示范应用	1
8AT 自动变速示范应用	1
高端轴承与轴承用钢标范应用	1
总计	27

信息来源：《工业和信息化部办公厅关于开展2014年工业强基示范应用工作的通知》。中企慧联整理分析。

以下是基于2014年工业强基示范项目数据进行的"四基"项目类型和区域贡献率、"四基"项目和承接主体所有制性质贡献率两个维度的分析统计结果。

1. "四基"项目类型贡献率

基于2014年工业强基示范项目数据统计结果，显示出本年度主要以先进基础工艺示范项目为主，比重占据全部项目数量45%左右；依次关键基础材料和核心基础零部件，分别占比 22%，产业技术基础项目数量最少，占比11%。如图 6 所示。

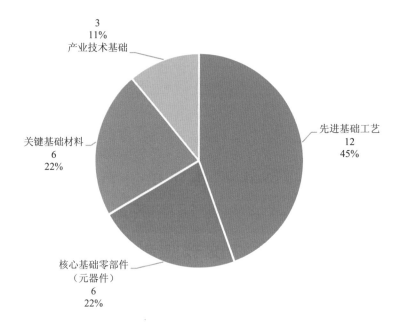

图 6 2014 工业强基示范应用项目数量——按"四基"类型（个，%）

信息来源：《工业和信息化部办公厅关于开展 2014 年工业强基示范应用工作的通知》。
中企慧联整理分析。

2. "四基"项目所在区域贡献率

从项目所在区域的统计结果来看，北京、江苏及山东三个省市的项目占据总体项目数量的 50%。其中，北京市的项目最多，占全部项目的 22%，主要的项目类型以先进基础工艺为主，占全部北京示范项目的 67%；同时结合"四基"的产业类型来看，北京、江苏以承接先进基础工艺建设为主，广东、山东和辽宁以核心基础零部件的产业为主，天津、重庆、浙江等地以关键基础材料为主导。

根据国家统计局公布的 2015 年全国经济运行数据，从全国 31 个省、市、自治区公布的国内生产总值（GDP）数据来看，盘踞"地区经济总盘"榜单前三名的是广东、江苏、山东，其中广东、江苏两省GDP总量首次迈入7万亿大关。同时，从2015年中国主要地区的生产总值来看，排名前五的城市包括：上海、北京、广州、深圳及天津。均为中国大陆的经济强省和城市，具有强大的经济实力，其共同特点主要表现在城市生产总值总量大、人均水平高，产业结构合理，具备较好的科研资源。见表7。

表7 2014 工业强基示范应用项目数量——按"四基"类型及省市

按省市及"四基"类型	中标公示项目公司数量	占总体比重（%）
北京	6	22.22
其中：先进基础工艺	4	66.67
产业技术基础	1	16.67
核心基础零部件（元器件）	1	16.67
江苏	5	18.52
其中：先进基础工艺	4	80.00
关键基础材料	1	20.00
山东	3	11.11
其中：产业技术基础	1	33.33
核心基础零部件（元器件）	1	33.33
关键基础材料	1	33.33
天津	2	7.41
其中：先进基础工艺	1	50.00
关键基础材料	1	50.00
浙江	2	7.41
其中：先进基础工艺	1	50.00
关键基础材料	1	50.00

（续表）

按省市及"四基"类型	中标公示项目公司数量	占总体比重（%）
福建	2	7.41
其中：先进基础工艺	2	100
广东	2	7.41
其中：核心基础零部件（元器件）	2	100
重庆	1	3.70
其中：关键基础材料	1	100
新疆	1	3.70
其中：产业技术基础	1	100
湖南	1	3.70
其中：关键基础材料	1	100
河南	1	3.70
其中：核心基础零部件（元器件）	1	100
辽宁	1	3.70
其中：核心基础零部件（元器件）	1	100
总计	27	100

信息来源：《工业和信息化部办公厅关于开展2014年工业强基示范应用工作的通知》。中企慧联整理分析。

以北京、江苏、山东为例：

北京工业发展的方向是发展高新技术产业，根据《＜中国制造 2025＞北京行动纲要》，全面实施"三四五八"发展战略，聚焦新兴领域如在新能源汽车、集成电路、机器人、3D 打印等重点领域和新一代健康诊疗与服务、智能制造系统和服务以及云计算和大数据等高精尖八大专项实施领域，着力构建"高精尖经济结构"。在"十三五"时期，北京市经信委计划启用 200 多亿元基金支持高精尖产业的发展。因此，北京具有发展工业强基示范项目的产业政策环境，同时因为科技资源和社会全要素的高度集中，对于推广工业强基的示范项目有着得天独厚的优势。

江苏省作为经济强省，高新技术企业总数已经突破 1 万家，产值 6.13 万亿，占规模以上工业产值比重达 40.1%，对于工业强基示范项目的推广有着科技创新发展的优势；同时，江苏省辖江临海，具有建设工业强基示范项目的独特区位优势。

2016 年，山东省政府出台《＜中国制造 2025＞山东省行动纲要》，纲要提出要发展壮大 10 大装备制造业，培植提升 10 大特色优势产业，组织实施 8 大专项工程。山东省对接国家的重点领域，同时结合山东省政府已出台的"1+22"工业转型升级行动计划和实施方案，未来山东省重点发展的产业确定为"10+10"共 20 个。当地政府重视产学研的结合，企业与院校间建立产学研关系，促进企业自主创新，提高产品科技水平。可以看出，山东省非常重视工业强基示范项目的建设工作，从政策的制定到产业创新的推动，无不彰显于此。

3. "四基"类型和承接示范项目的主体所有制性质贡献率

"四基"类型和承接示范项目的主体所有制性质贡献率。如图 7 所示。

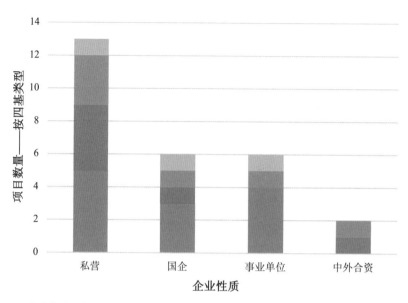

图 7 2014 工业强基示范中标公示项目数量——按企业性质及"四基"类型

信息来源:《工业和信息化部办公厅关于开展 2014 年工业强基示范应用工作的通知》,中企慧联整理分析。

由上述图表可以看出,从承接示范项目的主体所有制性质来看,主要以私营企业为主,占全部项目数量的 48%,并且先进基础工艺、关键基础材料及零部件(元器件)、产业技术基础四类均有涉及;其次是国企及事业单位,两者均以先进基础工艺类型为主;同时也有中外合资企业参与,主要集中在关键基础零部件(元器件)及关键基础材料两类。

国有企业和事业单位一直以来投入了比较多的研究经费,大量开展工业基础研究,并且作为国家智库的重要支撑,承接产业技术基础项目较多。国家统计局于 2016 年 11 月发布的《2015 年全国科技经费投入统计公报》中提到,全国基础研究经费支出 716.1 亿元,比上年增长 16.7%,各类企业经费支出 10881.3 亿元,比上年增长 8.2%;政府属研究机构经费支出 2136.5 亿元,增长 10.9%;高等学校经费支出 998.6 亿元,增长 11.2%。企业、政府属研究机构、高等学校经费支出所占比重分别为 76.8%、15.1% 和 7.0%。

私营企业由于受到自身的资源和条件限制，所以多专注某一领域或某一产品，有很强的创新能力和活力，常独立于主体之外，是以"专精特新"的中小企业为主，所以承接基础零部件和基础材料较多。

通过主体所有制性质可以看出，2014 年度"工业强基示范应用项目"符合经济发展的客观规律，及各主体在社会主义经济建设中分别承担着不同的身份和角色；同时可以显现出，"专精特新"中小企业对于我国夯实工业基础建设发挥的重要作用，以及工信部对于"专精特新"中小企业发展的高度重视。

下面我们再从企业上市情况的维度进行分析，如图 8 所示。

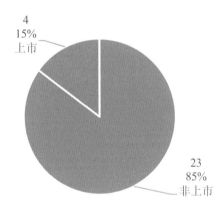

图 8 2014 工业强基示范项目数量——按是否上市公司分类

信息来源:《工业和信息化部办公厅关于开展 2014 年工业强基示范应用工作的通知》。中企慧联整理分析。

从企业是否为上市公司角度来看，在示范应用项目中，未上市公司数量 23 家，上市公司 4 家，包括海宁洁华控股有限公司、厦门三维丝环保股份有限公司、宁波江丰电子材料有限公司、及深圳市宇阳科技发展有限公司。

从四家上市公司的主营业务和企业战略发展规划来看，承接项目的主体具备行业的龙头地位和技术领先水平，同时，上市企业的规模具备示范推广效果的显著度和引领意义。见表 8。

表 8 承接示范应用项目的上市公司信息

公司名称及承接项目名称	企业主营业务	公司战略发展规划／经营目标
海宁洁华控股有限公司（832537）（高温除尘先进技术示范应用项目）	袋式除尘器的研发、设计、生产和销售以及烟气脱硫脱硝系统治理工程业务	• 根据客户的具体要求采用订制生产的模式进行袋式除尘设备的研发、设计、生产、安装与调试 • 为最大程度地提高生产效率，不断巩固并增强在袋式除尘行业的竞争优势，公司采用适专业化、一体化、差异化和国际化的发展战略
厦门三维丝环保股份有限公司（300056）（高温除尘先进技术示范应用项目）	高温袋式除尘滤料。主业扩张计划：抓住机遇，发挥已有优势，壮大主业，向净化工厂、烟气岛治理的环保综合服务商转型，成为专注治理PM2.5、PM10以及散物料智能输储的骨干企业	公司的总体发展战略： • 充分利用相关政策的良好机遇，继续充分发挥公司的技术优势、营销优势和管理优势，加大对研发的投入，以效益为中心，依靠科技进步，调整产品结构和经营模式，稳步扩展业务范围和业务品种，逐步实现跨越式发展目标 • 公司将通过不断提高市场占有率，成为国内环保产品的市场领导者，并将公司经营核心产品发展成为国内外具有更大影响力的品牌 • 以资本运营为手段，促进公司逐步向综合环保服务商转型，积极推动公司的外延式发展
宁波江丰电子材料有限公司（高纯靶材在新型显示器件中的示范应用项目）	高纯溅射靶材的研发、生产和销售业务	公司发行当年及未来三年的发展计划——技术开发与创新计划： 1. 极大规模集成电路 28 ～ 14nm 以下配线用靶材的技术开发与创新计划 2. G6、G8.5 代平板显示器用靶材的技术开发与创新计划 3. 太阳能光伏、触摸屏及可穿戴电子设备用新型材料的开发与创新计划 4. 高纯粉末冶金材料、增材制造的技术开发与创新计划 5. 关键 PVD、CVD、CMP 机台零部件加工技术的开发与创新计划 6. 高纯材料提纯与制造技术的开发与创新计划

（续表）

公司名称及承接项目名称	企业主营业务	公司战略发展规划/经营目标
深圳市宇阳科技发展有限公司（00117）（新型片式元件在智能手机中的示范应用项目）	从事 MLCC 的研发、生产和销售。新型电子元器件为 IT、数字 AV 产品特别是移动通讯及便携式数码产品提供元器件方案设计、更小型化选型、配套及技术支持等综合服务	• 未来将进一步推进 MLCC 超微型化发展，同时积极布局下一代物联网，加快实现我国核心基础元器件国产替代 • 除 MLCC 产品之外，针对下一代物联网市场的发展，宇阳科技将重点布局电阻器和 MEMS 麦克风产品线

信息来源：公司年报及公开消息。中企慧联整理。

（二）实施方案公示项目

为提升重点行业、关键领域的关键基础材料、核心基础零部件（元器件）、先进基础工艺和产业技术基础发展水平，工信部、财政部共同组织实施了 2014 年工业强基工程专项实施方案。根据《工业和信息化部办公厅 财政部办公厅关于组织申报 2014 年工业转型升级强基工程实施方案的通知》（工信厅联规〔2014〕80 号）的要求，2014 年主要聚焦高端装备、绿色节能汽车、轨道交通、高端电子等 4 个重点领域 39 个重点方向，支持行业上下游"四基"重点环节，解决突出问题，夯实产业发展基础，提升产业链整体水平。

2014 年工业强基专项的 39 个重点方向中，3 个方向采用招标方式进行，分别为超超临界火电机组 P92 大口径厚壁无缝钢管、轴箱轴承，以及电子元器件质量检测及可靠性技术基础公共服务平台。见表 9。

表9 2014年工业强基专项重点方向

类　别	2014年工业强基专项重点方向	具体重点方向
高端装备基础能力	关键基础材料	1. 海洋工程及能源装备用特殊钢材 2. 工业零部件表面强化用高性能稀有金属涂层材料 3. 低残余应力航空铝合金材料 4. 高端电器装备用电工钢 5. 高强镁合金材料 6. 超超临界火电机组P92大口径厚壁无缝钢管（招标）
	核心基础零部件	7. 高响应高精度高速系列伺服电机 8. 加氢反应用关键阀门铸件 9. 挖掘机用高压柱塞泵和多路控制阀 10. 航空抽芯铆钉 11. 超（超）临界火电机组安全阀用弹簧 12. 汽车用自动化精密多工位高效级进模 13. 高精密电子多工位级进模 14. 高精度多参数污染因子监测传感器
	产业技术基础	15. 高端橡塑密封元件研发检测技术基础公共服务平台 16. 高端仪表与系统检测认证技术基础公共服务平台 17. 文物保护装备产业化和应用公共服务平台 18. 高温袋式除尘技术开发与应用技术基础公共服务平台 19. 齿轮强度与可靠性试验检测技术基础公共服务平台
节能环保汽车基础能力	关键基础材料	20. 汽车用高端模具钢 21. 柴油车尾气处理用纳米介孔ZSM-5分子筛
	核心基础零部件	22. 涡轮增压缸内直喷汽油机管理系统及喷油器总成 23. 汽油发动机涡轮增压器涡轮、涡轮壳 24. 汽油发动机涡轮增压器涡轮、涡轮壳 25. 高性能铅炭启停电池 26. 混合动力汽车镍氢电池 27. 高强钢、铝合金、复合材料等汽车轻量化关键零部件
	产业技术基础	28. 汽车开发集成数据库技术基础公共服务平台

（续表）

类　　别	2014 年工业强基专项重点方向	具体重点方向
轨道交通装备基础能力	核心基础零部件	29. 轴箱轴承（招标） 30. 制动系统 31. 动车组齿轮传动系统 32. 城市轨道交通用大规模网络化高可靠智能 PLC 控制系统
高端电子基础产业能力	关键基础材料	33. 元器件用电子浆料 34. 静电图像显影剂用磁性载体 35. 单芯片 MEMS 声传感器 36. 碲镉汞红外探测材料与器件 37. 电子元器件用陶瓷基板及基座 38. 直流变频控制器
	产业技术基础	39. 电子元器件质量检测及可靠性技术基础公共服务平台（招标）

信息来源：《关于组织申报 2014 年工业转型升级强基工程实施方案的通知》（工信厅联规〔2014〕80 号）。

　　根据《工业和信息化部办公厅 财政部办公厅关于组织申报 2014 年工业转型升级强基工程实施方案的通知》，经委托第三方机构对各地报送的实施方案进行评审，研究提出 2014 年工业转型升级强基工程专项拟安排实施方案名单。最终，在实施方案公示中实际有 34 个重点方向的 50 个项目获得了创新专项资金支持。

　　对比 2014 年工业强基专项的 39 个重点方向，除以上提到的 3 个招标方向外（方向 6、方向 29 和方向 39），实施方案公示项目中不包括方向 15、方向 24。见表 10。

表10 2014年实施方案重点方向

序 号	实施方案重点方向	承担单位数量
1	直流变频控制器	2
2	汽车用自动化精密多工位高效级进模	2
3	工业零部件表面强化用高性能稀有金属涂层材料	2
4	单芯片MEMS声传感器	2
5	涡轮增压缸内直喷汽油机管理系统及喷油器总成	2
6	低残余应力航空铝合金材料	2
7	高响应高精度高速系列伺服电机	2
8	碲镉汞红外探测材料与器件	2
9	加氢反应用关键阀门铸件	2
10	动车组齿轮传动系统	2
11	挖掘机用高压柱塞泵和多路控制阀	2
12	高精度多参数污染因子监测传感器	2
13	元器件用电子浆料	2
14	高强钢、铝合金、复合材料等汽车轻量化关键零部件	2
15	高强镁合金材料	2
16	高性能铅炭启停电池	2
17	超（超）临界火电机组安全阀用弹簧	1
18	齿轮强度与可靠性试验检测技术基础公共服务平台	1
19	城市轨道交通用大规模网络化高可靠智能PLC控制系统	1
20	高端电器装备用电工钢	1
21	电子元器件用陶瓷基板及基座	1
22	海洋工程及能源装备用特殊钢材	1
23	高精密电子多工位级进模	1
24	航空抽芯铆钉	1
25	汽油发动机涡轮增压器涡轮、涡轮壳	1
26	混合动力汽车镍氢电池	1
27	文物保护装备产业化和应用公共服务平台	1
28	高端仪表与系统检测认证技术基础公共服务平台	1
29	高温袋式除尘技术开发与应用技术基础公共服务平台	1
30	静电图像显影剂用磁性载体	1
31	制动系统	1
32	汽车开发集成数据库技术基础公共服务平台	1
33	柴油车尾气处理用纳米介孔ZSM-5分子筛	1
34	汽车用高端模具钢	1
总计		50

信息来源：2014年工业转型升级强基工程专项拟安排实施方案名单。

以下是基于 2014 年实施方案公示项目进行的"四基"项目类型和区域贡献率、"四基"项目和承接主体所有制性质贡献率两个维度的分析统计结果：

1. "四基"项目类型贡献率

基于 2014 年实施方案公示项目数据统计结果，显示出本年度主要以核心基础零部件（元器件）为主，占据全部项目数量 64%；依次是关键基础材料和产业技术基础，分别占总项目比重的 26% 和 10%。见图 9。

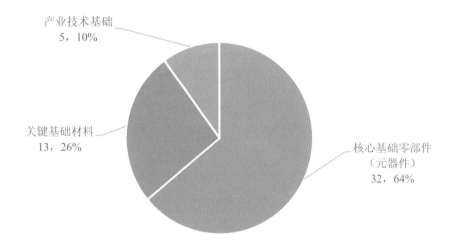

图 9 2014 实施方案公示项目数量——按"四基"类型（个，%）

信息来源：2014 年工业转型升级强基工程专项拟安排实施方案名单。中企慧联整理分析。

2. "四基"项目所在区域贡献率

从项目所在区域的统计结果来看，项目共覆盖 20 个省市，包括江苏、浙江、山东、广东、湖北、重庆、北京、天津、上海和湖南等。前十个承担项目的主要省市项目数量占据总体项目数量的 78%。其中，江苏和浙江省承担的项目最多，江苏省项目数量占据全部项目的 18%；其次是浙江省，占比 10%。

同时结合"四基"的产业类型来看，江苏省承担的核心基础零部件（元器件）项目占全部江苏省实施方案公示项目的67%，关键基础材料占据总体承担项目的33%；浙江省承担的所有项目都为核心基础零部件（元器件）。见表11。

表11 2014实施方案公示项目数量——按"四基"类型及省市

按省市及"四基"类型	实施方案公示项目数量	占总体比重（%）
江苏	**9**	**18**
其中：核心基础零部件（元器件）	6	67
关键基础材料	3	33
浙江	**5**	**10**
其中：核心基础零部件（元器件）	5	100
山东	**4**	**8**
其中：核心基础零部件（元器件）	3	75
关键基础材料	1	25
广东	**4**	**8**
其中：核心基础零部件（元器件）	3	75
关键基础材料	1	25
湖北	**4**	**8**
其中：核心基础零部件（元器件）	3	75
关键基础材料	1	25
重庆	**4**	**8**
其中：核心基础零部件（元器件）	3	75
关键基础材料	1	25
北京	**3**	**6**
其中：核心基础零部件（元器件）	1	33
产业技术基础	1	33
关键基础材料	1	33
天津	**2**	**4**
其中：核心基础零部件（元器件）	1	50
产业技术基础	1	50

（续表）

按省市及"四基"类型	实施方案公示项目数量	占总体比重（%）
上海	2	4
其中：关键基础材料	1	50
产业技术基础	1	50
湖南	2	4
其中：核心基础零部件（元器件）	2	100
辽宁	2	4
其中：核心基础零部件（元器件）	1	50
关键基础材料	1	50
安徽	1	2
其中：核心基础零部件（元器件）	1	100
黑龙江	1	2
其中：关键基础材料	1	100
山西	1	2
其中：关键基础材料	1	100
陕西	1	2
其中：关键基础材料	1	100
云南	1	2
其中：核心基础零部件（元器件）	1	100
河南	1	2
其中：产业技术基础	1	100
广西	1	2
其中：核心基础零部件（元器件）	1	100
深圳	1	2
其中：核心基础零部件（元器件）	1	100
四川	1	2
其中：核心基础零部件（元器件）	1	100
总计	50	100

信息来源：2014年工业转型升级强基工程专项拟安排实施方案名单。中企慧联整理分析。

3. "四基"类型和实施方案公示项目的主体所有制性质贡献率

"四基"类型和实施方案公示项目的主体所有制性质贡献率，如图10所示。

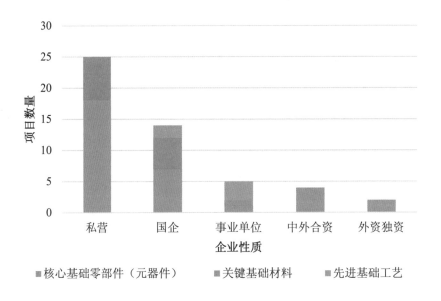

图10 2014实施方案公示项目数量——按企业性质及"四基"类型

信息来源：2014年工业转型升级强基工程专项拟安排实施方案名单。中企慧联整理分析。

上述图表可以看出，从承接示范项目的主体所有制性质来看，主要以私营企业为主，占全部项目数量的50%，涉及零部件（元器件）（72%）及关键基础材料（28%）；其次是国企及事业单位，两者均涉及三种项目类型，分别为核心基础零部件（元器件）、关键基础材料及产业技术基础，其中国企承担的核心基础零部件（元器件）项目占据总体项目的50%，而事业单位承担的产业技术基础占据其全体项目类型的60%。同时中外合资企业及外资独资企业，承担项目全部为关键基础零部件（元器件）。

下面我们再从企业是否上市的维度进行分析。

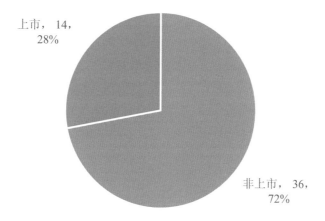

图 11 2014 实施方案公示项目数量——按是否上市公司分类

信息来源：2014 年工业转型升级强基工程专项拟安排实施方案名单。中企慧联整理分析。

从承担项目的企业是否为上市公司角度来看，在实施方案公示项目，未上市公司数量 36 家，上市公司 14 家。

在承担项目的上市企业中，核心基础零部件（元器件）项目 9 个，关键基础材料项目 5 个。见表 12。

表 12 承担方案实施公示项目的上市公司信息

项目类型—— 四基类型	上市企业名称	实施方案公示项目名称
核心基础零部件（元器件）	潮州三环（集团）股份有限公司	新型电子元器件用高性能陶瓷部件实施方案
	歌尔声学股份有限公司	单芯片集成超小型 MEMS 传声器实施方案
	海信集团有限公司	家用电器直流变频控制器实施方案
	江苏恒立液压有限公司	挖掘机专用高压柱塞泵和多路控制阀实施方案
	天津汽车模具股份有限公司	汽车用自动化精密多工位高效级进模实施方案
	潍柴动力股份有限公司	工程机械用高端液压元件实施方案
	武汉高德红外股份有限公司	红外碲镉汞材料红外焦平面探测器实施方案
	浙江南都电源动力股份有限公司	高性能铅炭启停电池实施方案
	重庆长安汽车股份有限公司	汽车轻质零部件产品化实施方案

（续表）

项目类型——四基类型	上市企业名称	实施方案公示项目名称
子项总计		9
关键基础材料	宝山钢铁股份有限公司	高端电器装备用取向硅钢实施方案
	抚顺特殊钢股份有限公司	汽车用高端模具钢特种冶炼实施方案
	湖北鼎龙化学股份有限公司	静电图像显影剂用磁性载体实施方案
	南京钢铁股份有限公司	液化天然气储运用超低温 9%Ni 钢板实施方案
	南京云海特种金属股份有限公司	高强镁合金及其变形加工产品实施方案
子项总计		5
总计		14

信息来源：2014年工业转型升级强基工程专项拟安排实施方案名单。中企慧联整理分析。

二、2015 年—2016 年工业强基中标公示项目分析

（一）中标公示项目概述（2015—2016 年）

2015 年 6 月 1 日，工信部组织召开了首批通过公开招投标选择的工业强基示范工程签约仪式，这是首次探索采用公开招标方式遴选项目承担单位。根据公开数据显示，2015 年和 2016 年进行公示的中标公示项目总计 235 个，其中 2015 年 137 个，占全部项目数量的 58%；2016 年 98 个，占全部公示中标公示项目数量的 42%。如图 12 所示。

2015 年，通过《工业强基重点项目》、《工业转型升级强基项目》分三批组织了项目的招投标工作和中标公示工作，分别是第一批 65 个，第二批 24 个，第三批 48 个，总计 137 个。

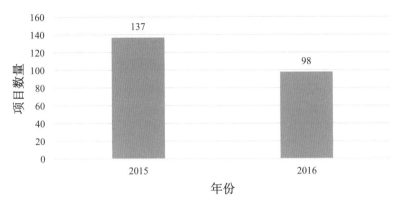

图 12 中标公示项目数量

信息来源：2015—2016 年公开中标项目公示信息。中企慧联整理分析。

2016 年根据《工业强基工程专项》分两批组织了项目招投标和项目公示工作，第一批包括 46 个方向，其中公示了 32 个项目方向中的 74 家企业，第二批公示了 14 个项目方向的 24 个企业，总计 98 个公示项目。见表 13。

表 13 2015 年和 2016 年招投标情况

批 次	时 间	事 件	中标公示项目数量
2015 年工业转型升级强基工程招标第一批	2015 年 5 月 14 日	招标时间	65
	2015 年 6 月 3 日	投标截止时间	
	2015 年 6 月 5 日	公示时间	
2015 年工业转型升级强基工程招标第二批	2015 年 6 月 9 日	招标公告	24
	2015 年 6 月 29 日	投标截止时间	
	2015 年 7 月 20 日	公示时间	
2015 年工业转型升级强基工程招标第三批	2015 年 8 月 14 日	招标公告	48
	2015 年 9 月 7 日	投标截止时间	
	2015 年 12 月 1 日	公示时间	
2016 年工业转型升级强基工程招标第一批	2016 年 5 月 13 日	招标时间	74
	2016 年 6 月 2 日	投标截止时间	
	2016 年 6 月 4 日	公示时间	
2016 年工业转型升级强基工程招标第二批	2016 年 9 月 9 日	招标时间	24
	2016 年 10 月 11 日	投标截止时间	
	2016 年 10 月 13 日	公示时间	
总计			235

信息来源：中企慧联收集整理。

从表 13 可以看出，自通过招投标的形式选择工业强基项目的承担主体，每一批次的招标从招标公告到中标公示，间隔时间都非常短，从这点可以反映出工信部对工业强基工作的高度重视以及提质增效工作推进的成效；同时，高效率的组织工业强基招投标工作，也充分体现出工业强基任务的紧要性和迫切性。

（二）基于项目类型分析

从工业强基的"四基"类型来看，与 2014 年相比，基础材料和基础零部件仍然是工业强基的主旋律，因为 2015、2016 年的年度专项计划的主要任务仍然是以两者为主，两者总共中标公示 171 个项目，占比总体项目数量的 74%。其中，关键基础材料中标公示项目 90 个，占比总体项目数量的 38%；其次是核心基础零部件（元器件），中标公示项目 81 个，占总体比重的 35%。如图 13 所示。

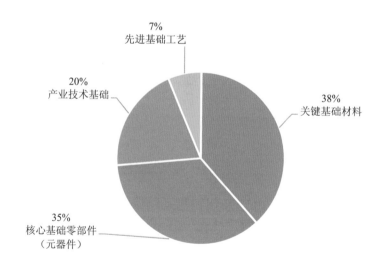

图 13 工业强基项目划分——按"四基"类型

信息来源：2015—2016 年中标项目公示信息。中企慧联整理分析。

其中，基于 2015 年及 2016 年的"四基"细分领域分类项目统计结果显示，2015 年公示项目与 2016 年的公示项目略有不同。2015 中标公示项目以关键基础材料为主，项目数量达 67 个，占总体中标公示项目数量的 49%。而 2016 年中标公示项目最多的是核心基础零部件（元器件），项目数量 46 个，占全部项目数量的 47%。见表 14。

表 14 中标公示项目情况—按年份及"四基"类型

类别（年份及"四基"类型）	项目数量	占比比重（%）
2015 年	137	58.30
其中：关键基础材料	67	48.91
核心基础零部件（元器件）	35	25.55
产业技术基础	30	21.90
先进基础工艺	5	3.65
2016 年	98	41.70
其中：核心基础零部件（元器件）	46	46.94
关键基础材料	23	23.47
产业技术基础	17	17.35
先进基础工艺	12	12.24
总计	235	100.00

信息来源：2015—2016 年中标项目公示。中企慧联整理分析。

2015 年和 2016 年分批次的项目类型情况如图 14 所示。

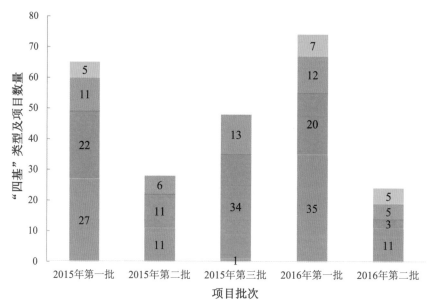

图 14 2015 年和 2016 年项目组织情况—按"四基"类型及分批次

信息来源：2015—2016 年中标项目公示信息。中企慧联整理分析。

基于"四基"细分领域的统计结果显示，2015 年度的三批公示项目主要以关键基础材料以及核心基础零部件（元器件）为主，其中，第一批项目中的核心基础零部件（元器件）和关键基础材料项目数量总量达到 49 个，占总数量的 75%；第二批公示项目中，此两类主要的项目类型项目数量为 22 个，占第二批总体项目数量的 79%；而第三批与前两批次有所不同，2015 年第三批公示项目是以关键基础材料为主，数量达到 34 个，占比 71%。

2016 年的两批项目全部以核心基础零部件（元器件）为主，其中，第一批公示项目核心基础零部件（元器件）和关键基础材料两类达到 55 个，占总数量的 74%；第二批公示项目中，核心基础零部件（元器件）为 11 个，占第二批总体项目数量的 46%。

关于"四基"之核心零部件（元器件），中国工程院制造业研究室主任、国家制造强国建设战略咨询委员会屈贤明委员在 2016 年 12 月于北京举办的"中国工业强基战略推进论坛"上提到，中国制造核心部件空心化面临着"重组装轻部件"理念、国外竞争对手打压、政策倒挂等多重困难。当前我国制造业所需的核心零部件、元器件严重依赖进口：无论是电子产品的集成电路，还是发动机中的耐高温叶片、机器人的减速器、高端工程机械用的高压棒等，这些整机的心脏部分都依赖进口。核心基础零部件制约着我国工业的发展。

工业核心基础零部件和元器件是装备制造业的核心，直接决定产品的性能、水平、质量和可靠性，具有很强的产业辐射力和影响力，其价值通常是自身零部件和元器件价值的几十倍，具有十分重要的战略地位，同时也是战略物资；基础零部件（元器件）产业的发展对国家整体工业水平的提高起到重要推动作用，是产业创新的前提，其技术进步是下游整机应用行业技术创新的先决条件；核心基础零部件（元器件）是中国工业的基石，同时直接影响着经济和国防安全。

关于"四基"之关键基础材料，北京有色金属研究总院名誉院长、中国工程院屠海令院士也指出，"十二五"期间，我国新材料产业的规模达到 1.9 万亿元，年增长率是 26%，目前，新材料的发展呈现出结构功能一体化、材料器件一体化、纳米化等特点。发展的特点是新材料和其他学科深度融合，新材料可以导致颠覆技术的出现。我们国家新材料产业发展方式，一方面要提升竞争力，协同发展，同时要注重基础材料升级换代，前沿新材料研发。鼓励发展关键基础材料对于我国工业由大转强的事业有着重要意义。

从以上 2015 年和 2016 年的分批次公示项目组织情况来看，核心基础零部件及关键基础材料过去两年组织的项目数量最多。这也符合我国对于"四基"不同作用的定义。

"四基"涉及面很广并对我国经济的发展起着重要的作用。"四基"着力于解决我国工业转型升级、制造强国建设全局的工业基础领域的关键问题。

（三）基于项目的地域分布角度分析

2015年及2016年的公示项目主要分布在29个省市，其中，江苏、北京、山东及浙江省为主要的中标公示项目分布地，依然以江苏、北京、山东领跑全国。四个省市的中标公示项目数量占全部项目数量的42%。其中，江苏中标公示项目最多，高达32个，占总数量的14%；其次是北京市，中标数量26个，占比11%。山东和浙江的中标公示项目数量分别是24个和16个，分别占比10%和7%。如图15所示。

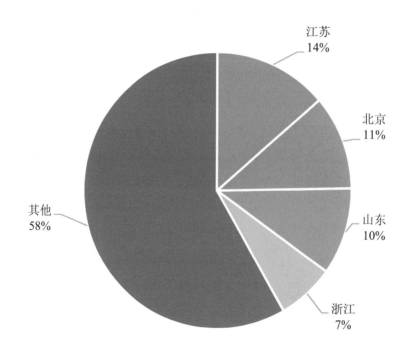

图15 主要省市承担项目的比重（2015—2016）

注：其他包括：湖南、广东、陕西、上海、重庆、四川、辽宁、江西、安徽、河北、湖北、河南、黑龙江、青海、广西、天津、贵州、甘肃、云南、福建、新疆、内蒙古、陕西、山西及河南。

信息来源：2015—2016年公开中标项目公示信息。中企慧联整理分析。

2016 年 8 月，工信部直属研究机构中国信息通信研究院在北京正式发布《2016 年中国工业百强县（市）发展报告》，此报告通过对 2016 年各县（市）工业竞争力进行实证分析和比较研究，形成了 2016 年工业百强县（市）排行榜，此研究结果显示了中国工业区域分布特点，如图 16 所示。

图 16 2016 年中国工业百强县（市）分布图

信息来源：中国信息通信研究院《2016 年中国工业百强县（市）发展报告》。

2016 年工业百强县（市）分布于 18 个省份。其中山东省 22 个为最多，江苏、浙江、河南、福建分列 2 至 5 位。分布以发达经济圈为主，其中，百强县（市）中位于长三角经济区的共计 31 个，环渤海经济区 31 个。

从四大板块来看，东部继续领跑工业百强，工业百强县（市）占比达 67%，其中苏鲁浙领先优势显著，三省进入百强的县（市）个数占比达 55%，进入五十强的占比高达 68%。

从战略新兴产业分布区域来看，各重点领域主要分布在环渤海、长三角及珠三角地区，见表 15。

表 15 重点发展领域产业区域分布

重点领域	主要分布区域
新一代信息技术产业	中国目前已经形成了长三角地区（上海、杭州、苏州、无锡、常州等）、珠三角地区（广州、深圳等）和环渤海（京津冀、山东等）三个具备国家竞争力的优势区域，随着技术和产业的进步，逐步向中西部及沿海区域扩展
新材料	呈现"东部沿海聚集，中西部特色发展"的空间布局。基本形成了以环渤海、长三角、珠三角为重点，东北、中西部特色突出的产业集群分布
电力装备	中国新能源产业初步形成了以西北地区（光伏和风电装备为主）、中部地区（原材料供应和核心材料的研发制造为主）、长三角地区（光伏和风电装备为主）和环渤海地区（风电装备为主）为核心的产业集群。基于不同地区的优势，各产业集群承担着不同的功能。在整体上，新能源已形成了东、中、西部协调发展的局面
节能和新能源汽车	东部地区和中部地区是新能源汽车产业主要发展区域。东部地区以江苏、福建、山东、北京和深圳为代表；中部地区以河南、湖北、安徽、江西和湖南为主，西部地区以重庆、四川为主
高端装备制造（航空航天装备；先进轨道交通；智能制造装备，如高档控机床和机器人；以及海洋工程装备及高技术船舶等）	我国高端装备制造业已初具规模，除了在航空、汽车、轨道交通等领域取得发展外，还逐渐形成了以北京、天津、山东、上海、江苏、浙江、广州、珠海、深圳、长沙、武汉、西安、成都、重庆为中心的多个制造业核心区域，通过核心城市带动区域发展的方式
生物医药及高性能医疗器械	我国生物制药产业已初步形成以长三角（上海为中心）、环渤海（以北京为中心）为核心，珠三角（广东、深圳为中心）、东北等中东部地区快速发展的产业空间格局。此外，中部地区的河南、湖南、湖北，西部地区的四川、重庆也已经具备较好的产业基础

信息来源：中企慧联据公开资料收集整理。

根据《2016 年中国工业百强县（市）发展报告》及战略性新兴产业的区域分布，也可以辅助说明 2015 年及 2016 年工业强基中标公示项目的主要地域分布。同时结合我国现有区域经济发展的产业优势和特点，未来在带动区域经济进一步扩展方面，对于我国工业强基工程的实施和落实，将发挥更大的作用。

（四）基于企业主体所有制性质角度分析

在 2015—2016 年所有的公示项目中，依然以私营企业为主。其中，123 家为私营企业，占全部中标公示项目比重的 52%；其次为国企 64 家（27%）及事业单位 28 家（12%），中外合资企业 8 家，外商独资企业 1 家。如图 17 所示。

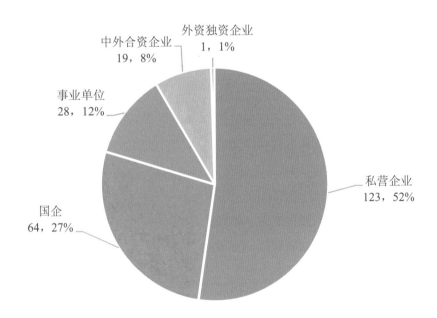

图 17 占全部项目的比重——按主体所有制性质（个，%）

信息来源：2015—2016 年中标项目公示。中企慧联整理分析。

其中，2015 年公示的企业中，私营企业占 48%，2016 年公示的企业中，私营企业占 59%。中小企业是实施"大众创业、万众创新"的重要载体，在增加就业、促进增长、科技创新与社会和谐稳定等方面具有不可替代的作用，截止 2015 年末，全国工商登记中小企业超过 2000 万家，党中央、国务院高度重视中小企业发展，密集出台了一系列政策措施，2016 年 7 月 5 日，工信部印发促进中小企业发展规划（2016—2020 年）指出支持中小企业"专精特新"发展（"专精特新"即专业化、精细化、独特化、创新化），开展"专精特新"中小企业培育工程，重点从鼓励专业化发展，鼓励精细化发展，支持特色化发展，支持新颖化发展等方面落实工作。围绕《中国制造 2025》重点领域，培育一大批主营业务突出、竞争力强的"专精特新"中小企业；打造一批专注于细分市场，技术或服务出色、市场占有率高的"单项冠军"。

"专精特新"具体涵义如下：

"专"是指专业化，指采用专项技术或工艺通过专业化生产制造的专用性强、专业特点明显、市场专业性强的产品。其主要特征是产品用途的专门性、生产工艺的专业性、技术的专有性和产品在细分市场中具有专业化发展优势。

"精"是指精细化，指采用先进适用技术或工艺，按照精益求精的理念，建立精细高效的管理制度和流程，通过精细化管理，精心设计生产的精良产品。其主要特征是产品的精致性、工艺技术的精深性和企业的精细化管理。

"特"是指独特化，指采用独特的工艺、技术、配方或特殊原料研制生产的，具有地域特点或具有特殊功能的产品。其主要特征是产品或服务的特色化。

"新"是指创新化，指依靠自主创新、转化科技成果、联合创新或引进消化吸收再创新方式研制生产的，具有自主知识产权的高新技术产品。其主要特征是产品（技术）的创新性、先进性，具有较高的技术含量，较高的附加值和显著的经济、社会效益。

工业强基提出解决核心零部件、元器件发展的路径之一就是培养一大批专精特的中小企业，这些企业有很强的创新能力和活力，更有利于我国工业基础的培育。因此，发展"专精特新"的中小企业具有全局和战略性的重要意义。

值得一提的是，公示项目中有一家为外资独资企业，即中芯国际集成电路制造（上海）有限公司，其基本资料见表 16。

表 16 中芯国际集成电路制造（上海）有限公司—企业基本资料

公司简介	世界领先的集成电路晶圆代工企业之一，也是中国内地规模最大、技术最先进的集成电路晶圆代工企业。中芯国际向全球客户提供 0.35 微米到 28 纳米晶圆代工与技术服务，包括逻辑芯片、混合信号 / 射频收发芯片、耐高压芯片、系统芯片、闪存芯片、EEPROM 芯片、图像传感器芯片及 LCoS 微型显示器芯片，电源管理，微型机电系统等 中芯国际集成电路制造有限公司是中国内地规模最大、技术最先进的集成电路晶圆代工企业，致力于打造中国最先进的集成电路研发平台
上市资料	2004 年 3 月 18 日，中芯国际于香港联合交易所及纽约证交所同步上市，股票代码分别为 981（港股）及 SMI（美股）
总部	中国上海
股权结构	中芯国际第一大股东是大唐电信，持股 19.14%；中投公司持股 11.6%；上海实业持股 8.2%；台积电持股 6.543%
全球运营	上海，北京，天津，深圳，武汉，香港，台湾，日本，美国及欧洲等
生产设施	• 上海建有三座 200mm 芯片厂和一座 300mm 芯片厂，该 300mm 芯片厂已开始试投产 • 北京建有两座 300mm 芯片厂 • 在天津建有一座 200mm 芯片厂 • 在成都建有封装测试厂以及有一座代为经营管理的 200mm 芯片厂 • 在武汉有一座代为经营管理的先进的 300mm 芯片厂 • 此外，在美国、意大利、日本提供客户服务和设立营销办事处，同时在香港设立了代表处
员工人数	13,473（2016 年）
最近动态	2015 年 2 月，中芯国际获中国集成电路产业投资基金投资。根据协议规定，产业投资基金将以每股 0.6593 港元的认购价认购 4,700,000,000 股新股份。产业投资基金于 2014 年 9 月成立，旨在支持中国集成电路产业的发展，促进产业链上下游生态系统的整合 2016 年 10 月，由中芯国际控股，国家集成电路产业基金和宁波投资方共同投资建设的中芯国际的宁波特种工艺集成电路芯片制造项目落户宁波市，总投资超过 100 亿元人民币。将新建 1 座 8 寸厂，2 座 12 寸晶圆厂该项目将在宁波市建成国内最大的模拟集成电路制造基地，将为当地新一代信息技术产业的发展带来强劲动能 2016 年 12 月 11 日，中芯国际获得工业设计大奖 2016 年，集成电路产业多个领域取得突破，其中包括中芯国际完成 28 纳米先进逻辑制造工艺量产

信息来源：公司网站及公开信息。中企慧联收集整理。

从企业是否为上市公司角度来看，在公示的已中标的 2015—2016 年的项目中，约 20% 的中标公示项目为上市企业（45 个），80% 中标公示项目为非上市企业。如图 18 所示。

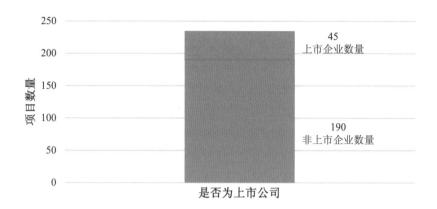

图 18 工业强基项目——按中标企业是否上市划分（2015—2016）

信息来源：2015—2016 年中标项目公示信息，中企慧联整理分析。

上市公司作为社会公开的机构，从对外公告的信息中，可以看出中标工业强基项目，对中标公司发展产生积极影响，对企业的未来发展规划奠定坚实基础。

安徽中鼎密封件股份有限公司是国内最大的橡塑密封制品企业，于 2006 年通过资产重组在深交所挂牌上市（证券代码：000887），为中国密封件行业第一股。近年来，中鼎公司积极对接国家项目，获得国家及市场认可，并接收了一定额度的政府项目补贴。中鼎公司"轿车动力总成系统以及传动系统旋转密封"项目获得中央财政补助资金第一批计划 1242 万元支持。"轿车动力总成系统以及传动系统旋转密封"项目将采用多种纳、微米材料与特种橡胶共混、并用、改性、复合等新技术、新工艺，提高密封产品的耐压、耐高温、耐磨损、耐油等性能，并降低橡胶制品的内耗生热、提高其耐动态老化性能，提高密封件产品的质量可靠性，建成年产 3450 万件动力总成及传动系统高端密封件的生产规模。此项目对中鼎公司提升在高端密封领域的技术进步和市场竞争力起到重要意义和作用，同时，也有利于此行业的发展。同时，2016年12月初，中鼎公司入选由工信部主导评选的第一批"制造业单项冠军示范企业"榜单。

安徽中鼎密封件股份有限公司2015年营业收入65.43亿元，同比增长29.82%；据中鼎公司发布的2016年半年度报告显示，中鼎公司半年度营业收入36.4亿元，同比增长14.31%。如图19所示。

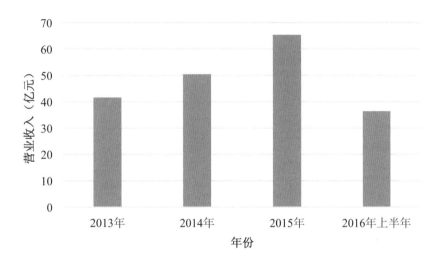

图 19 公司营业收入（亿元）（2013年—2016年上半年）

信息来源：公司年报。

株洲时代新材料科技股份有限公司（证券代码：600458）以高分子复合材料研究及工程化应用为核心，产品主要面向轨道交通、风力发电、汽车、特种装备等市场。公司新兴产业项目"高性能芳纶纤维层压制品"和"高阻尼／高回弹橡胶及热塑性弹性体材料"成功中标工信部"2015年工业转型升级强基工程"，共获国家补助资金人民币7300万元。其中，"高性能芳纶纤维层压制品"获得专项资金2700万元，"高阻尼／高回弹橡胶及热塑性弹性体材料"获得专项资金4600万元。其中，"高阻尼／高回弹橡胶及热塑性弹性体材料"项目主要目标为达到高阻尼胶料的物性和宽温域的阻尼性能，开发适用于高阻尼桥梁隔震支座高阻尼橡胶，实现高阻尼桥梁隔震支座产业化；达到高回弹率、高硬度、低磨耗的性能指标，完成弹性车轮高硬度、高回弹橡胶材料的工程化、产业化；实现热塑性弹性体关键材料和工艺技术突破，实现材料及产品满足长期使用性能要求，实现热塑性车钩缓冲弹性元件的产业化。此项目重点解决了我国工业领域抗震减噪材料的"卡脖子"问题，通过本项目的建设，能够摆脱国外的价格垄断和技术封锁，切实解决轨道交通、桥梁、建筑等领域的材料及制品配套需求，培育新的经济增长点。

株洲时代新材料科技股份有限公司，2015 年营业收入 108.3 亿元，较上年同期增长 48.2 亿元，增幅为 80.2%；据时代新材公司发布的 2016 年前三季度报告显示，时代新材前三季度营业收入 82.7 亿元，同比增长 0.4%。如图 20 所示。

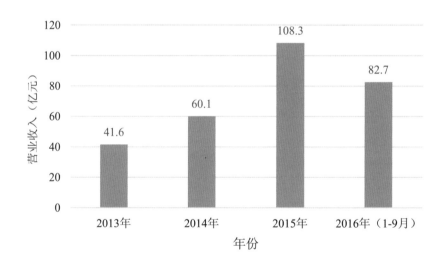

图 20 公司营业收入（亿元）（2013—2016 年前 9 月）

信息来源：公司年报。

（五）基于工业强基重点支持的十大领域分析

在所有中标公示项目中，根据《工业"四基"发展目录》及《中国制造2025路线图》细分领域分类，以及结合项目申报基本信息描述，我们将中标公示项目进行了十大细分领域的分类，基本统计结果显示，前三个中标公示项目最多的领域的总计中标公示项目148个，分别是新一代信息技术、新材料及电力装备，三大领域占比总体项目数量的63%；新一代信息技术领域为中标公示项目最多的领域，中标公示项目69个，占总体项目数量的29%。其次是新材料领域。如图21所示。

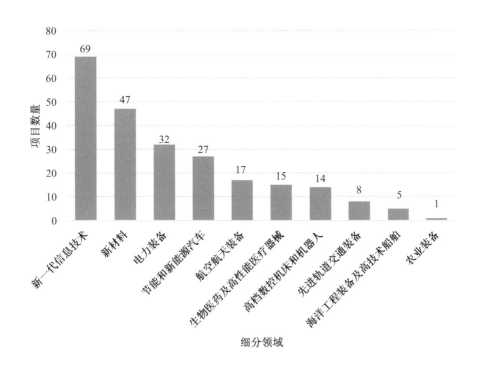

图21 中标公示项目数量——按细分领域划分（2015—2016年）

信息来源：2015—2016年中标项目公示信息。中企慧联整理分析。

其中：基于 2015 年及 2016 年中标公示项目的统计，按细分领域划分的项目情况有所不同。

2015 年中标公示项目以新材料及新一代信息技术为主，中标公示 75 个项目，占全部中标公示项目的 55%，其次是电力装备领域。而 2016 年以新一代信息技术及节能和新能源汽车为主，中标公示项目 55 个，占全部中标公示项目的 56%，其次是电力装备领域。

需要特别注意的是，在 2015 年中标公示项目数居多的新材料领域，在 2016 年项目中数量减少至 5 个，且 2015 年新材料项目主要集中在第三批，其中主要涉及四个细分领域，新材料、新一代信息技术、生物医药及高性能医疗器械及海洋工程装备及高技术船舶。新材料占据 48 个项目的 24 个，占比总体的 50%。2015 年第三批招投标的新材料项目包中，追溯原项目招投标信息可以发现，其中，基础新材料项目包中的稀土材料项目数量最多。这与 2015 年期间稀土材料被各方关注，以及稀土材料企业热情高涨的情况有密切关系，如图 22 所示。

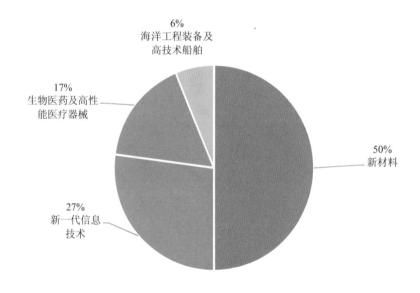

图 22 工业强基 2015 年第三批项目情况——按细分领域划分

信息来源：2015—2016 年中标项目公示信息。中企慧联整理分析。

为贯彻实施制造强国战略，加快推进新材料产业发展，2016 年 12 月 23 日国务院办公厅发布《关于成立国家新材料产业发展领导小组的通知》（国办发〔2016〕97 号），该小组的主要职责是审议推动新材料产业发展的总体部署、重要规划，统筹研究重大政策、重大工程和重要工作安排，协调解决重点难点问题，指导督促各地区、各部门扎实开展工作。由国务院副总理马凯任组长，工信部部长苗圩、国资委主任肖亚庆、发改委副主任林念修、科技部副部长阴和俊和财政部副部长刘昆任副组长。新材料是整个制造业转型升级的产业基础，已成为我国战略性新兴产业的重要组成部分。基础新材料产业的重大意义在于促使中国基础新材料产业整体升级，为制造业和实体经济发展奠定产业基础；同时通过基础新材料升级，加快钢铁、有色、石化、轻工、建材、纺织等基础制造业向产业中高端迈进，并为制造业整体转型升级寻找后续发展的可持续动力。基础新材料市场有着广阔的发展空间。

近年来，中国基础新材料产业呈现快速增长趋势。自 2010 年以来，中国基础新材料产业规模一直保持稳步增长，由 2010 年的 6500 亿元增长至 2014 年的 1.6 万亿元左右，年均复合增长率为 25% 左右，2015 年市场规模已经达到 2 万亿元的既定目标，关键基础新材料保障率上升到 70%。中国基础新材料产业作为高技术含量的战略性新兴产业之一，以及"中国制造 2025"重点发展的十大领域之一，对于企业要求较高，体现在资金投入及技术研发能力方面，大型企业在此领域更具备发展的优势。

但中国的基础新材料企业普遍规模较小，以中小企业和创业企业为主，企业起步时间较晚，生产规模较小，且企业资金能力有限。在现阶段，企业在技术方面存在产品单一、技术含量低等问题，总体来说与国外基础新材料企业仍有较大的差距。

为推动基础新材料产业的发展，国务院、工信部、科技部及财政部等相继出台多项国家基础新材料政策。"十二五"期间，不仅中央制定了新材料产业发展专项规划，北京、广东和山东等多个省市也相继出台发展规划和专项政策，鼓励支持基础新材料产业发展。中央及地方一系列利好政策的实施，使得基础新材料产业规模一直保持稳步增长。2016 年是"十三五"规划开局之年，预计中央到地方各级基础新材料产业"十三五"规划将陆续出台。基础新材料行业作为新兴产业重要组成部分也已经被纳入"十三五"国家战略性新兴产业发展规划。规划确定了促进高端装备与基础新材料产业突破发展作为发展任务之一，力争到 2020 年，高端装备与基础新材料产业产值规模超过 12 万亿元；推进轨道交通装备产业基础新材料的应用；提高基础新材料支撑能力，到 2020 年，力争使若干基础新材料品种进入全球供应链，重大关键基础材料自给率达到 70% 以上，初步实现我国从基础关键材料大国向基础关键材料强国的战略性转变；促进特色资源基础新材料可持续发展；前瞻布局前沿基础新材料研发，突破石墨烯产业化应用技术，拓展纳米材料在光电子、新能源、生物医药等领域应用范围，开发智能材料、仿生材料、超导材料、低成本增材制造材料和新型超导材料，加大空天、深海、深地等极端环境所需材料研发力度，形成一批具有广泛带动性的创新成果。

新一代信息技术在 2015 年和 2016 年的所有项目中都占有较大比重。《中国制造 2025》以加快新一代信息技术与制造业深度融合为主线，推动制造业实现由大变强的历史跨越。新一代信息技术将在经济发展新旧动能迭代更替的过程中助力"新经济"发展。新一代信息技术创新异常活跃，技术融合步伐不断加快，催生出一系列新产品、新应用和新模式，极大推动了新兴产业的发展壮大，进而加快了产业结构调整，促进了产业转型升级，改变了传统经济发展方式。2016 年国务院政府工作报告中指出，在原有增长动力遭遇挑战之际，把握信息技术革命带来的难得机遇，实现生产要素升级，推进"新经济"发展，成为新时期中国经济增长的关键。

同时，核心基础零部件（元器件）的发展对于中国制造业来说也是至关重要。当前我国制造业所需的核心基础零部件（元器件）长期处于被垄断状态，例如集成电路、发动机、高端工程机械用的高压棒等，这类核心基础零部件（元器件）属于整机的心脏，而我国制造业存在"重主机轻零部件"的问题，从事核心基础零部件（元器件）研发和生产的高精尖企业群还在成长过程中，产品的质量性能及品牌与国外产品相比仍处于劣势，所以强化工业核心基础零部件（元器件）的基础才能改变中国制造业大而不强的现状。

节能和新能源汽车在 2015 年项目中仅有 8 个项目中标，但在 2016 年项目数量上升至 19 个。先进轨道交通装备及海洋工程装备及高技术船舶领域的中标公示项目数量较稳定，2015 年及 2016 年都有相对少量的公示中标公示项目。如图 23 所示。

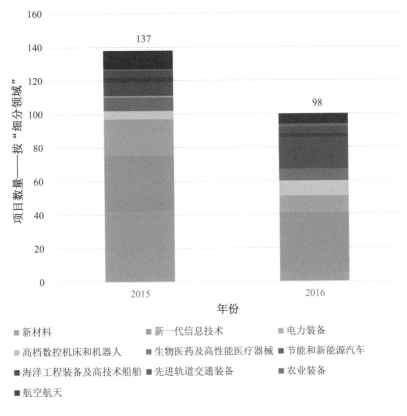

图 23 中标公示项目情况——按年份及细分领域划分

信息来源：2015—2016 年中标项目公示信息。中企慧联整理分析。

三、工业"四基"发展目录分析（2016 年版）

纵观各国工业化发展历程，发达国家的工业基础是在其实现工业化进程中逐步积累发展起来的，这种逐步积累使得发达国家在发展过程中，同步发展"四基"，具备了雄厚的工业基础，从而能够长期在产业竞争中保持技术优势。

工信部苗圩部长指出"十三五"期间实施工业强基工程是工信部的重点工作之一。围绕《中国制造2025》的十大重点领域，重点发展80种关键基础材料、185项核心基础零部件（元器件）、105项先进基础工艺和63项产业技术基础，并提出了重点行业"四基"发展方向和实施路线图。今后，将围绕这些重点方向，统筹相关资源，集中使用、滚动支持，加强关键核心技术研发，力争在集成电路、新一代移动通信、大数据、智能机器人、节能与新能源汽车等领域，突破一批关键核心和共性技术。更加注重"四基"发展，在关键基础材料、核心基础零部件（元器件）、先进基础工艺及产业技术基础方面不断提升其发展水平，只有这样，才能从根本上解决"四基"能力薄弱问题。

为营造从国家到企业全社会重视工业基础的氛围，引导企业从事工业基础领域，鼓励社会资本工业基础领域发展，发挥金融体系支持工业基础能力的作用，国家制造强国建设战略咨询委员会特组织编制了核心基础零部件（元器件）、关键基础材料、先进基础工艺、产业技术基础的发展目录，汇总成册，称为《工业"四基"发展目录》。

《工业"四基"发展目录（2016年版）》是经国家制造强国建设战略咨询委员会审定通过，于2016年11月18日向全社会公开发布。国家编制发布《工业"四基"发展目录（2016年版）》，主要是为了梳理"四基"发展重点，引导各地区、有关企业协同推进"四基"产业发展，鼓励"四基"产业集聚发展，《目录》起到很好的导向作用。具体来说，"四基"目录的发布，可以引导各地区根据本地区产业基础现状，在进行充分市场分析前提下，确立发展重点和方向；引导广大企业和科研院所在结合审慎考虑自身条件和特点的基础上，确定发展方向和目标；引导金融机构、信用担保行业和保险行业等充分利用多种金融手段，支持从事研发、生产和使用"四基"目录中所列产品和技术的企业，引导社会资本向工业基础领域逐步聚集。

在《工业"四基"发展目录（2016年版）》中，涉及十大领域及其他领域，共收录682项，其中收录的前五大领域占据全部目录的58%，包括新一代信息技术领域、海洋工程装备及高技术船舶领域、电力装备领域、航空航天装备领域及高档数控机床和机器人领域。见表17。

表17 收录数量——按发展领域及"四基"类型划分

类别 项目数量 重点领域（项）	核心基础零部件（元器件）	关键基础材料	先进基础工艺	产业技术基础	总计数量	各领域总计数量占总体比重（%）
新一代信息技术领域	48	28	5	12	93	13.64
高档数控机床和机器人领域	38	23	6	2	69	10.12
航空航天装备领域	27	27	17	1	72	10.56
海洋工程装备及高技术船舶领域	48	34	5	2	89	13.05
先进轨道交通装备领域	15	15	4	2	36	5.28
节能与新能源汽车领域	27	25	6	4	62	9.09
电力装备领域	28	31	11	2	72	10.56
农业装备领域	22	7	-	1	30	4.40
新材料领域	4	32	1	6	43	6.30
生物医药及高性能医疗器械领域	13	19	12	5	49	7.18
其他	17	27	14	9	67	9.82
总计	287	268	81	46	682	100.00
"四基"各类型数量占总体比重（%）	42.08	39.30	11.88	6.74	-	100

注：表格中的其他，基于《工业"四基"发展目录》中的分类方法。

信息来源：《工业"四基"发展目录（2016年版）》。中企慧联整理分析。

　　"四基"中的核心基础零部件（元器件）及关键基础材料两大方面，收录数量高达555个，占据目录数量的80%。其次是先进基础工艺及产业技术基础领域，分别占总目录收录数量的12%及7%。

　　在核心基础零部件（元器件）类型方面，新一代信息技术及海洋工程装备及高技术船舶领域领域收录的最多，其次是高档数控机床和机器人及电力装备领域。

在关键基础材料类型方面，海洋工程装备及高技术船舶领域收录最多，其次是新材料领域及新一代信息技术领域。如图 24 所示。

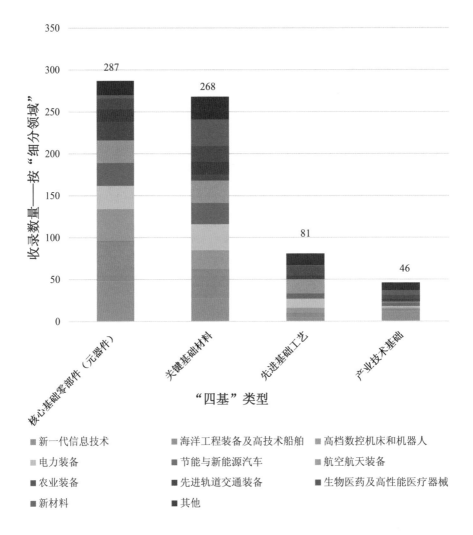

图 24 收录数量——按细分领域及"四基"类型划分

注：表格中的其他，基于《工业"四基"发展目录》中的分类方法。
信息来源：《工业"四基"发展目录》（2016 年版）。中企慧联整理分析。

以细分领域的角度分析"四基"的情况，基于统计结果显示，在十大细分领域，均以核心基础零部件（元器件）及关键基础材料为主，其次是先进基础工艺及产业技术基础，如图 25 所示。

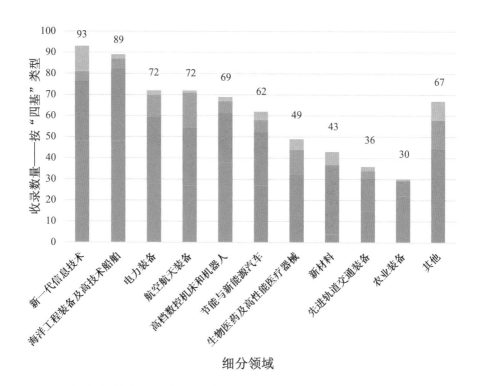

图 25 收录数量——按"四基"类型及细分领域划分

注：图表中的其他，基于《工业"四基"发展目录》中的分类方法。
信息来源：《工业"四基"发展目录（2016 年版）》，中企慧联整理分析。

第三章 企业案例

案例1 紫光国芯股份有限公司

（一）企业简介

紫光国芯股份有限公司是紫光集团旗下半导体行业上市公司，是目前国内最大的集成电路设计企业上市公司之一。公司存储器业务实施主体为其下属子公司——西安紫光国芯半导体有限公司，是国内唯一同时拥有世界主流动态随机存储器（DRAM）和闪存存储器（NAND FLASH）设计开发技术的公司，多年来一直专注于存储器的研发和产业化，获得"国家规划布局内集成电路设计企业"和"火炬计划重点高新技术企业"资质。

紫光国芯"UniIC"品牌存储器芯片累计二十余款产品、存储器模组三十余款产品实现全球量产和销售。公司自主创新开发的全球首系列内嵌自检测修复DRAM存储器产品（ECC DRAM），支持-55～125℃的超宽温环境应用，与JEDEC国际标准"即插即用"式兼容，可广泛应用于网络设备、控制系统、工业计算机、安防系统、医疗设备和汽车电子等高可靠领域。如图26所示。

存储器芯片产品	DRAM 系列	ECC DRAM 系列	NAND Flash 系列
	SDR：128Mb/256Mb/512Mb DDR：512Mb/1Gb DDR2：512Mb/1Gb/2Gb DDR3：512Mb/1Gb/2Gb/4Gb DDR4/LPDDR4：4Gb/8Gb（在研）	ECC SDR: 256/512Mb ECC DDR：512Mb/1Gb ECC DDR2：1Gb ECC DDR3：1Gb/2Gb	SLC NAND Flash：2Gb
存储器模组产品	台式机用 U-DIMM	笔记本用 SO-DIMM	服务器用 R-DIMM
	服务器用 VLP-RDIMM	台式机用 ECC-UDIMM	

图26 紫光国芯股份有限公司存储器产品列表

（二）项目开发的意义和必要性

1. 项目产品市场前景广阔

根据调研机构数据显示，2015 年中国大陆 DRAM 采购规模约为 120 亿美元、NAND Flash 采购规模为 66.7 亿美元，各占全球 DRAM 和 NAND 供货量的 21.6% 和 29.1%。然而，这些存储芯片在国内基本空白，几乎全部依赖进口。紫光国芯存储器业务单元现有 300 人，多年来专注于发展成为国际领先的存储器产品、设计和测试的综合方案提供商，过去三年年均营收增长超过 45%，累计申请存储器领域相关专利 307 项，其中发明专利 176 项，累计获得授权 162 项，其中发明专利 44 项，累计获得集成电路布图登记 16 项。

2. 项目产品技术指标达到国际先进水平

第四代接口 DRAM 存储器相关产品目前在国内全部被国外公司垄断，相关技术国内也比较薄弱，紫光国芯第四代 DRAM 存储器系列产品研发及产业化项目成果将填补国内相关技术和产品空白，技术指标达到国际先进水平，所研发第四代 DRAM 存储器系列产品完全兼容国际 JEDEC 标准。

3. 项目产品具有巨大的战略意义

紫光国芯所开发的 DDR4 DRAM 产品和 LPDDR4 DRAM 产品与"核高基"专项支持公司已经完成产业化的第二代 DRAM "大容量低功耗 DRAM 芯片研发"项目和第三代 DRAM "DDR3 动态随机存储器产品研发及产业化"项目成果形成完整系列产品，满足国内信息产业的多元化应用需求，特别是信息安全的可信计算机的需求，实现国产化替代。

（三）技术先进性

1. 创新点及关键点

创新点：兼容 JEDEC 国际标准，产品支持循环冗余码校验、温度控制刷新周期、读写时序自动校准、多种自刷新模式、自动侦测功能和提高可靠性支持封装后再修复功能、数据 / 指令 / 地址基准电压校准和指令奇偶校验，研制标准 DRAM 和低功耗 DRAM 系列产品。

关键点：（1）建设完备的第四代 DRAM 存储器设计、测试、系统级验证等软硬件平台，构建第四代 DRAM 存储器研发和产业化产业链。（2）开发完成第四代 DRAM 存储器系列产品，完全符合 JEDEC 国际标准，与国际大厂同类产品完全兼容，实现国产计算机、服务器、汽车电子、智能终端、消费电子等量产应用，支持国家云计算、大数据和智能制造等发展战略。

2. 国内外参数对比

第四代接口 DRAM 存储器采用先进的 25nm 及以下的制造工艺，开发 DRAM 产品容量不低于 4Gbit，接口覆盖 x8、x16 和 x32，数据速率 1866 ～ 3200MHz，双供电电压分别不高于 1.2V 和 2.5V。相关产品参数国内领先，填补国内技术空白；产品参数国际先进，与国际最先进产品技术参数保持一致，可实现国产化替代。

（四）项目成熟度

紫光国芯股份有限公司存储器业务单元拥有完整的产品开发技术和研发平台，过去几年成功开发并量产多款 DRAM 芯片，包括标准 SDR、DDR、DDR2、DDR3、Graphic DDR3 DRAM 和移动用 LPDDR DRAM 产品，并拥有完备的测试分析实验室和测试能力，产品持续量产销售到国内及欧洲等地，积累了良好的存储器设计、测试、外包生产、方案构建及全球量产推广等研发和产业化经验。公司第四代接口 DDR4 DRAM 存储器产品已经完成了产品立项、指标定义、电路设计和版图设计，正在进行规划流片验证，LPDDR4 DRAM 存储器产品已经完成产品立项、指标定义，正在进行电路设计和版图设计。

（五）推广应用情况

紫光国芯所开发 DRAM 存储器产品围绕国内移动主控、国产 CPU 和整机厂商的需求，提供可配置的存储器产品并进行产业化应用，形成联合竞争优势，可广泛应用于各类移动终端、大数据和云计算服务器系统，有力支持全国产计算机生态体系建设，提升自主可控产业支撑能力。

紫光国芯存储器团队从 2009 年作为国内公司以来成功开发多款 DRAM 芯片并量产销售，产品广泛应用于服务器、计算机、消费电子、工业控制和汽车电子等领域，实现了国产化替代，市场销售已经超过 3000 万颗，为第四代接口 DRAM 存储器实施积累了良好的设计、测试、外包生产、方案构建及全球量产推广等研发和产业化经验和基础。

案例 2 上海上创超导科技有限公司

（一）企业简介

上海上创超导科技有限公司（以下简称"上创超导公司"）是在上海市政府直接指导下由上海大学、上海百村实业有限公司、上海科技创业投资（集团）有限公司及管理团队、技术团队等自然人股东于 2011 年 8 月共同投资组建的混合所有制企业。上创超导公司是集产学研一体的致力于第二代高温超导材料及下游应用器件研发、生产的战略型新兴产业高科技公司。

上创超导公司作为上海市产业化重大项目的牵头单位，于 2013 年在国内率先实现了低成本千米级第二代高温超导带材装备、工艺、组分的国产化，可生产国内最宽、走带速度最快、成本最低的第二代高温超导带材，性价比达到国际领先水平，成为国内首家千米级第二代高温超导带材生产商。其低成本 MOD 工艺技术路线填补了国内空白，产品成为国内首家应用于军工超导装备领域的企业，公司相继获得了工信部国内首家高温超导材料金奖、中国军民两用十大创新技术、《SCIENTIFC AMERICAN》与美国麦肯锡公司联合评选的"5UNDER5"创新奖、首届军民两用技术应用创新大赛铜奖。如图 27 所示。公司集聚了国内杰出的超导及其他领域专家数十人，在 4 年时间里形成了数十项专利，正在多个领域与众多单位携手推动了下游强电装备开发。同时，上创超导公司与上海大学合作成立的上创上大超导工程联合研发中心于 2015 年通过上海市唯一的高温超导重点实验室认定，为上创超导公司的技术持续进步获得了强有力的支持。

图 27 上创超导公司获得荣誉

上创超导公司于 2014 年与奉贤区人民政府达成协议，以上创超导公司生产基地所在的奉贤经济开发区为依托，在上海率先发展建设高温超导产业化基地，力争成为国际一流的第二代高温超导材料综合供应商。上创超导公司以其领先的符合产业化标准的自主工艺、装备技术路线，开创了低成本第二代高温超导材料产业化的中国道路，将在电力、交通、军工、磁医疗康复器械、国家大科学工程等众多领域助推下游装备企业转型升级与技术进步。

（二）项目开发的意义及必要性

高温超导技术将是 21 世纪具有战略意义和巨大发展潜力的高新技术，美国、日本、欧洲、韩国为代表的各国已制定了相应的超导发展战略，积极致力于超导技术在实际应用中的开发研究，如超导限流器、超导电缆和超导储能等方面的研究。目前，美国、日本、德国等都已制备出百米量级的 YBCO 带材，并已实现超导电缆的小型并网运行。第二代高温超导带材是目前最具发展前景的实用超导材料，是各类超导电力应用、大科学装备、先进医疗、磁悬浮交通和军工装备等的基础材料，但由于性价比尚未达到传统超导材料，发展低成本技术路线、批量化宽带工业生产技术是提高第二代高温超导性价比，进而推进其各类应用的关键难题和急需解决的问题。

为于打破"美国超导公司（AMSC）"等国外超导材料企业长期在工艺装备、技术专利和市场等方面的垄断和控制，实现中国高温超导材料具有自主知识产权的产业化生产，实现中国超导材料国产化、快速化制备，必须真正掌握包括高温超导材料制备、设备研制、超导应用等各个方面的关键核心技术，充分利用现有和潜在的优势项，促进产学研合作。目前，上创超导公司共申请超导带材制备技术相关专利 15 项，其中发明专利 8 项。

（三）技术先进性及成熟度

1. 技术先进性及创新点

1）低成本，采取化学溶液沉积（MOD 法）技术路线，避免了物理方法沉积所需的高真空设备，原料利用率可达到 100%，公司生产的高温超导带材，与国外超导带材生产厂家相比，具有明显的价格优势；

2）自主研发设计，研发出具有自主知识产权的千米级涂层导体连续化制备系统，降低了设备进口的成本，防止国外技术封锁，实现高温超导带材的国产化、批量化、规模化制备，进而带动超导电缆、超导变压器、超导电机、超导限流器等应用技术的产业化；

3）产业化，建成了 3 条千米级高温超导带材产业化生产线，实现了国内首条千米级高温超导带材的制备，填补了国内连续化、化学法制备超导带材的空白。

上创超导公司产品如图 28 所示。

	SCST-W4	SCST-W6	SCST-W12
平均宽度Width	4±0.1mm	6±0.1mm	12±0.1mm
平均厚度Thickness	80~250μm		
单根长度Length	100~1000m		
最小弯曲半径（77K） Min Bending Radius(77K)	100mm		
临界拉应力强度（77K） Critical Tensile Stress(77K)	>290MPa		
临界电流范围（77K，自场） Min Ic（77K，self-fields）	60~100A	100~150A	200~300A
加强层材料Stabilizer	Copper/Brass/Stainless Steel		

图 28 上创超导公司产品

2. 项目成熟度

上创超导公司聚拢高校、科研院所，联合构建"产学研"平台，成立上创—上大联合研发中心，积极拓展超导下游应用，横向形成产、学、研、用联合开发的协同创新模式，纵向利用公司完整的超导带材产业链，通过开展关键技术攻克、自主研发设计和超导下游应用的仿真分析等课题的研究，采用低成本化学法，攻克了超导带材产业化制备的关键技术，大大降低了制备所需的生产成本，提高了超导材料产品性价比。目前，公司已建成千米级第二代带材高温超导连续化生产线，包括千米级缓冲层磁控溅射镀膜系统、千米级卷对卷低温热解和高温晶化气氛处理系统等，产能达到150公里，单根长度可达1000m。国产化、连续化高温超导带材生产线，可生产出产品织构度达到 3 ~ 4°，临界电流达到485A/cm（77K，自场）、带材宽度分别为 4mm、6mm、12mm 的高温超导带材，达到国际先进水平。如图 29 所示。

图 29 上创超导公司生产的第二代高温超导带材

（四）推广应用情况

围绕超导磁悬浮列车、超导电缆、超导磁体、超导电机、超导变压器、超导故障限流器等超导下游应用需求，上创超导公司建成了低成本化学法超导带材生产线，攻克带材生产过程中的关键技术问题，产能提升了近2倍，提高了超导带材的性价比，使公司生产的带材性价比优于美国超导公司（AMSC）等国际单位的产品水平；打破了国外技术垄断，产品销售到相关国内研发单位和企业，赢得了好评，形成了较强的竞争优势。目前，产品已经逐步应用到我国海军舰艇的特种电力装备系统、强磁场健康医疗器件和部分电力器件中。上创超导公司也积极与科研院所、高校合作，为科研机构、高校研究小组提供所需的高温超导带材。

案例3 湖南中锂新材料有限公司

一、企业简介

湖南中锂新材料有限公司（以下简称"中锂新材"）是湖南省内唯一一家专业研发、生产和销售锂离子电池湿法隔膜的高新技术企业，目前公司注册资本2.6亿元，员工350多人，大中专学历占比47%。截至2016年底，公司已完成投资11亿元，建成了7条湿法隔膜生产线。2016年，完成隔膜生产5443万平方米，增长34%，实现销售收入2.12亿元，增长30%，实现利税6000多万元。公司计划2018年完成20条生产线及配套涂布线建设，届时，将实现销售收入50亿元，上缴税金5亿元，创造就业岗位2000多个。如图30所示。

图30 湖南中锂新材料有限公司

中锂新材专注于产品质量管控，2014 年 5 月完成"产品企业标准"备案，12 月通过 ISO9001、ISO14001、OHSAS18001"三标一体"体系认证和"安全生产标准化三级企业"验收，12 月份成为"超高新材料产业技术创新战略联盟"会员，同年通过了出口欧盟的体系认证，2015 年 6 月完成了新材料认定，同年 10 月通过了高新技术企业认定，2016 年 8 月份启动 ISO/TS16949 管理体系建设，并于 11 月份通过体系认证。如图 31 所示。

图 31 湖南中锂新材料有限公司获得的荣誉

中锂新材先后与多所高等院校建立了产、学、研合作关系，并成为了中科院理化所的"博士后"工作站。现已取得了八项实用新型专利和两项发明专利，其工艺技术经过国家工信部组织相关部门评审，被评价为国际先进，并获得国家工业信息化部科技情报研究所颁发的"优秀科技成果奖"，填补了湿法隔膜中国自主生产的空白。

二、项目开发的意义及必要性

国内对锂离子电池隔膜的研究较晚，关键技术仍受到国外专利的限制保护，目前国内仅有少数厂家能生产锂电隔膜，且大部分不能满足优质隔膜的要求，导致国内隔膜市场大部分被日本、美国等国家占领。本项目通过对高端锂离子电池隔膜关键共性技术进行攻关并实现产业化，针对我国锂离子湿法动力电池隔膜产品依赖进口现状，实现隔膜材料国产化，推动锂电池行业快速发展，加快锂电池产业国产化进程，增强制造业核心竞争力，带动产业整体发展，同时结合绿色环保能源政策要求，采用环保可持续发展模式，推动产业健康发展。

针对目前锂电池隔膜产品造孔工艺难度大，产品稳定性保持难，产品厚度、强度、孔隙率不一致等技术难题，以及而我国生产技术薄弱，关键技术受制于他国，高端产品依赖进口，并无成套生产设备的现状，公司与中南大学材料科学与工程学院建立产学研合作，对锂离子湿法动力电池隔膜进行研究开发。

三、技术先进性及成熟度

（一）技术先进性及创新点

1. 使用超高分子量材料共混改性，提高产品的热稳定性

本项目你采用 UHMWPE 做为主原材料，其中分子量约 200 ~ 300 万，添加 20% 比例的 HDPE，5% 抗氧化剂（Antioxidants）和 5% 的成核剂进行材料综合改性。其中成核剂的加入能更好地控制微孔的尺寸和分布，经过改性后超高分子量材料作为加强筋的方式，牢牢的链接 HDPE 材料，使制作的

产品更加具备耐温性，改善 PE 原材料化学惰性。

同时，通过超高分子量材料共混，以聚乙烯为基材，将超高分子聚乙烯（70%）、高密度聚乙烯（20%）、成合剂（5%）、抗氧化剂（5%）等不同的极性小分子，在混炼机上混和均匀后，制成相应聚乙烯膜片，成型后极性小分子慢慢迁移到聚乙烯基材表面，表面亲和性增加，解决了聚乙烯（PE）单体聚合隔膜存在对电解质亲和性较差，导致聚乙烯表面能、润湿性、粘结性、生物相容性低以及化学惰性等缺点。

2. 新型湿法隔膜成孔技术，大范围提升隔膜综合性能

本项目锂离子湿法动力隔膜以高密度聚乙烯（HDPE）和超高分子量聚乙烯（UH-MWPE）等原材料基体，利用熔融拉伸法和热致相分离法制膜工艺的优点，将熔融拉伸法和热致相分离法相结合，具有高孔隙率、稳定化学性能和优良的热稳定性能、自动关闭保护功能。

熔融拉伸法制膜工艺无相分离环节，无污染，微孔膜制备过程简单，但是存在孔径及孔隙率较难控制，而且只能进行纵向拉伸，导致膜的横向强度差的缺点。

热致相分离法制膜工艺则制膜过程相比较容易调控，可以较好地控制孔径、孔径分布和孔隙率，同时也能通过控制超高分子聚乙烯（UH-MWPE）分子量及其在共混物中的含量，保障膜的机械强度和拉伸性能。但制备过程中需要大量的溶剂，容易造成环境污染，与熔融拉伸法相比工艺相对复杂。

本项目中分利用熔融拉伸法和热致相分离法制膜工艺的优点，将二者结合，通过新的原材料成分、配比以及制备工艺，充分保证了隔膜的厚度、强度、孔隙率的一致性，实现锂离子电池隔膜的安全性和稳定性能指标大范围的提升：热稳定性（130℃/1h）TD ≤ 0.5%，MD ≤ 1.5%，（150℃/1h）TD ≤ 0.5%，MD ≤ 2%；同时穿刺强度 > 700gf；拉伸强度（kgf/cm^2）TD > 1600；MD > 1800，闭孔温度 > 137℃；安全性及循环次数周期满足电池行业标准要求，达到国际先进技术水平。项目的具体工艺如图 32 所示。产品规格见表 18。

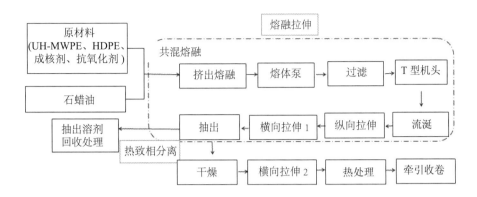

图 32 湖南中锂新材料有限公司生产工艺图

表 18 湖南中锂新材料有限公司产品规格参数表

(S- 隔离膜 H- 高强度 L- 低热收缩 P- 高渗透性)									
项目	单位	SHS-12	SLP-12	SHP-12	SHS16	SLP-16	SHP-16	SHS-20	SLP-20	SHP-20
材 料	/	PE	PE	PE	PE	PE	PE	PE	PE	PE
厚 度	μm	12±0.5	12±0.5	12±0.5	16±1	16±1	16±1	20±1	20±1	20±1
透气率	Sec/100cc	200±30	180±30	180±30	230±30	200±30	200±30	230±30	200±30	200±30
孔隙率	%	42±3	43±3	43±3	40±3	43±3	43±3	40±3	43±3	43±3
拉伸强度 TD	kgf/cm²	≥1000	≥1000	≥1000	≥1200	≥1000	≥1200	≥1400	≥1200	≥1400
拉伸强度 MD		≥1300	≥1200	≥1300	≥1500	≥1300	≥1500	≥1600	≥1500	≥1600
热收缩率 TD	%	≤1	≤1	≤1	≤1	≤1	≤1	≤1	≤1	≤1
热收缩率 MD		≤3	≤2	≤3	≤3	≤2	≤3	≤3	≤2	≤3
穿刺强度	gf	≥400	≥400	≥400	≥500	≥500	≥500	≥600	≥550	≥600
特 点	双向异步拉伸隔离膜。SHS-12/16/20 具有高强度、高安全性；SLP-12/16/20 具有低热收缩、高渗透性；SHP-12/16/20 具有高强度、高渗透性。									

（二）项目成熟度

本项目的实施推进将促进锂离子湿法动力电池隔膜行业发展，推进锂离子动力电池隔膜国家标准制订与出台，同时是公司未来五年发展战略规划中极其重要的组成部分，项目实施将对锂离子湿法动力电池隔膜产能提升、新品研发、生产模式改进等带来根本性变革，是将锂离子湿法动力电池隔膜打造成百亿规模产值企业的必要基础。

湖南中锂新材料有限公司隔膜产品如图 33 所示。

图 33 湖南中锂新材料有限公司隔膜产品

四、推广应用情况

公司采用日本东芝机械进口的整套锂电池隔膜湿法生产线，设备精良，自动化程度高，是国内唯一全套引进国外锂离子电池湿法隔膜的生产线。公司利用先进的生产设备及自主研发的湿法生产工艺技术，制备出高端锂离子电池湿法隔膜，其产品质量符合新能源动力电池的要求，其产品在物理性能和热性能上已领先国内同行，个别指标已优于国外同类产品，现已达到替代进口的标准。在国内市场取得了一致认同，开拓了一批如"沃特玛"、"比亚迪"等实力客户。

案例4 上海工业自动化仪表研究院

一、项目简介

高端仪表与控制系统检测认证技术基础公共服务平台，是以高端仪表和控制系统为主要对象，基于标准、制造、检测、认证、评估技术的完善化研究，通过"新建、完善、提升"的方式，突破高端仪表和控制的检测技术瓶颈，开发高端仪表和控制系统新技术的检测手段，完善高端仪表和控制系统新技术的检测能力，建设、提升高端仪表与控制系统专业检测和环境适应性试验、功能安全认证等技术能力、从而构建信息化、标准化、智能化、国际化的国内一流、国际先进的高端仪表和控制系统检测认证技术基础公共服务平台。

二、经济和社会效益

1. 重点提升了我国高端仪器与控制系统检测认证能力

通过强基项目的建设新增了大量的关键试验能力，目前服务平台已经成为国家级流量、温度、可燃气体报警器、阀门的型式评价机构，为进口计量器具与国内计量器具生产企业，提供了多个系列与规格的产品的型式评价。

2. 平台服务于国民经济多个重要领域

高端仪表与控制系统是现代工业发展的基础，广泛应用于石油化工领域、能源领域、轨道交通、汽车制造、军工、航空航天等与国民生产和国家命脉息息相关的各重要行业。

3. 提高行业整体基础技术和共性技术水平及能力

建立高端仪表与控制系统检测认证技术基础公共服务平台，为行业内众多企业服务，降低企业投入和成本支出，弥补企业自身发展动力不足，提高行业整体基础技术和共性技术水平及能力，提升我国高端仪表与控制系统产品发展的质量和效益，有利于行业技术水平的整体推进和提升。

三、重大技术和产品突破

1. 完善 / 建立高端仪表与控制系统专业性能和环境适应性试验能力

开展温度、流量、压力、液位、可燃气体探测、阀门等高精度、智能化仪表的专业性能和可靠性试验。

开展电气设备防爆前沿技术研究，基于国内防爆行业检测认证需求，建立大型隔爆实验装置（含配气系统）及其自动化控制系统。

2. 建立高端仪表与控制系统功能安全认证能力

开展典型高危行业生产装备安全相关系统和安全相关单元（产品）的功能安全评估能力，尤其在石油化工、能源、轨道交通领域。

建立公共的评估服务平台，最大程度地实现资源共享。

建立完善的传感器、控制器及终端元件失效数据库以及功能安全相关产品认证信息库。

3. 故障预测与寿命预测技术

拟采用 PHM 技术，主要包括 FMMEA，可靠性评估、适当参数的监控、应力和损伤累计分析。

4. 功能安全评估技术

安全相关单元（产品）的内部和外部诊断方法、诊断测试间隔和诊断覆盖率（DC）之间的关系。

执行诊断功能部分的失效率与安全相关单元（产品）的分类失效率的关系安全相关单元（产品）的分类失效率、诊断覆盖率（DC）、安全失效分数（SFF）的分析计算。

化工等典型高危领域防爆相关危险辨识和风险降低措施研究。

控制系统性失效和避免系统性失效的措施的评审。

5. 原位法的高流速温度传感器热响应时间测试技术

依据原位法原理完成对电阻温度传感器在高流速场中热响应时间的测定。

第四章 政 策 汇 编

　　为贯彻落实《工业转型升级规划（2011—2015 年）》（国发〔2011〕47 号），加强对工业基础能力提升的引导和支持，2011 年底开始，工信部在国务院和有关部委的支持下，把工业强基作为工业转型升级的重要举措开始推动。2013 年工业信息化部发布《关于开展工业强基专项行动的通知》及《2013 年工业强基专项行动实施方案》等；2014 发布《关于开展 2014 年工业强基专项行动的通知》及《2014 年工业强基专项行动实施方案》等；2015 年发布《工业和信息化部关于开展 2015 年工业强基专项行动的通知》及《2015 年工业强基专项行动实施方案》等；2016 年发布《工业强基 2016 专项行动实施方案》及《工业强基工程实施指南（2016—2020 年）》等。工业强基作为实施《中国制造 2025》发展战略规划、建设制造强国的重要基础工程，进入了新的发展时期。见表 19。

表 19 各部委推进工业强基相关政策

日期	相关部门	公告号	主题
2011 年	国务院	国发〔2011〕47 号	《工业转型升级规划（2011—2015 年）》
	工信部	工信部规〔2011〕567 号	《工业和信息化部关于加快推进工业强基的指导意见》
2012 年	财政部 工信部	财建〔2012〕567 号	《工业转型升级资金管理暂行办法》
2013 年	工信部	工信部规〔2013〕70 号	《关于开展工业强基专项行动的通知》
	工信部	/	《2013 年工业强基专项行动实施方案》
	工信部	工信厅规函〔2013〕325 号	《关于开展"国家新型工业化产业示范基地"创建工作的通知》
	工信部、财政部	财建〔2013〕23 号	《关于下达 2013 年工业转型升级强基工程资金的通知》
2014 年	工信部办公厅、财政部办公厅	工信厅联规〔2014〕80 号	《工业和信息化部办公厅 财政部办公厅关于组织申报 2014 年工业转型升级强基工程实施方案的通知》
	工信部	工信部规〔2014〕67 号	《工业和信息化部关于加快推进工业强基的指导意见》
	工信部	工信部规〔2014〕95 号	工业和信息化部启动 2014 年工业强基专项行动，《关于开展 2014 年工业强基专项行动的通知》

（续表）

日期	相关部门	公告号	主题
2014 年	工信部	/	关于组织申报 2014 年工业转型升级强基工程实施方案的通知，《2014 年工业强基专项行动实施方案》
	工信部办公厅财政部办公厅	工信厅联规〔2014〕121 号	《工业和信息化部办公厅财政部办公厅关于2014 年工业强基工程实施方案的复函》
	工信部	工信厅规〔2014〕154 号	关于开展 2014 年工业强基示范应用工作的通知，《2015 年工业强基专项行动实施方案》
2015 年	工信部	工信部规〔2015〕66 号	工业和信息化部启动 2015 年工业强基专项行动，《工业和信息化部关于开展 2015 年工业强基专项行动的通知》
	工信部	工信部规〔2015〕252 号	《工业和信息化部关于发布 2015 年工业转型升级重点项目指南的通知》
	工信部	工信厅联规函〔2015〕340 号	《工业和信息化部办公厅 财政部办公厅关于组织开展 2015 年工业转型升级强基工程的通知》
	国家税务总局	/	《重大技术装备和产品进口关键零部件及原材料商品目录（2015 年修订）》
2016 年	工信部	工信部规〔2016〕126 号	《工业和信息化部关于开展工业强基 2016 专项行动的通知》
	工信部	工信部规〔2016〕126 号	《工业强基 2016 专项行动实施方案》
	工信部办公厅财政部办公厅	工信厅联规〔2016〕83 号	《工业和信息化部办公厅财政部办公厅关于发布 2016 年工业强基工程实施方案指南的通知》
	工信部、发改委、科技部以及财政部	/	《工业强基工程实施指南（2016～2020 年）》
	工信部	工信厅规〔2016〕91 号	《工业强基工程实施方案验收评价工作细则》
	发改委、财政部、商务部	发改产业〔2016〕1982 号	《鼓励进口技术和产品目录（2016 年版）》
	国防科工局	/	《国防科技工业强基工程 2025》

信息来源：中企慧联整理。

2013年工业强基主要指导政策

为贯彻落实《工业转型升级规划（2011—2015年）》（国发〔2011〕47号），加强对工业基础能力提升的引导和支持，2月27日，工业和信息化部发布《关于开展工业强基专项行动的通知》（工信部规〔2013〕70号），正式启动实施"工业强基专项行动"，要求按照《2013年工业强基专项行动实施方案》（以下简称《实施方案》）组织开展相关工作，提升关键基础材料、核心基础零部件（元器件）、先进基础工艺和产业技术基础发展水平。

■ 《关于开展工业强基专项行动的通知》
（工信部规〔2013〕70号）

为贯彻落实《工业转型升级规划（2011—2015年）》（国发〔2011〕47号），加强对工业基础能力提升的引导和支持，2月27日，工业和信息化部发布《关于开展工业强基专项行动的通知》（工信部规〔2013〕70号），正式启动实施"工业强基专项行动"，要求按照《2013年工业强基专项行动实施方案》（以下简称《实施方案》）组织开展相关工作，提升关键基础材料、核心基础零部件（元器件）、先进基础工艺和产业技术基础发展水平。

《实施方案》明确了专项行动的指导思想、主要目标和进度安排。专项行动以解决涉及国民经济和国防安全的部分重大工程和重点装备的关键问题为主攻方向，以企业为主体、市场为导向、创新为动力，以装备和电子信息产业等领域"四基"为重点，加强顶层设计、完善政策措施，推广典型经验、营造有利氛围，加快形成产学研用相结合的技术创新体系，争取解决一批重大关键技术和产品，通过重点领域突破提升我国工业基础能力，促进工业转型升级。

作为工业强基的启动年，2013年专项行动将研究出台加快提升工业基础能力的指导意见、组织实施一批示范项目、组织一系列院士专家行和对接活动、搭建协同创新信息交流平台，加强组织保障，加大资金支持力度，引导资源向工业"四基"领域聚集。

■ **《2013 年工业强基专项行动实施方案》**

一、背景

经过多年的发展，我国已建立起门类齐全、体系完整的现代工业体系，技术创新能力不断增强，总体实力迈上新台阶，成为具有重要影响力的工业大国。但现阶段我国工业大而不强的特征十分突出，总体上仍处于全球价值链的中低端，其中一个重要原因是工业基础能力薄弱。加快提升工业基础能力，是促进工业转型升级，增强工业核心竞争力，提高我国经济发展质量和效益的关键所在。国务院高度重视加强工业基础能力建设（简称工业强基）。《工业转型升级规划（2011—2015 年）》（国发〔2011〕47 号）指出要加强对工业基础能力提升的引导和支持。经对工业基础能力发展重大问题的深入研究，我部决定在 2013 年实施"工业强基专项行动"，提升关键基础材料、核心基础零部件（元器件）、先进基础工艺和产业技术基础发展水平。

二、指导思想

按照"十二五"工业转型升级的总体要求，贯彻落实全国工业和信息化工作会议精神，以提高工业核心竞争力为主线，以解决涉及国民经济和国防安全的部分重大工程和重点装备的关键问题为主攻方向，以企业为主体、市场为导向、创新为动力，以装备和电子信息产业等领域"四基"为重点，以组织实施工程化、产业化示范项目和公共服务平台示范项目为抓手，坚持解决当前突出问题与促进长远持续发展相结合，加强顶层设计、完善政策措施，推广典型经验、营造有利氛围，加快形成产学研用相结合的技术创新体系，争取解决一批重大关键技术和产品，通过重点领域突破提升我国工业基础能力，促进工业转型升级。

三、主要目标

提升工业基础能力，是一项长期复杂艰巨的重大工程。作为工业强基工程的启动年，2013 年专项行动的主要目标是：加强顶层设计，确定基础产业急需发展的重点、方向、路径，研究完善有利于基础产业发展的政策措施，营造良好环境和氛围。利用财政启动资金，探索创新资金管理模式，有针对性的组织实施一批示范项目，引导各地加大对工业基础领域的支持。梳理工业"四基"领域的技术成果和产业发展需求，搭建技术成果对接和信息交流平台，提高工业基础产业发展的专业服务能力，推动工业基础能力提升。

四、重点工作

2013年，将出台一个指导意见、实施一批示范项目、组织一系列对接活动、搭建一个信息交流平台。

（一）研究制定指导意见

针对工业重点领域开展专题调研，深入了解"四基"发展现状，总结借鉴各地和企业的先进经验，研究有利于基础产业发展的政策措施，联合相关部门研究出台加快提升工业基础能力的指导意见。开展重点工业行业基础能力提升体系建设，支持部分重点地区结合本地实际出台提升工业基础能力的相关政策措施。

（二）组织实施示范项目

按照"十二五"工业转型升级规划体系要求，主要围绕装备制造和电子信息产业所需的关键基础材料、核心基础零部件（元器件）、先进基础工艺，突出重点、明确方向、创新资金管理和项目组织模式，通过招标、定向征集等方式，实施20个左右工程化、产业化示范项目，组织企业、科研院所开展"一条龙"攻关，实现关键技术和产品的产业化突破。组织实施30个左右国家新型工业化产业示范基地技术创新公共服务平台和重点领域产业技术基础服务平台示范项目，完善产业公共服务体系，提升技术基础水平。

（三）开展院士专家行和对接活动

促进产学研交流合作，组织科研院所、高校与企业开展重点产业基础提升院士专家行活动，分析评估"四基"发展存在的突出问题。促进企业基础能力发展需求和科研院所技术成果对接，推动技术创新成果加快转化应用。

（四）搭建协同创新信息交流平台

推动建立政府引导、市场导向、企业为主体，产学研用相结合的协同创新信息交流平台，充分发挥企业、科研院所、高校等各方面优势，增强工业基础能力建设信息共享交流。

五、进度安排

（一）启动阶段（2月至3月）。落实专项行动实施方案，细化工作分工，部署工业强基专项项目征集工作。

（二）推进阶段（4月至10月）。组织开展重点地区调研，研究出台指导意见。组织开展工业"四基"领域院士专家行和对接活动。组织示范项目申报、评估、审批等工作。搭建协同创新信息交流平台，组织开展试运行工作。

（三）总结阶段（11月）。部机关相关司局、各地工业和信息化主管部门开展专项行动工作总结，编制工业强基专项行动年度报告。

六、保障措施

（一）加强组织保障

成立部规划司、财务司、科技司、原材料工业司、装备工业司、消费品工业司、电子信息司、软件与服务业司等相关司局负责人参加的专项行动工作组，负责专项行动的具体组织实施，专项行动办公室设在规划司。各地工业和信息化主管部门根据总体方案安排，负责本地区工业强基专项行动的组织实施，协助开展有关调研等工作。发挥相关行业协会的作用，充分调动部属高校、部直属单位的积极性和主动性，形成促进工业基础能力提升的合力。

（二）加大资金支持力度

发挥政府投资对社会投资的引导作用。积极落实中央财政专项资金，鼓励各地财政加大投入，创新资金管理模式，加大对工业基础重点领域的支持力度。统筹产业振兴和技术改造专项、科技重大专项、战略性新兴产业专项、重大科技成果转化资金、电子信息产业发展基金等渠道，加大对基础产业研究与开发的支持力度，引导资源向工业"四基"领域聚集。

（三）加大宣传力度

注重舆论宣传，加强与报纸、网络、电视等媒体沟通合作，围绕工业强基专项行动启动实施、指导意见发布、"院士专家行"等开展形式多样的宣传活动，扩大专项行动的社会影响，营造良好的舆论氛围。在部门户网站、中国工业报、中国电子报等进行专题报道，推广提升工业基础能力的先进经验和做法。

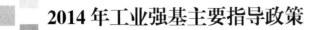

2014年工业强基主要指导政策

■ 《工业和信息化部关于加快推进工业强基的指导意见》
（工信部规〔2014〕67号）

工业和信息化部2月14日发布《关于加快推进工业强基的指导意见》（工信部规〔2014〕67号），提出加快推进工业强基，提升关键基础材料、核心基础零部件（元器件）、先进基础工艺、产业技术基础发展水平，夯实工业发展基础，推进工业大国向工业强国转变。具体内容如下。

各省、自治区、直辖市及计划单列市、新疆生产建设兵团工业和信息化主管部门：

关键基础材料、核心基础零部件（元器件）、先进基础工艺、产业技术基础（简称工业"四基"）是提升工业核心竞争力的重要基础。经过多年的发展，我国工业总体实力迈上新台阶，成为具有重要影响力的工业大国，但一些关键基础材料、核心基础零部件（元器件）依赖进口，关键技术受制于人，先进基础工艺研究少、推广应用程度不高，产业技术基础薄弱、服务体系不健全等问题依然突出。工业基础能力不强已成为制约我国工业转型升级、提升工业发展质量和效益的瓶颈。加快提升工业基础能力，推进工业强基，是增强我国工业核心竞争力的迫切任务，是实现我国工业由大变强的客观要求。为推进工业强基，现提出如下意见：

一、总体要求

（一）指导思想

深入贯彻党的十八大和十八届二中、三中全会精神，以邓小平理论、"三个代表"重要思想、科学发展观为指导，以提高工业核心竞争力为主攻方向，以企业为主体、市场为导向、创新为动力，促进开放合作，强化政府引导，加强顶层设计，完善政策措施，着力解决工业基础领域的关键问题，加快推动创新成果产业化，积极构建生产和应用良性互动机制，夯实工业发展基础，促进工业转型升级，推进工业大国向工业强国转变。

（二）基本原则

坚持市场主导与政府引导相结合。充分发挥市场配置资源的决定性作用，突出企业主体地位，以市场需求为导向，整合产学研用资源，推动产业发展与应用需求良性互动。加强政府在宏观调控、组织协调和政策促进等方面的积极作用，发挥政府投资的引导作用，加大对工业基础的支持力度。坚持整体推进与重点突破相结合。围绕产业链整体升级，明确工业基础能力长远推进目标和分阶段实施方案，依托重点工程、重大项目和骨干企业，按照轻重缓急、以点带面有序推进，重点突破一批基础条件好、需求迫切、带动作用强的工业"四基"。坚持技术创新与技术改造相结合。优化企业技术创新环境，支持企业技术创新体系建设，鼓励企业加大研发投入，增强企业自主创新能力。加快创新成果产业化，把技术改造作为技术创新成果实现产业化的重要途径，扩大创新产品的开发和应用，推动其尽快实现规模效益，形成技术改造与技术创新的良性互动。坚持对外引进与对内联合相结合。支持企业引资、引技、引智，开展多种形式的交流与合作。鼓励企业与科研院所、高等院校、下游用户联合建立产业联盟，研发和推广应用工业基础领域新技术和新产品，建立合作共赢的开放式产学研用合作新模式。

（三）发展目标

到 2020 年，我国工业基础领域创新能力明显增强，关键基础材料、核心基础零部件（元器件）保障能力大幅提升，先进基础工艺得到广泛应用，产业技术基础支撑服务体系较为完善，基本实现关键基础材料、核心零部件（元器件）、整机、系统的协调发展，工业基础能力跃上新台阶，为改造提升传统产业、加快培育发展新兴产业提供有力支撑，使我国工业核心竞争力得到明显提升，在全球价值链中的地位得到提高。

二、发展重点

（一）关键基础材料

提高特种金属功能材料、高端金属结构材料、先进高分子材料、新型无机非金属材料、高性能纤维及复合材料、生物基材料等基础材料的性能和质量稳定性，降低材料综合成本，提高核心竞争力。提高国防军工、新能源、重大装备、电子等领域专用材料自给保障能力，提升制备技术水平。加快推进科技含量高、市场前景广、带动作用强、保障程度低的关键基础材料产业化、规模化发展，推进关键基础材料升级换代。

（二）核心基础零部件（元器件）

围绕重大装备、重点领域整机的配套需求，提高产品的性能、质量和可靠性，重点发展一批高性能、高可靠性、高强度、长寿命以及智能化的核心基础零部件（元器件），突破一批基础条件好、国内需求迫切、严重制约整机发展的关键技术，全面提升我国核心基础零部件（元器件）的保障能力。

（三）先进基础工艺

以提高产品质量和生产效率、促进绿色发展为主攻方向，重点发展有利于提高产品可靠性、性能一致性和稳定性的先进制造工艺，有利于资源能源高效开发利用、节能减排、质量安全、安全生产的绿色制造工艺，有利于提升自动化、信息化、成套化水平的智能制造工艺，全面提升基础工艺水平，加快先进基础工艺在生产过程中的推广应用。

（四）产业技术基础

重点围绕研发设计、检验检测、试验验证、标准制修订、技术成果转化、信息与知识产权运用服务等方面的共性需求，按照开放性、资源共享性原则，依托优势企业、科研院所、高等院校，建设和完善一批专业水平高、支撑作用强、布局合理的骨干技术基础服务平台。

推动建立市场化运作机制，完善技术基础公共服务体系，为区域和行业内企业提供优质、高效服务。

三、主要任务

（一）实施工业强基工程，持续提升产业链整体水平围绕重点行业、关键领域的工业"四基"发展需求，坚持短期目标和长远规划结合，突出重点、创新模式，引导企业、科研院所编制基础能力发展推进计划，以重大工程和重点装备的关键技术和产品开发为突破口，组织实施一批工业强基示范工程，建设一批产业技术基础示范服务平台，实现关键技术和产品的产业化突破，提升重点行业、关键领域产业链整体水平。

（二）加强基础领域研发创新，促进科技成果产业化优化整合创新资源，引导企业与科研院所、高等院校、下游用户联合建立研发机构、产业技术联盟等技术创新组织，加大基础领域研发投入，共同开展基础领域产业共性技术、高端技术、前瞻性技术的研究攻关，形成一批研究成果。鼓励和支持企业与科研院所合作对接，促进科研成果转化应用。加大工业基础领域企业技术改造力度，推进信息技术应用，提升工艺装备水平，改善产品性能，提高产品质量，加快推进创新成果产业化。

（三）推动产用互动，加快推广应用推动基础材料企业、零部件企业与整机企业的战略合作，建立一批上下游紧密合作、分工明确、利益共享的产学研用一体化产业组织新模式，加快形成有效协调的产业链，提升工业基础产业发展的效率与效益。建立企业为主体、产学研用相结合的工业"四基"产需对接信息平台，完善中介服务体系，加强信息共享交流，推动工业"四基"产品、技术产用互动。鼓励工业"四基"产品、技术的试点示范，积极培育开拓市场，加快工业"四基"产品、技术推广应用。

（四）提高产品质量，强化品牌建设健全完善工业基础领域标准体系，加快制修订相关技术标准，促进上下游产品的标准对接，提高协调性和一致性，建立行业计量基标准，开展计量技术规范的制修订。深入推进对标和达标工作，提升基础产品的质量、可靠性和寿命。加强工业基础领域的知识产权布局与运用、自主品牌培育，鼓励企业实施品牌发展战略，支持有实力的企业收购海外品牌和在境外注册商标，促进品牌国际化，提高产品国内外市场竞争力。整顿规范市场秩序，加强知识产权保护。

（五）深化军民结合，促进军民基础产业互动发展调动军民各方面资源，开展联合攻关，破解关键基础材料、核心基础零部件、先进基础工艺等制约瓶颈。建设军民结合公共服务体系，支持军民技术相互有效利用，加快军民结合产业化发展。充分发挥军工技术、设备和人才优势，引导先进军工技术向民用领域渗透，改造提升传统产业。充分发挥地方优势，鼓励先进成熟民用技术和产品在国防科技工业领域的应用。

（六）优化产业结构，促进产业集约集聚鼓励工业"四基"企业跨地区、跨所有制兼并重组，整合优势资源，形成一批具有国际竞争力的大型企业集团。发挥整机龙头企业的带动、辐射作用，培育发展专业化水平高、配套能力强、特色明显的"专、精、特"企业，引导中小企业按照产业链和技术链分工加强与整机企业的配套合作，形成大型企业集团与中小企业优势互补、协调发展的产业格局。引导工业"四基"企业向产业园区集聚，支持和鼓励园区建立产业公共服务平台，形成一批专业特色明显、品牌形象突出、服务体系完善的产业集聚区。

四、保障措施

（一）加强规划和产业政策引导

围绕工业转型升级规划和行业发展规划，进一步明确工业基础领域发展的重点和方向，制定发布《工业"四基"发展目录》并适时更新。研究出台支持工业"四基"发展的产业政策，健全完善工业基础领域技术标准和计量技术规范，引导各类要素向工业"四基"领域倾斜。各地区可根据本地区发展需要，加强规划与工业"四基"产业发展的衔接和协调，引导资源向本地区合理流动，打造区域特色，优化工业"四基"产业布局。

（二）完善财政支持政策

充分发挥财政资金的引导作用，利用现有资金渠道持续加大对工业"四基"的支持力度。落实完善现行有关促进科技进步、自主创新以及促进高新技术企业发展的税收优惠政策，支持工业"四基"企业发展。支持工业"四基"产品推广，及时调整《国内投资项目不予免税的进口商品目录》和享受税收优惠的《重大技术装备和产品进口关键零部件、原材料商品清单》。

（三）拓宽融资渠道

促进信贷政策和产业政策的协调配合，加强信息共享，搭建银企信息沟通平台，开展多种形式银企交流活动。引导金融机构发展适合企业资金需求特点的金融产品和服务模式，完善中小企业融资性担保体系，加大对工业"四基"企业的信贷支持力度。鼓励工业"四基"企业通过发行债券、股票、风险投资、兼并重组、股权投资等方式多元化融资，拓宽企业直接融资渠道。各级工业和信息化主管部门要深刻认识推进工业强基的重要性和紧迫性，进一步加强组织领导，切实加大工作力度。各地要结合实际，出台具体政策措施，并抓好落实。要加大宣传力度，发挥行业协会的桥梁纽带作用，调动各类企业的积极性和主动性，实现工业强基新突破，为工业由大变强奠定坚实基础。

■ 《2014 年工业转型升级强基工程实施方案》 （工信厅联规〔2014〕80 号）

各区县（自治县）经信委、财政局，有关单位，委内相关处室：

为贯彻落实《工业转型升级规划（2011—2015 年）》（国发〔2011〕47 号）、《工业和信息化部关于加快推进工业强基的指导意见》（工信部规〔2014〕67 号）等文件精神，加快提升工业基础能力，根据《工业和信息化部关于开展 2014 年工业强基专项行动的通知》（工信部规〔2014〕95 号）要求，围绕"重点突破"环节，提升重点行业、关键领域的关键基础材料、核心基础零部件（元器件）、先进基础工艺和产业技术基础发展水平，根据《工业和信息化部办公厅财政部办公厅关于组织申报 2014 年工业转型升级强基工程实施方案的通知》（工信厅联规〔2014〕80 号），现将有关事项通知如下：

一、重点支持方向

围绕落实《工业转型升级规划（2011—2015 年）》的重点任务，根据工业强基专项行动要求，2014 年主要聚焦高端装备、绿色节能汽车、轨道交通、高端电子等 4 个领域基础能力提升，系统支持行业上下游"四基"重点环节，解决突出问题，夯实产业发展基础，提升产业链整体水平。

二、有关要求

（一）关于实施方案的编制要求。具有较强产业基础的单位，可根据 2014 年重点方向（详见附件 1），组织行业优势企业编报实施方案。实施方案（编制要点详见附件 2）包括提升工业基础能力推进计划和项目资金申请报告（申报条件详见附件 3）两个部分。编制实施方案要注重管理创新，充分利用国内外现有技术基础，充分发挥企业和科研院所协同创新的作用。

（二）关于项目组织方式。在附件 1 标识为"招标"的重点方向（3 个），将按招标方式进行项目组织，具体组织部署另行通知，不在本次申报范围。其他重点方向（36 个），每个方向原则上将安排不超过 2 个项目。项目申报按照属地化原则，通过项目所在区县（自治县）经信委（或市政府授权具备项目初审条件的开发区工业和信息化主管部门）会同同级财政联合上报。

（三）关于专项资金支持方式。创新专项资金支持方式，

加强事中事后考核监管，将采用提前拨付部分资金，并按照分阶段目标、分阶段考核、分阶段下达的后补助模式，在实施方案确定后，根据项目年度进度和目标完成情况分批下达专项资金。补助标准原则上不超过项目总投资的20%，单个项目专项资金补助总金额不超过5000万元。专项资金将按照《工业转型升级资金管理暂行办法》（财建〔2012〕567号）管理，主要用于项目的仪器仪表、设备及软硬件工具、信息资料的购置更新、相关配套设施的建设与改造、试验费、材料费、燃料动力费等支出，不得用于上述用项以外的其他方面支出。

（四）关于优先支持。对国家新型工业化产业示范基地内的优势企业优先支持。对于已获得中央财政其他专项资金支持的项目不再重复支持。

（五）关于项目申报程序。请各区县经信委、有关单位会同同级财政部门严格按照重点方向、产品（技术）关键指标要求及实施目标，组织在国内全行业有竞争力、有项目实施条件的企业和单位，做好工业强基实施方案的编报，对申报材料严格把关，并对真实性、合规性负责。

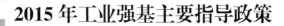

2015 年工业强基主要指导政策

■ 《关于开展 2015 年工业强基专项行动的通知》（工信部规〔2015〕66 号）

各省、自治区、直辖市及计划单列市、新疆生产建设兵团工业和信息化主管部门：

为贯彻落实《工业转型升级规划（2011—2015 年）》（国发《2011》47 号）和《工业和信息化部关于加快推进工业强基的指导意见》（工信部规（2014）67 号），提升工业基础能力，促进制造强国建设，我部决定 2015 年继续实施"工业强基专项行动"。现将《2015 年工业强基专项行动实施方案》印发你们，请根据本地区产业发展实际组织开展相关工作。

附件：2015 年工业强基专项行动实施方案

工业基础能力主要包括关键基础材料、核心基础零部件（元器件）、先进基础工艺、产业技术基础，是提升工业质量和效益、培育竞争新优势的关键所在，是推动制造强国建设的核心任务。推动工业强基，是一项长期复杂而艰巨的任务，必须持之以恒、长期坚持。2015 年，工业和信息化部将继续开展工业强基专项行动，完善政策措施，加大工作力度，持续提升工业基础能力，加快促进工业转型升级。2015 年工业强基专项行动实施方案如下：

一、指导思想

贯彻党的十八届三中、四中全会和中央经济工作会议精神，按照全国工业和信息化工作会议要求，紧抓新一轮技术革命和产业变革机遇，深化改革，创新管理，坚持"问题导向、产需结合、协同创新、重点突破"，以改革创新为支撑，以企业为主体、应用为牵引、创新为动力、质量为基础，深入推动军民融合发展，围绕"应用牵引、平台支撑、重点突破"，组织实施工业强基工程，创新管理，推动关键基础材料、核心基础零部件（元器件）、先进基础工艺、产业技术基础发展，增强工业质量品牌竞争力，通过 10 年左右的努力，力争实现 70% 的核心基础零部件（元器件）、关键基础材料实现自主保障，部分达到国际领先水平，建成较为完善的产业技术基础服务体系，形成整机牵引和基础支撑协调发展的产业格局，有力保障制造强国建设。

二、主要目标

2015 年，加强战略研究和顶层设计，完善政策环境，引导各类要素向工业基础领域倾斜。遴选 10 项左右基础材料、零部件（元器件）和基础工艺，探索创新组织模式和保障机制，推动开展示范应用；选择 10 个左右重点领域，完善管理办法，探索创建一批产业技术基础公共服务平台；完善组织模式，通过公开招标等方式，围绕重点装备和重大工程需求，针对节能汽车、能源装备、轨道交通装备、航空航天装备、现代农业装备、机器人、电子信息等领域，聚焦重点方向，组织实施示范工程，推动一批关键基础材料、核心基础零部件（元器件）、先进基础工艺突破工程化、产业化瓶颈，提升部分关键领域产业技术基础公共服务能力。推动 1500 家企业建立实施品牌培育管理体系，在 20 个左右产业集群开展区域品牌建设试点，遴选推广 30 项左右全国质量标杆，为 400 家左右工业企业提供质量品牌诊断服务，促进工业质量品牌基础能力提升。

三、重点工作

2015 年将重点以加强顶层设计为中心，着力抓好"应用牵引、平台支撑、重点突破"等关键环节。

（一）加强顶层设计

加强"十三五"工业强基发展战略与政策预研，联合中国工程院持续开展工业强基战略研究，发布工业强基发展报告。根据重点领域基础产品和技术路线图，研究编制工业"四基"发展目录，引导未来 2-3 年要素集聚。加强与有关部门协调，推动完善有利于基础发展的配套政策，鼓励各地工业和信息化主管部门结合本地区实际，制定区域基础能力提升的政策措施。增强基础领域协同创新能力，完善中国工业强基信息网，积极发挥有关行业协会作用，研究建立工业强基专家咨询委员会，促进"四基"成果转化及上下游对接。

（二）开展工业强基示范应用

发挥工业和信息化系统在行业管理统筹、产业链上下游融合上的优势，在 2014 年机制探索和重点突破的基础上，继续围绕 10 项左右具有自主知识产权，具备工程化、产业化基础的关键基础材料、核心基础零部件（元器件）和先进基础工艺，推动开展示范应用。注重需求侧激励，创新推动思路，采取多种措施，整合相关资源，以整机和系统用户为主体，推进产业链协作，鼓励整机、系统和基础企业合作研发和协同攻关，推动整机和系统采用自主产品和技术。

（三）探索建立产业技术基础公共服务平台体系

研究制定产业技术基础公共服务平台创建办法，选择10个左右重点行业，围绕共性基础技术研发、检验检测、实验验证、标准制修订、质量与可靠性、计量、科技情报与知识产权服务等领域，探索创建和认证一批产业技术基础公共服务平台，推动建立产业技术创新服务体系，引导产业资源共享、协同突破，逐步解决行业发展基础技术积累和共性技术研发缺失的问题。

（四）组织实施工业强基示范工程

围绕航空航天装备、能源装备、轨道交通、节能汽车、现代农业装备、文物保护装备、工业机器人、节能环保、电子信息等领域"四基"发展急需，主要通过公开招投标等方式，联合财政部组织实施一批示范工程。

关键基础材料工程化、产业化重点支持航空航天用高温合金和记忆合金、核用高纯硼酸、聚四氟乙烯纤维及滤料、高频覆铜板、片式电容器用介质材料等方向，提升材料保障能力。

核心基础零部件（元器件）创新发展重点支持柔性直流输电设备、传感器、智能仪器仪表、机器人轴承、核级密封件、机器人精密减速器、介质滤波器、LED电解电容器、空气净化器用高性能过滤器等方向，完善产业链，提升竞争力。

先进基础工艺研发与推广应用重点支持高性能硬质合金刀具涂层、连铸连轧特钢生产工艺、核电叶片制造工艺、大径厚比先进塑性成型技术等。

产业技术基础公共服务能力提升重点支持高端装备零部件先进成形、先进焊接工艺及装备、农业机械、高端橡胶密封元件、非金属矿物材料、光伏、集成电路等领域。

同时，加强工业强基示范项目事中事后监管，建立完善管理办法，组织对2013年和2014年示范工程实施方案进行中期考核和结题评价。

（五）开展工业质量品牌推进行动计划

以强化品牌发展基础、推广先进质量管理方法、建设质量品牌公共服务平台为抓手，实施工业质量品牌行动计划。推广品牌管理体系方法，树立一批工业品牌培育示范企业。组织开展产业集群区域品牌建设试点示范活动，促进集群内企业协同发展，共同应对外部市场和风险。遴选一批具有广泛适用性的全国和行业质量标杆，宣传推广标杆经验。组织专业团队为企业提供标杆经验移植推广等质量品牌诊断服务，加强食品质量安全检（监）测设备配置，促进企业质量品牌基础能力提升。针对工业机器人产品及系统等新兴技术、高端装备标准件等重点基础领域，建设一批工业产品质量控制和技术评价实验室，协助相关企业从产品开发、生产直至售后全过程强化质量控制手段，提升产品质量水平。

四、进度安排

（一）启动阶段（1-3月）。制定专项行动实施方案，细化部内工作分工。组织征集并研究确定示范应用和示范项目的重点方向。联合中国工程院、国务院发展研究中心开展工业强基战略研究、"十三五"规划预研。

（二）推进阶段（3-9月）。联合财政部部署启动示范工程工作，组织开展招标评审等工作。组织开展专题调研和监督检查，对部分2013年和2014年工业强基示范项目进行中期考核和解题评价。统筹平衡，下达年度资金计划。制定产业技术基础公共服务平台创建办法（暂行），组织开展平台认证创建工作。

（三）总结阶段（10-12月）。联合中国工程院发布工业强基发展报告，编制发布工业"四基"发展目录。采取多种形式加大对工业强基专项行动宣传力度。部机关相关司局、各地工业和信息化主管部门开展专项行动工作总结，编制工业强基行动年度总结报告。

五、保障措施

（一）加强规划引导

制定发布工业"四基"发展目录，积极整合资源，引导社会资金投入，促进各类要素向基础领域倾斜，形成全社会重视基础、发展基础的良好氛围。

联合中国工程院发布工业强基发展报告。各地工业和信息化主管部门在编制"十三五"规划中，要结合本地区实际情况，研究出台配套措施，指导区域基础能力提升。

（二）强化协同推进

建立健全协同推进机制，充分发挥国防科工局和部相关司局的作用，各负其责，合力推动。加强与相关部门的沟通协调，综合运用多种政策手段协同推进。深化与中国科学院、中国工程院、国务院发展研究中心等单位合作，积极发挥相关行业协会的作用，调动直属单位、部署高校的积极性和主动性。

（三）加大支持力度

发挥政府投资对社会投资的引导作用，积极争取中央财政增加工业强基资金规模，鼓励各地加大对基础领域的支持力度。继续创新管理，根据示范应用和示范项目的不同特点，继续采取招标、竞争性评审等多种方式，探索奖励和保险等风险补偿机制，由支持项目逐步向支持机构能力建设和技术积累转变，提高资金使用效率。统筹我部管理或参与管理的各类资金，加大工业基础领域研发和产业化投入。加强与科技部等有关部门合作，引导科技研发计划更多投向基础领域。

（四）加强人才队伍建设

以技术领军人才、技术创新人才和紧缺人才为重点，深入实施知识更新工程等重大人才工程，加强人才培养。重视发展职业教育，推进职业教育与从业资格协同互认，加快培养高素质技能人才。建立行业和地方人才培养联动机制，以企业经营管理人才素质提升工程为重点，培养企业经营管理人员。完善品牌专业人才培养机制，加强培训机构和师资管理，以中高级品牌专业人才为重点，开展品牌专业人才培养工作。

（五）加大宣传力度

研究制定工业强基专项行动年度宣传工作方案。加强与报纸、网络、电视等媒体沟通合作，开展形式多样的宣传活动，扩大专项行动的社会影响，营造良好的舆论氛围。在部门户网站、中国工业报、中国电子报等进行专题报道，总结宣传示范应用、示范项目的典型经验和实施成效。

■ **《关于组织开展 2015 年工业转型升级强基工程的通知》**
（工信厅联规函〔2015〕340 号）

各省、自治区、直辖市及计划单列市、新疆生产建设兵团工业和信息化主管部门，财政厅（局）：

为贯彻落实《中国制造 2025》、《工业和信息化部关于加快推进工业强基的指导意见》（工信部规〔2014〕67 号）等文件精神，加快促进工业基础能力提升，根据《工业和信息化部关于开展 2015 年工业强基专项行动的通知》（工信部规〔2015〕66 号）要求，围绕重大工程和重点领域急需，实现关键基础材料、核心基础零部件（元器件）、先进基础工艺和产业技术基础工程化、产业化突破，夯实工业发展基础，提升工业发展的质量和效益。工业和信息化部、财政部共同组织实施 2015 年工业转型升级强基工程，现将有关事项通知如下：

一、指导思想

贯彻党的十八届三中、四中全会和中央经济工作会议精神，按照全国工业和信息化工作会议要求，充分发挥市场在资源配置中的决定性作用和更好发挥政府财政性资金作用，围绕《中国制造 2025》重点领域和重大工程，创新组织管理模式，探索工业"四基"推动机制，组织实施工业强基工程，推动工业"四基"的工程化、产业化，逐步解决制约重点领域发展的关键瓶颈问题，提升工业基础能力，夯实制造强国建设基础。

二、基本原则

（一）企业主体，政府引导。充分发挥企业在创新发展中的主体作用，以市场需求为导向，形成以企业为主体，产学研用相结合的工业基础能力提升体系。加强政府在宏观调控、组织协调和政策促进等方面作用，完善政策措施，营造有利于加强提升基础能力的发展环境，同时，以政府投资引导社会资本向工业基础领域倾斜，加大对工业基础能力提升的支持力度。

（二）长效推进，突出重点。围绕《中国制造 2025》重点任务，针对重大工程和重点领域发展亟需，突出行业发展特点，结合各地区产业发展实际需求，建立长效推进机制，重点支持一批基础条件好、需求迫切、带动作用强的工业"四基"项目。

（三）协同创新，健全机制。着力激发各类市场主体发展新活力，引导企业、研究机构、高等院校开展协同攻关，鼓励上下游企业联合，注重协同创新，加快创新成果工程化产业化和推广应用。创新组织管理模式和资金使用方式，逐步向后补助方式过渡，引导各类资源聚集，提高资金使用效益。

三、重点支持方向

贯彻落实《中国制造 2025》重点任务，根据工业强基专项行动要求，2015 年主要聚焦高端装备、电子信息等领域"四基"关键制约环节，重点解决瓶颈问题，夯实产业发展基础，促进产业链整体水平提升。

四、有关要求

（一）关于项目组织方式。2015 年工业强基工程项目采用招标方式组织项目，各重点方向部署后，将由第三方招标机构在《中国采购与招标网》、《中国招标投标网》、《中国电子进出口总公司官网》、《中国工业强基网》等网站另行通知发布招标公告。请各地工业和信息化主管部门会同财政部门严格按照重点方向、主要内容和产品（技术）要求及实施目标（详见附件1），组织本地区在国内本行业有竞争力、有项目实施条件的企业和单位，做好工业强基工程的投标准备工作，对申报材料严格把关。企业投标文件中需本地区工业和信息化主管部门出具推荐意见。

（二）关于专项资金支持方式。强基工程专项补助标准原则上不超过项目总投资的 20%，单个项目专项资金补助总金额不超过 5000 万元。已通过其他渠道获得中央财政资金支持的项目，不得申请本专项资金。

专项资金按照《工业转型升级资金管理暂行办法》（财建〔2012〕567 号）管理，主要用于项目的仪器仪表、设备及软硬件工具、信息资料的购置更新、相关配套设施的建设与改造、试验费、材料费、燃料动力费等支出，不得用于上述用项以外的其他方面支出。

专项资金将采取设定分阶段目标、分阶段考核、分阶段下达的后补助资金管理模式，根据项目进度和前期目标完成情况分批下达专项资金。

（三）关于优先支持。对国家新型工业化产业示范基地内的优势企业优先支持。

（四）关于项目库建设。

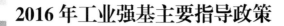

2016 年工业强基主要指导政策

■ 《工业强基 2016 专项行动实施方案》

2016 年，工业和信息化部将围绕贯彻落实《中国制造 2025》，按照《工业强基工程实施指南（2016—2020 年）》年度实施计划，继续开展工业强基专项行动。

一、背景

我国工业总体实力已迈上新台阶，成为具有重要影响力的工业大国。但是，工业基础能力不强，制约我国工业创新发展和转型升级，严重影响工业发展的质量和效益。强化工业基础能力，是《中国制造 2025》的核心任务，是加快制造强国建设的关键所在。

《中共中央关于制定国民经济和社会发展第十三个五年规划的建议》明确提出实施工业强基工程。工业强基是《中国制造 2025》五大工程之一，按照《〈中国制造 2025〉"1+X"规划体系方案》编制要求，我部会同相关部门制定了《工业强基工程实施指南（2016—2020 年）》，明确了"十三五"时期的总体思路和重点任务。工业强基是一项具有长期性、战略性、复杂性的系统工程，必须引导全社会、全系统，创新思路、聚焦重点，长期坚持、持之以恒、抓出实效。

二、指导思想

贯彻党的十八届五中全会和中央经济工作会议精神，按照全国工业和信息化工作会议要求，聚焦《中国制造 2025》重点领域和战略任务，按照《工业强基工程实施指南（2016—2020 年）》年度实施计划，以企业为主体，应用为牵引，创新为动力，质量为核心，围绕一个中心（完善政策）、三个环节（应用牵引、平台支撑、重点突破）体系化提高工业"四基"发展水平，着力推动供给侧结构性改革，补短板、增效益，提升产业核心竞争力。

三、主要目标

2016 年，加强顶层设计，完善政策环境，引导各类要素向工业基础领域集聚。推动重点领域发展，实施"一揽子"突破行动，重点突破40种左右标志性核心基础零部件（元器件）、关键基础材料、先进基础工艺；继续开展重点产品示范应用，实施重点基础产品和工艺"一条龙"应用计划，促进整机和基础技术的协同发展；创建产业技术基础体系，提升10家左右产业技术基础公共服务平台的能力，形成与重点产业和技术发展相适应的支撑能力；推进"四基"军民融合发展。逐步解决重大工程和重点装备的基础瓶颈，形成整机和基础协调发展的产业环境。

四、重点工作

2016年，将着力探索完善工业强基工程的协同推进机制，在"四基"重点领域突破、重点产品和工艺示范应用、产业技术基础公共服务平台建设等方面，为"十三五"做好谋局开篇。

（一）加强目录引导完善政策措施

支持咨询机构组织行业协会、科研院所、重点企业等单位研究梳理"四基"发展重点，编制发布《工业"四基"发展目录（2016年版）》，引导各地区、有关企业协同推进"四基"产业发展。鼓励"四基"产业集聚发展，2016年创建1-2家"四基"领域国家新型工业化产业示范基地。委托中国工程院开展工业强基战略第二阶段研究。加强政策储备，引导形成重视基础、有利于基础发展的政策氛围。

（二）组织实施"一揽子"突破行动

围绕《工业强基工程实施指南（2016—2020年）》明确的"十大领域四基'一揽子'突破行动"，根据产业发展基础选择部分重点方向，联合财政部组织实施一批示范项目。核心基础零部件（元器件）重点支持机器人"三大件"、高端传感器、高端医疗设备部件、超级电容器、高速光通信器件、工业基础软件等方面。关键基础材料重点支持新一代信息技术和产品用高端材料、特种陶瓷等材料。

先进基础工艺重点支持集成电路制造、精密及超精密加工、轻量化材料精密成形、增材制造等工艺。产业技术基础公共服务能力提升重点围绕新型材料、大数据、传感器、航空发动机轴承、制笔、工控系统测试集成等方面。

（三）组织实施"一条龙"应用计划

探索创新组织模式，进一步发挥工业和信息化系统整体优势，组织行业协会等机构，研究工业强基工程示范应用产品和技术的第三方认证模式。在前几年工作的基础上，重点开展IGBT器件、轨道交通轴承、石墨烯材料等"一条龙"应用计划，通过项目和经费支持等模式，实现产品和技术研发、产业化，试验检验平台，示范推广等"一条龙"协同推进。

（四）完善产业技术基础体系

提升面向行业的试验检测和信息服务能力，遴选认定一批公共服务平台，优先安排在国家新型工业化产业示范基地。研究建立行业计量管理工作体系，制定《工业和信息化部计量技术规范制修订管理办法》，开展百项计量技术规范制修订工作，构建量值溯源传递体系。研究先进信息采集工具，开展运行预测跟踪查询，向政府、行业、社会推送产业信息，提供知识产权分析评估及综合服务。加快解决影响产品质量提升的关键共性技术问题。组织实施质量提升工艺优化行动，以对质量有较大影响的关键和特殊工序为重点，实施一批工业诊断和工艺改进项目。组织实施质量攻关项目，攻克一批行业非竞争性共性质量技术问题，推动产业链协同，加快高质量产品产业化。加强工业基础领域标准体系建设，加快标准制定，强化产业链上下游标准协同，推动重点标准国际化。

（五）推进"四基"军民融合发展

优选先进适用军民两用技术与产品，编制2016年度"军转民"目录和"民参军"目录，发布200余项技术成果。组织开展集成电路领域军民通用标准制修订和相关问题研究，完成10项左右国家标准报批稿编制，探索军民通用标准建设机制和模式。

（六）加强验收评价工作

编制发布《工业强基工程实施方案验收评价工作细则》，完善工业强基示范项目全流程管理，加强示范项目事中事后监管和考核评价，组织对前几年示范工程实施方案进行中期考核和完成验收评价。更好地发挥"中国工业强基信息网"的作用，对验收评价情况、示范应用效果积极宣传，组织开展整机（系统）企业、社会资本与"四基"企业的信息对接。

五、进度安排

（一）启动阶段（1—3月）。制定专项行动实施方案，细化部内工作分工，组织研究确定示范应用和示范项目的重点方向，发布工业"四基"发展目录。完善工业强基示范项目实施方案考核办法，编制《工业强基工程实施方案验收评价工作细则》。

（二）推进阶段（1—12月）。联合财政部部署示范工程工作，组织开展示范工程实施方案招标评审等工作；统筹平衡，下达年度资金计划。发布2016年工业强基示范应用重点方向。组织开展专题调研和监督检查，对前几年工业强基示范工程实施方案进行中期考核和完成验收评价。

（三）总结阶段（10—12月）。采取多种形式加大对工业强基专项行动宣传力度。部机关相关司局、各地工业和信息化主管部门开展专项行动工作总结，编制工业强基专项年度总结报告。

六、保障措施

（一）加强组织领导

做好《工业强基工程实施指南（2016—2020年）》的发布和宣贯工作。发挥好《工业"四基"发展目录》的导向作用，引导社会资金资源投向工业基础领域。引导各地区出台政策措施加强工业基础能力建设，建立中央和地方、地方和地方之间互动协调机制。发挥好工业强基工程专家咨询组作用，组织开展院士专家行和专题调研，通过组织研讨、现场诊断等，指导重点地区、企业推动工业强基工程。

（二）加大支持力度

积极争取加大2016年工业强基工程支持规模，统筹相关资源，加大对"四基"领域投入力度。继续探索创新项目管理和资金支持模式，完善公开招投标程序，开展电子招标试点。通过各种渠道，鼓励基础企业试验检测环境和设备更新。推动产融对接融合，建立银企交流机制，引导银行信贷、创业投资、资本市场等加大对"四基"企业的支持。研究通过保险补偿机制支持基础零部件（元器件）、关键基础材料首批次或跨领域应用推广。

（三）加强人才培养

面向工业强基发展需求，加强技术领军人才、技术创新人才和紧缺人才的培养，组织开展专题培训。积极推动职业院校优化工业基础相关专业设置，推进现代学徒制试点。

（四）加大宣传力度

结合工业强基示范工程验收评价工程，研究推动工业强基示范工程挂牌工作，系统性总结、宣传实施成效，在行业内推广典型先进经验。协调报纸、网络、电视等媒体，总结典型经验、宣传示范应用，进一步营造全社会重视工业基础的良好氛围。

■ 《工业强基工程实施方案验收评价工作细则》〔2016〕91号

第一章 总则

第一条 为加强和规范工业强基工程实施方案的监督和管理，保证验收评价工作科学、公正，依据《工业转型升级资金管理暂行办法》和国家有关法律法规的规定，制定本细则。

第二条 本细则适用于工业和信息化部、财政部安排的工业强基工程实施方案（以下简称实施方案）的验收评价管理。

第二章 验收评价工作组织

第三条 工业和信息化部负责实施方案的验收评价工作；根据实际情况，可确定推荐单位（包括省级（含计划单列市，下同）工业和信息化主管部门、中央管理企业集团或总部）或选择第三方机构承担具体验收工作（以下统称具体验收单位）。推荐单位负责所推荐实施方案验收评价的督促、协调等前期工作。

第四条 验收评价工作根据实施方案批复文件或合同书、资金计划下达文件，年度组织申报通知文件，招投标文件以及实施方案申报材料等组织开展。

第五条 验收评价具体内容包括：（一）实施内容是否符合实施方案的要求。（二）产品或技术性能指标及应用情况是否达到批复文件或合同书（或标书）约定的要求。（三）实施方案的实际投资情况。（四）已实现的经济和社会效益情况。（五）其他与验收评价有关的内容。

第六条 验收评价主要采取专家会议评审和实地考察，视具体情况可采取检验测试、审阅资料、听取用户意见等方式。

第三章 验收评价工作流程

第七条 工业和信息化部根据推荐单位申报情况、实施方案批复文件或合同约定、有关调整情况，制定年度验收评价工作计划。

第八条 实施方案实施期满或按合同约定均应进行验收评价。承担单位应在实施期满或合同到期后 3 个月内向推荐单位提交验收评价申请。若提前完成目标任务，可申请提前验收评价。

不能按期完成目标任务的，承担单位应在实施期满前 3 个月提出书面延期申请，说明延期理由和延期验收时间。延期时间不超过 12 个月的，经推荐单位同意后以公函形式告工业和信息化部；延期时间超过 12 个月的，经推荐单位提出意见后报工业和信息化部同意。

第九条 承担单位申请验收时，应向推荐单位提交验收评价申请报告，申请报告应包括以下材料：

（一）实施方案自评价报告。主要包括概况、实施情况、目标和成果完成情况、成果应用及其社会经济效益、专项资金使用和管理情况、存在问题及建议等。

（二）产品或技术性能指标评价材料。省级及以上科技成果鉴定报告，或已授权的发明专利；第三方专业检测机构出具的成果测试报告或检测报告，以及用户不少于 3 个月的使用意见；用户使用报告、销售合同、发票等相关证明材料。

（三）具有资质的会计师事务所出具的示范项目总投资、专项资金使用情况决算审计报告。

（四）承担单位对所提供材料（包括电子版）的真实性、准确性、完整性负责的声明。

第十条 推荐单位收到承担单位验收评价申请报告后，按照第五条的规定，做好有关工作；实施方案具备验收条件的，向工业和信息化部提出书面验收申请，并向具体验收单位转送有关材料。对于不具备验收条件的实施方案，推荐单位应及时通知承担单位限时补充完善材料。前期准备工作应在收到验收申请报告之日起 2 个月内完成。推荐单位承担具体验收工作时，可根据实际情况，在保证验收评价质量和公正合理的前提下，简化有关程序。

第十一条 根据具体验收单位的不同，验收专家组分 2 种情况组建：一是由工业和信息化部具体验收时，从专家库选取专家组建；二是由经工业和信息化部确定的具体验收单位（省级工业和信息化主管部门、中央管理企业集团或总部，第三方机构）开展工作时，具体验收单位自行遴选专家建立验收专家组。

专家组组成原则如下：

（一）验收专家组人数为单数，原则上不少于 5 人，相关各个方面（技术、财务、管理等）专家不少于 1 人；由专家组成员推选产生组长 1 人，专家组组长应为被验收实施方案所属领域技术专家。

（二）实施方案工作人员（包括参加单位相关人员、合作方人员）不得作为验收专家参加验收评价工作；与被验收实施方案有利益关系或冲突，或其他有可能影响公正性的人员，应主动申请回避。

第十二条 工业和信息化部承担本部门组织的验收专家组，以及本部门所委托的第三方机构开展验收评价工作所需费用。省级工业和信息化主管部门、中央管理企业集团或总部作为具体验收单位时，承担具体验收评价工作所需费用。

第十三条 具体验收单位根据工业和信息化部验收工作计划和推荐单位的书面验收申请，安排验收有关工作。验收专家组采用第六条所列验收方式，认真审查和质询。每位专家实名填写《工业强基工程实施方案验收评价表》，按"去掉一个最高分和一个最低分再算平均分"的方法确定综合得分，形成实施方案验收专家组意见，专家签名终身负责。

第十四条 验收结论主要依据专家评审意见，分为验收通过、限期整改、验收不通过和方案终止四种。

（一）验收通过。已完成实施方案考核目标要求，专项资金使用合规合理，且验收专家组综合得分 75 分及以上者，为验收通过。

（二）限期整改。有以下情况之一者，承担单位可按第十五 条规定整改后提出再次验收申请：

1. 验收专家组综合得分低于 75 分；

2. 未经同意，擅自调整实施方案，未能按质按期完成强基工程重点方向目标、实施方案以及合同书约定目标。

（三）验收不通过。凡有以下情况之一者，为验收不通过：1. 再次验收后，验收专家组综合得分低于 75 分；2. 项目在实施期内或合同约定时间内出现未实施，或未完工，或建设内容发生重大变化，而未申请延期或调整的；3. 所提供的验收文件、资料、数据不真实，存在弄虚作假行为；4. 验收过程中发现在实施方案申报、评审或招投标等实施方案遴选过程中，存在弄虚作假行为；5. 承担单位在专项资金的使用过程中存在截留、挪用、挤占等严重问题。

以上 3、4、5 项情况为否决项，有此三项情况之一者不再接受再次验收申请，直接定为最终验收不通过。

（四）方案终止。关于方案终止的情况见第十七条规定。

第十五条 一次验收未通过的实施方案，承担单位应在验收结论下达之日起 5 个月内完成整改工作并再次提出验收申请；若不能在 5 个月内按要求整改并补充材料再次提出验收申请的，或再次验收未通过的，为最终验收不通过，且为最终结论。

第十六条 根据实施过程中的具体情况，实施方案调整分别履行以下手续：

（一）存在以下情况之一者，承担单位提供相关说明和证明材料报推荐单位同意。

1. 实施过程中发生内容更改、负责人更改、关键技术方案调整等事项，但能够按质按期完成强基工程重点方向目标、实施方案以及合同书约定目标；

2. 因技术进步、市场变化等合理原因，实际总投资减少额不超过合同约定或批复总投资的 20%；

3. 实施周期延期不超过 12 个月。

（二）存在以下情况之一者，承担单位需向推荐单位提交书面变更申请报告，推荐单位提出意见后报工业和信息化部同意。1. 实施周期延期超过 12 个月；2. 因技术进步、市场变化等合理原因，原年度重点方向的实施目标不符合技术和市场发展趋势，调整完成目标标准；3. 承担单位主体发生实质性改变；4. 总投资减少额超过合同约定或批复总投资的 20%。对于实际总投资规模减少的，按实施方案批复或签订合同当年的支持比例相应降低后续资金的拨付总额。

第十七条 承担单位完成部分任务，但因不可抗力，或市场、技术等原因导致难以完成实施目标，承担单位申请方案终止的，须向推荐单位提交《工业强基工程实施方案终止申请书》和第三方专业机构提供的项目决算审计报告等必要材料，由推荐单位提出明确意见后报工业和信息化部同意。工业和信息化部组织专家组对申请终止的实施方案进行现场考察或专家评价，出具最终意见。后续处理如下：

（一）可终止。参照"第二章、第三章"有关内容对实施方案进行验收评价，出具验收评价意见，并在工业和信息化部门户网站、中国工业强基信息网公示 5 个工作日无异议后，停止对其后续资金的下拨，并收回已下拨专项资金合规使用后的余额。其中，因市场或技术原因申请终止的，根据第三方专业机构提供的决算审计报告，承担单位已投入的自有资金不足已下拨专项资金 4 倍的，收回已下拨专项资金。

（二）不可终止。承担单位愿意继续实施的，准许其在实施期内或批准的延期时间内继续完成目标任务。承担单位不愿意继续实施的，收回已下拨专项资金。

第十八条 根据验收评价所反映的具体执行情况下拨后续资金。

（一）一次性验收通过，后续资金的下拨比例为 100%；

（二）一次验收未通过、再次验收通过，后续资金的下拨比例为 50%；

（三）验收不通过的，后续资金不再下拨。其中，按第十四 条第三款直接定为最终验收不通过的，或承担单位已投入的自有资金不足已下拨专项资金 4 倍的，收回已下拨专项资金。

第四章 监督和检查

第十九条 承担单位应按照实施方案、合同书要求，于每年 4 月 15 日、7 月 15 日、9 月 15 日、12 月 15 日前向推荐单位如实提交上季度实施方案进展情况、存在问题和解决措施。在每年 7 月 15 日、12 月 15 日前向推荐单位如实提交半年和年度情况，以及下一年度工作、投资等安排的书面报告（可与季度报告合并编制提交）。承担单位定期汇报执行情况作为验收评价考核评分项。推荐单位于每年4月20日、7月20日、9月20日、12月20日前将所推荐的实施方案的汇总情况提交工业和信息化部。

第二十条 委托验收评价的实施方案，工业和信息化部将按计划以一定比例抽查。

第二十一条 严禁各种违规行为：

（一）实施方案到期不申请验收或按规定不予验收的，收回已下拨专项资金，承担单位3年内不得再次承担工业强基工程实施方案的组织实施。

（二）验收评价过程中，发现承担单位存在弄虚作假或专项资金使用有严重问题的，一经查实，收回已下拨专项资金，且3年内不得再次承担工业强基工程实施方案的组织实施。

（三）验收过程中，验收专家组成员、有关工作人员或机构有弄虚作假、徇私舞弊或玩忽职守等行为的，或未经允许擅自披露、使用或者向他人提供被验收成果的，取消其参加工业和信息化部有关专项资金工作的资格。

（四）推荐单位在实施方案推荐和验收过程中存在严重问题的，需限期整改。

上述违规行为，将按照有关规定追究相关单位和人员的责任，并载入社会信用体系平台；构成犯罪的，依法追究刑事责任。各种违规、违约行为，还将按照合同约定处理。

第五章 附则

第二十二条 本细则由工业和信息化部负责解释，并将根据实际情况，适时修订。

第二十三条 本细则自发布之日起执行。

第二十四条 对于本细则出台前已具备验收条件的实施方案，其申请验收的时间以承担单位向省级工业和信息化主管部门、中央管理企业集团或总部提出申请的实际时间为准；其中，实施方案有调整的，可在申请验收时一并提出调整申请。2013年工业强基工程实施方案不涉及后续资金的拨付。

■ 《工业强基工程实施指南（2016—2020 年）》

工业强基工程实施指南（2016—2020 年）为贯彻落实《中国制造2025》，组织实施好工业强基工程，夯实工业基础，提升工业发展的质量和效益，推进制造强国建设，特制订本指南。

一、背景

工业基础主要包括核心基础零部件（元器件）、关键基础材料、先进基础工艺和产业技术基础，直接决定着产品的性能和质量，是工业整体素质和核心竞争力的根本体现，是制造强国建设的重要基础和支撑条件。经过多年发展，我国工业总体实力迈上新台阶，已经成为具有重要影响力的工业大国，形成了门类较为齐全、能够满足整机和系统一般需求的工业基础体系。但是，核心基础零部件（元器件）、关键基础材料严重依赖进口，产品质量和可靠性难以满足需要；先进基础工艺应用程度不高，共性技术缺失；产业技术基础体系不完善，试验验证、计量检测、信息服务等能力薄弱。工业基础能力不强，严重影响主机、成套设备和整机产品的性能质量和品牌信誉，制约我国工业创新发展和转型升级，已成为制造强国建设的瓶颈。未来5-10年，提升工业基础能力，夯实工业发展基础迫在眉睫。工业强基是《中国制造2025》的核心任务，决定制造强国战略的成败，是一项长期性、战略性、复杂性的系统工程，必须加强顶层设计，制定推进计划，明确重点任务，完善政策措施，整合各方资源，组织推动全社会齐心协力，抓紧抓实，长期坚持，务求抓出实效。

二、总体要求

（一）基本原则

落实制造强国建设战略部署，围绕《中国制造2025》十大重点领域高端突破和传统产业转型升级重大需求，坚持"问题导向、重点突破、产需结合、协同创新"，以企业为主体，应用为牵引，创新为动力，质量为核心，聚焦五大任务，开展重点领域"一揽子"突破行动，实施重点产品"一条龙"应用计划，建设一批产业技术基础平台，培育一批专精特新"小巨人"企业，推动"四基"领域军民融合发展，着力构建市场化的"四基"发展推进机制，为建设制造强国奠定坚实基础。

——坚持问题导向。围绕重点工程和重大装备产业链瓶颈，从问题出发，分析和研究工业"四基"的薄弱环节，针对共性领域和突出问题分类施策。

——坚持重点突破。依托重点工程、重大项目和骨干企业，区分轻重缓急，点线面结合，有序推进，集中资源突破一批需求迫切、基础条件好、带动作用强的基础产品和技术。

——坚持产需结合。瞄准整机和系统的发展趋势，加强需求侧激励，推动基础与整机企业系统紧密结合，推动基础发展与产业应用良性互动。

——坚持协同创新。统筹各类创新资源，促进整机系统企业、基础配套企业、科研机构等各方面人才、资本、信息、技术的有效融合，产品开发全过程对接、全流程参与，探索科技与产业协调、成果和应用互动的新模式。

（二）主要目标

经过 5-10 年的努力，部分核心基础零部件（元器件）、关键基础材料达到国际领先，产业技术基础体系较为完备，"四基"发展基本满足整机和系统的需求，形成整机牵引与基础支撑协调发展的产业格局，夯实制造强国建设基础。到 2020 年，工业基础能力明显提升，初步建立与工业发展相协调、技术起点高的工业基础体系。40% 的核心基础零部件（元器件）、关键基础材料实现自主保障，先进基础工艺推广应用率达到 50%，产业技术基础体系初步建立，基本满足高端装备制造和国家重大工程的需要。具体目标是：

——质量水平显著提高。基础零部件（元器件）、基础材料的可靠性、一致性和稳定性显著提升，产品使用寿命整体水平明显提高。

——关键环节实现突破。推动 80 种左右标志性核心基础零部件（元器件）、70 种左右标志性关键基础材料、20 项左右标志性先进基础工艺实现工程化、产业化突破。先进轨道交通装备、信息通信设备、高档数控机床和机器人、电力装备领域的"四基"问题率先解决。

——支撑能力明显增强。建设 40 个左右高水平的试验检测类服务平台，20 个左右信息服务类服务平台，服务重点行业创新发展。

——产业结构优化升级。培育 100 家左右年销售收入超过 10 亿元、具有国际竞争力的"小巨人"企业，形成 10 个左右具有国际竞争力、年销售收入超过 300 亿的基础产业集聚区。

三、重点任务

（一）推进重点领域突破发展

围绕《中国制造 2025》十大重点领域高端发展以及传统产业转型升级，加强统筹规划，利用各类资源，分领域分阶段分渠道解决重点工程和重大装备的"四基"发展亟需。发挥工业强基专项资金的引导作用，突出重点，创新管理，梳理装备和系统需求，分析产业现状，遴选 170 种左右标志性核心基础零部件（元器件）、关键基础材料和先进基础工艺组织开展工程化、产业化突破。按照小规模、专业化、精细化的原则组织生产专用核心基础零部件（元器件）和关键基础材料，重点解决终端用户的迫切需求。按照大批量、标准化、模块化的原则组织生产通用核心基础零部件（元器件）和关键基础材料，推广先进基础工艺，重点提升产品可靠性和稳定性。组织实施"一揽子"突破行动，集中成体系解决十大重点领域标志性基础产品和技术，完善机制、搭建平台，引导材料、零部件研发生产企业、工艺和技术研发机构等有机结合，协同开展核心技术攻关，促进科技创新成果的工程化、产业化，解决高端装备和重大工程发展瓶颈。

专栏 1　十大领域四基"一揽子"突破行动

1. 新一代信息技术产业"一揽子"突破行动。突破嵌入式 CPU、支持 DDR4、3D NAND

flash 的存储器、智能终端核心芯片、量子器件、FPGA 及动态重构芯片等核心元器件。突破 8 英寸 /12 英寸集成电路硅片，显示材料、光刻胶、光掩膜材料、高端靶材、集成电路制造材料和封装材料等关键基础材料。突破集成电路 16/14nm FinFET 制造工艺、CPU 专用工艺、存储器超精密工艺等先进基础工艺。突破操作系统、数据库、中间件、工业软件等关键基础软件。

2. 高档数控机床和机器人"一揽子"突破行动

突破高档智能型、开放型数控系统、数控机床主轴、丝杠、导轨、大型精密高速数控机床轴承、机器人专用摆线针轮减速器和谐波减速器及轴承、智能活塞压力计、高速高性能机器人伺服控制器和伺服驱动器、高精度机器人专用伺服电机和传感器、变频智能电动执行器等核心基础零部件。开发具有系列原创技术的钛合金、高强合金钢、滚珠丝杠用钢、高温合金、高强铝合金等关键基础材料。推广高性能大型关键金属构件高效增材制造工艺、精密及超精密加工（切削、磨削、研磨、抛光）工艺等先进基础工艺。

3. 航空航天装备"一揽子"突破行动

突破显示组件、惯性器件、大功率电力器件、航空传感器、智能蒙皮微机电系统、紧固件和轴承、SoC/SiP 器件、微机电系统等核心基础零部件（元器件）。开发高强高韧轻质结构材料、高温结构材料、结构功能一体化材料、高性能碳纤维材料、PBO 纤维及其复合材料、高性能 Rusar 纤维及其复合材料、耐高低温和高耐候性氟硅橡胶材料、耐 650℃ 以上高温钛合金材料、拉伸强度超过 1400MPa 的高强钛合金材料、高性能高导热镁合金材料、飞机蒙皮和机翼用铝合金材料、高温合金单晶母合金、标准件用高温合金等关键基础材料。推广热加工工艺与精密高效快速成形技术、复合材料构件制造工艺、增材制造用高性能金属粉末制备工艺等先进基础工艺。

4. 海洋工程及高技术船舶"一揽子"突破行动

突破齿轮、密封件、高压共轨燃油喷射系统、智能化电控系统、深水作业和机械手等核心基础零部件。开发高性能海工钢、特种焊接材料、双相不锈钢、高性能耐蚀铜合金、低温材料、降低船体摩擦阻力涂料等关键基础材料。推广高可靠、高精度激光焊接工艺等先进基础工艺。

5. 轨道交通装备"一揽子"突破行动

突破车轴、车轮、轴承、齿轮传动系统、列车制动系统、轨道交通用超级电容、功率半导体器件、车钩缓冲装置、空气弹簧、抗侧滚扭杆等核心基础零部件。开发高强度大尺寸中空铝合金型材、绝缘材料、高性能齿轮渗碳钢、新型高分子材料等关键基础材料。推广金属型压力铸造技术、无模化铸造成型技术、双频感应热处理技术等先进基础工艺。

6. 节能与新能源汽车"一揽子"突破行动

突破电控喷油系统、动力总成电子控制、驱动电机、电机电子控制系统、动力电池系统及电堆、机电耦合装置、自动变速器等核心基础零部件。开发轻量化车身复合材料、轻合金材料、动力电池电极和基体、电机用硅钢和永磁材料、特种橡胶、高强度钢、低摩擦材料、高端弹簧钢、超高强汽车板等关键基础材料。推广轻量化材料成形制造工艺、汽车件近净成形制造工艺等先进基础工艺。

7. 电力装备"一揽子"突破行动

突破重型燃气轮机高温部件、大型核电压力容器、蒸汽发生器、高温变送器、核级变送器、变频智能电动执行器、冷却剂主泵、煤粉泵、固体泵、堆内构件，大型核电汽轮机焊接（整锻）转子、2000 毫米等级末级长叶片、德士古汽化炉专用热电偶、自补偿式智能固态软起动装置、无功补偿装置、大型半速汽轮发电机转子、可变速水泵水轮机转轮、大型水轮机转轮模压叶片、大容量发电机保护断路器等核心基础零部件。突破重型燃机关键高温材料、叶轮用高强韧不锈钢等关键基础材料。推广重型燃机高温合金熔模铸造及定向和单晶铸造工艺、超大型铸锻件制造工艺及焊接和热处理工艺、典型高温零部件结构设计与制造工艺、高压开关灭弧室核心部件 3D 打印一次成型等先进基础工艺。

8. 农业装备"一揽子"突破行动

突破转向驱动桥及电液悬挂系统、农业机械专用传感器、导航与智能化控制作业装置等核心基础零部件。

9. 新材料"一揽子"突破行动

突破新一代功能复合化建筑用钢、高品质模具钢、圆珠笔头用高端材料、特种工程塑料、高端聚氨酯树脂、高性能轻合金材料、高性能纤维及单体、生物基材料、功能纺织新材料、高性能分离膜材料、宽禁带半导体材料、特种陶瓷和人工晶体、稀土功能材料、3D 打印用材料、可再生组织的生物医用材料、高温超导材料、特高压用绝缘材料、智能仿生与超材料和石墨烯材料。

10. 生物医药及高性能医疗器械"一揽子"突破行动

突破 8MHU 以上大热容量 X 射线管、新型 X 射线光子探测器、超声诊断单晶探头、2000 阵元以上面阵探头、微型高频超声探头（血管或内窥镜检测），MRI 用 64 通道以上多通道谱仪、CT 探测器、PET 探测器（基于硅光电倍增管）、超精密级医疗机械轴承等核心基础零部件。开发可降解血管支架材料、透析材料、医用级高分子材料、植入电极、3T 以上高场强超导磁体、临床检验质控用标准物质等关键基础材料。突破抗体药物大规模工业化生产技术，开发重组蛋白药物新型治疗性疫苗和细胞免疫治疗嵌合体抗原受体 CAR-T 细胞技术等制剂，推广具有生物活性的 3D 打印人工血管工艺。以上包括核心基础零部件（元器件）80 种左右、关键基础材料 70 种左右、先进基础工艺 20 项左右。

（二）开展重点产品示范应用

应用是提升基础产品质量和可靠性，促进"四基"发展的关键。以需求为牵引，针对重点基础产品、工艺提出包括关键技术研发、产品设计、专用材料开发、先进工艺开发应用、公共试验平台建设、批量生产、示范推广的"一条龙"应用计划，促进整机（系统）和基础技术互动发展，协同研制计量标准，建立上中下游互融共生、分工合作、利益共享的一体化组织新模式，推进产业链协作。鼓励整机和系统开发初期制定基础需求计划，吸收基础企业参与；鼓励基础企业围绕整机和系统需求，不断开发和完善产品和技术。鼓励整机和系统企业不断提高基础产品质量、培育品牌，满足市场需求。提升先进基础工艺的普及率，提升生产技术和管理水平，促进高端化、智能化、绿色化、服务化转型。

专栏 2 实施重点产品、工艺"一条龙"应用计划

1. 传感器"一条龙"应用计划

立足光敏、磁敏、气敏、力敏四类主要传感器制造工艺提升，与主机用户协同，开发针对数控机床和机器人的全系列配套传感器及系统；构建模拟现场的试验环境；建设适合多品种小批量传感器生产的柔性数字化车间；通过批量应用和工厂实际环境考验，优化产品设计与工艺，大幅度提高产品可靠性和稳定性；提升电子信息和通信领域传感器技术水平，在轨道交通、机械、医疗器械、文物保护等领域推广使用。

2. 控制器 "一条龙" 应用计划

立足现有可编程控制器（PLC）与机器人控制器产品的基础，与系统集成和主机用户协同，开发针对离散制造自动化生产线和多关节机器人的控制器产品以及相应的控制软件模块；构建模拟实际应用的可靠性试验环境；推进制造过程的数字化；通过批量使用，不断改进硬件设计和软件功能，提高产品可靠性和稳定性。

3. 控制系统 "一条龙" 应用计划

立足现有分散型控制系统（DCS）和地铁交通综合监控系统的基础，开发石油、石油化工、高铁等领域高安全要求的安全控制系统；创建安全系统的试验环境，取得国际功能安全的认证，建设高质量要求的生产线，从试点应用到逐步推广。

4. 高精密减速器 "一条龙" 应用计划

突破非标摆线曲线修正设计、材料极限稳定、整机性能测试、非标角接触球轴承设计研制、高精度工装夹具研制、专用机床研制或通用机床专机化改造、高精密装配等核心技术和产品。在保证批量生产 RV 减速机产品性能一致性和可靠性的前提下，严格控制生产成本。

5. 伺服电机 "一条龙" 应用计划

发挥稀土永磁技术和产业优势，开发伺服电机，改造升级数控化、智能化伺服电机生产线，提高产品性能及可靠性；加快推广伺服电机在机器人、数控机床、注塑机中的应用；带动电机智能制造设备及新材料等相关产业发展。

6. 发动机电喷系统 "一条龙" 应用计划

推广高压共轨系统（共轨喷油器、共轨泵、共轨管及 ECU）应用。建立完善在线检测与试验的数字化装备体系，积累关键制造环节测量数据；系统研究质量评价标准和规范，与主机用户协同，构建质量评价与监控体系；加大装机应用量，通过检测数据的积累与分析，优化制造工艺和产品设计，建立保证性能稳定性和质量一致性的制造体系；推进批量生产所需高档数控设备、智能装配系统的研发与应用。

7. 轻量化材料精密成形技术"一条龙"应用计划

针对节能和新能源汽车及先进轨道交通等高端装备轻量化需求，采用铝合金、镁合金、钛合金及超高强度钢，高性能尼龙、纤维复合材料，高性能聚酰胺等轻量化材料，推广铝及镁合金精密成形铸造工艺、塑性成形工艺及连接工艺、超高强度钢精密塑性成形工艺等，实现既"控形"又"控性"的"双控"目标。

8. 高速动车组轴承及地铁车辆轴承"一条龙"应用计划

组织钢铁行业、轴承行业和铁路、地铁部门协同创新，进行工业性试验，装车运行考核，组建示范性生产线，提升批量化生产能力。同时，带动整个轴承行业实现高端突破，由国际轴承产业链的中低端迈向中高端。

9. IGBT 器件"一条龙"应用计划

集合国际研发资源，发挥国内 8 英寸 600V～6500VIGBT 芯片生产线优势，开发系列化 IGBT 器件及组件产品；推广 IGBT 在铁路机车与城市轨道交通中的应用，从应用端快速获取反馈信息进行产品改良；推动 IGBT 器件及功率组件在风电、太阳能发电、工业传动、通用高压变频器和电力市场等领域的应用。

10. 超大型构件先进成形、焊接及加工制造工艺"一条龙"应用计划

针对核电等能源装备及海洋工程和船舶装备等对超大型构件先进制造工艺的需求，推广超大型构件铸造工艺、锻造工艺、焊接工艺及加工工艺、超大型构件精密焊接工艺等。

11. 超低损耗通信光纤预制棒及光纤"一条龙"应用计划

推广超低衰减光纤的制造技术，包括超低衰减光纤关键原材料制备及质量控制技术、超低衰减光纤剖面设计与精确控制技术、光纤精密拉丝退火技术、光纤全套性能分析测试评估技术、超低衰减光缆制备技术，实现批量化稳定生产，在下一代超高速率、超大容量、超长距离通信光传输网络中推广使用。

12. 工程机械高压油泵、多路阀、马达"一条龙"应用计划

立足高端高压柱塞泵型液压马达、液压泵、整体式多路阀的数字设计技

术、材料、铸造技术、加工工艺技术、试验技术和检测标准等，实现工程机械急需的高端液压元件稳定批量生产及在主机上的大批量配套。

13. 航空发动机和燃气轮机耐高温叶片"一条龙"应用计划

立足世界先进的精密铸造工艺技术，实现航空发动机、燃气轮机以及民用航天等领域的旋转叶轮式热力发动机热部件批量化生产，加快推广应用；有效地推动耐高温陶瓷材料、高温合金材料等应用以及机械加工、特种工艺焊接、等离子喷涂和电火花精确打孔等上下游工业领域的长足发展；促进精密铸造行业的高精尖生产制造设备的开发和应用。

14. 高性能难熔难加工合金大型复杂构件增材制造（3D打印）"一条龙"应用计划

突破产学研用结合，推广钛合金、高强度合金钢、难熔金属等高性能难加工合金大型复杂构件高效增材制造（3D打印）工艺以及系列化工程化成套装备、质量和性能控制及工程化应用技术，实现"工艺-装备-材料-质量-标准"整套成果在大型飞机、航空发动机、燃气轮机、船舶、重型轨道交通、核电等重大装备研制和生产中的应用示范及工程化推广。

15. 石墨烯"一条龙"应用计划

立足石墨烯材料独特性能，针对国家重大工程和战略性新兴产业发展需要，引导生产、应用企业和终端用户跨行业联合，协同研制并演示验证功能齐备、可靠性好、性价比优的各类石墨烯应用产品。

16. 存储器"一条龙"应用计划

积极拓展服务器、台式计算机、笔记本电脑、平板电脑及手机等终端应用中CPU和存储器有效保障水平，逐步形成较完整的上下游产业链和具有竞争力的价值链，提升整机产品的安全可控能力、信息安全的保障能力和存储器产业竞争实力。

（三）完善产业技术基础体系

针对新一代信息技术、高端装备制造、新材料、生物医药等重点领域和行业发展需求，围绕可靠性试验验证、计量检测、标准制修订、认证认可、产业信息、知识产权等技术基础支撑能力，依托现有第三方服务机构，创建一批产业技术基础公共服务平台，建立完善产业技术基础服务体系。根据产业发展需要，持续不断对实验验证环境、仪器设备进行改造升级，形成与重点产业和技术发展相适应的支撑能力。注重发挥云计算、大数据等新技术和互联网的作用，鼓励企业和工业园区（集聚区）依托高等学校和科研院所建设工业大数据平台，构建国家工业基础数据库，推进重点产业技术资源整合配置和开放协同。鼓励在工业园区（集聚区）率先建立第三方产业技术基础公共服务平台，提升工业集聚集约发展水平。

专栏3 建设一批产业技术基础公共服务平台

1. 产业质量技术基础服务平台

围绕《中国制造2025》十大重点领域建设40个公共服务平台。开展产品可靠性、稳定性、一致性、安全性和环境适应性等关键问题研究；开展计量基准及量值传递、标准制修订、符合性验证、检验检测、认证认可等质量技术基础研究；研究制定试验检测方法；加强计量基准建设，完善提升量值传递体系；研制相关设备，提供相关服务。

2. 信息服务类服务平台

研究先进的信息采集工具，构建专题信息库和知识产权资源数据库，建设20个公共服务平台，提供政策研究、产业运行分析与预测、信息查询、知识产权分析评估和综合运用等服务，向政府、行业、社会推送产业信息。

3. 工业大数据平台

支持在工业园区（集聚区）建设工业大数据平台，实现对产品生产、流通、使用、运维以及园区企业发展等情况的动态监测、预报预警，提高生产管理、服务和决策水平。

（四）培育一批专精特新"小巨人"企业

通过实施十大重点领域"一揽子"突破行动及重点产品"一条龙"应用计划，持续培育一批专注于核心基础零部件（元器件）、关键基础材料和先进基础工艺等细分领域的企业。完善市场机制和政策环境，健全协作配套体系，支持"双创"平台建设，鼓励具有持续创新能力、长期专注基础领域发展的企业做强做优。优化企业结构，逐步形成一批支撑整机和系统企业发展的基础领域专精特新中小企业。鼓励基础企业集聚发展，围绕核心基础零部件（元器件）、关键基础材料和先进基础工艺，优化资源和要素配置，形成紧密有机的产业链，依托国家新型工业化产业示范基地，培育和建设一批特色鲜明、具备国际竞争优势的基础企业集聚区，建设一批先进适用技术开发和推广应用服务中心。

专栏4 培育一批专精特新"小巨人"企业和优势产业集聚区

1. 培育百强专精特新"小巨人"企业

通过基础产品和技术的开发和产业化，形成100家左右核心基础零部件（元器件）、关键基础材料、先进基础工艺的"专精特新"企业。该类企业应具备以下条件：（1）掌握本领域的核心技术，拥有不少于10项发明专利；（2）具有先进的企业技术中心和优秀的创新团队；（3）主导产品性能和质量处于世界先进水平；（4）主导产品国内市场占有率20%左右，居于全国前两位；（5）年销售收入不低于10亿元。

2. 打造十家产业集聚区

围绕重点基础产品和技术，依托国家新型工业化产业示范基地，打造10家左右创新能力强、品牌形象优、配套条件好、具有国际竞争力、年销售收入超过300亿元的"四基"产业集聚区。针对集聚区企业生产过程改进提升的共性需求，建设一批技术服务中心，提供先进适用技术、产品的开发、应用及系统解决方案，有效提高工业生产效率和质量水平。

（五）推进"四基"军民融合发展

调动军民各方面资源，梳理武器装备发展对"四基"需求，联合攻关，破解核心基础零部件（元器件）、关键基础材料、先进基础工艺、产业技术基础体系等制约瓶颈。建设军民融合公共服务体系，支持军民技术相互转化利用，加快军民融合产业发展。

充分发挥军工技术、设备和人才优势，引导先进军工技术向民用领域转移转化；梳理民口优势领域和能力，跟踪具有潜在军用前景的民用技术发展动态，促进先进成熟民用"四基"技术和产品进入武器装备科研生产。推进军民资源共享，在确保安全的前提下，鼓励工业基础领域国防科技重点实验室与国家重点实验室、军工重大试验设备设施与国家重大科技基础设备设施相互开放、共建共享。推动国防装备采用先进的民用标准，推动军用技术标准向民用领域的转化和应用。

专栏 5　实施"四基"军民融合发展联合行动专项

1. 军民共性基础和前沿技术联合攻关

围绕"四基"领域军民通用重点产品的现实需求和长远发展，聚焦 3-4 英寸碳化硅单晶、光刻胶、浆料、锂电材料等电子材料，高性能真空电子器件、大功率激光器、红外焦平面、MEMS 器件等元器件，突破相关基础理论、前沿技术和关键技术。重点开展电子用高纯化合物、高性能碳纤维、高温合金 / 钛合金回炉料、高纯陶瓷粉体等低成本工程化制备技术研究。构建材料基因组工程数据库。围绕军工科研生产中长期依赖进口、受制于人的高端元器件和测试仪器、科研生产软件等，加大攻关力度，推进军工能力自主化。推动军民共性基础技术转移转化和关键技术工程化应用，培育"四基"领域百家军民融合典型单位。加强军民两用计量测试技术攻关及计量基标准建设。

2. 重点领域军民两用标准联合制定

国家和军队有关部门协同配合，建立军民通用标准建设的协同机制，推进军民标准通用化；通过军用标准转化、民用标准采用、军民标准整合和军民通用标准制定，完成集成电路、卫星导航等领域 150 项军民通用标准制修订及发布工作；探索开展其他领域军民通用标准的建设、民用标准采用等工作。

3. 引导"四基"领域军民资源共享

编制发布年度军用技术成果转民用推广目录，向全社会发布不少于 100 项成果，推动先进军用技术成果向民用领域转移转化，促进工业转型升级。编制发布民参军技术与产品推荐目录，向军工单位和军队推荐不少于 100 项技术成果，促进民用先进适用技术与产品参与国防建设。鼓励工业基础领域国家重点实验室与国防科技重点实验室，国家重大科技基础设施与军工重大设备设施、民用设备设施相互开放共享。建立军工重大试验设施分批分类发布机制，推动 100 余项军工重大设备设施面向社会提供服务。

四、组织实施

（一）目录引导

支持咨询机构组织行业协会、科研院所、重点企业等单位编制印发《工业"四基"发展目录》，根据实际适时调整，引导社会资金资源投向。以目录为依托，细化年度工作目标和工作重点。

引导各地区协同推进发展目录的落实，根据本地区产业基础，在进行充分市场分析的前提下，确立"四基"发展重点和目标，分阶段、分步骤稳步推进。发挥中国工业强基信息网的平台作用，组织信息对接。

（二）协同推进

健全工作机制。组织各部门、行业协会、科研院所等建立工业强基工程实施统筹协调机制，明确职责分工，加强部门联动。充分发挥工业强基工程专家咨询组作用，研讨"四基"发展重点和推进机制，为重点行业和重点企业发展提供咨询建议。鼓励地方加强组织考核，制定工作方案，围绕重点领域开展需求对接。实施示范项目。围绕实施方案，突出年度重点，创新工业强基示范项目组织模式，采用公开招标、竞争性评审等遴选方式确定示范项目。创新资金支持方式，分类施策，采用后补助（奖励）、贷款贴息、股权投资等多种方式，提高资金使用效益。通过示范项目实施，带动基础产品和技术实现高端突破，培育"四基"企业持续发展能力。引导社会参与。鼓励研发实力较强的企业联合高校、科研院所成立技术研发联盟，集中资源对涉及多个应用领域的共性技术进行协同攻关。加强宣传引导，通过总结典型经验、宣传示范应用案例、组织现场会等方式，利用各种媒体不断加大宣传力度，鼓励民营企业广泛参与，推进"四基"领域大众创业、万众创新，营造重视基础、积极参与的氛围。

（三）考核评估

细化年度工作重点和推进计划，加强事中事后监管，建立年度、中期等动态评价体系，根据评价结果对重点任务和实施目标进行动态调整。完善示范项目考核办法，建立项目全周期管理流程，将项目考核评价情况和后续支持相挂钩，促进承担单位如期完成任务和目标。

五、保障措施

（一）优化"四基"产业发展环境

完善工业基础领域标准体系，加快标准制定，推进采用社会团体标准，强化标准试验验证，加强产业链上下游标准协同，推动重点标准国际化。开展"四基"领域知识产权布局，建立产业链知识产权联合保护、风险分担、开放共享与协同运用机制。加强国家量传溯源体系建设，提升国际承认的国家最高校准测量能力。规范检验检测等专业化服务机构的市场准入，提高第三方服务的社会化程度，构建公正、科学、严格的第三方检验检测和认证体系，并加强监督。加大对创新产品的采购力度，完善由国家出资或支持的重大工程招标采购办法，运用政府采购首购、订购政策积极支持基础产品发展。建立"四基"产品和技术应用示范

企业。营造基础领域国有企业与民营企业公平竞争的市场环境，鼓励更多民营企业进入基础领域。

（二）加大财政持续支持力度

利用现有资金渠道，积极支持"四基"产业发展。研究通过保险补偿机制支持核心基础零部件（元器件）、关键基础材料首批次或跨领域应用推广。充分发挥国家中小企业发展基金的引导作用，带动地方政府、创投机构及其他社会资金支持种子期、初创期、成长期的"四基"中小企业加快发展。对涉及科技研发相关内容，如确需中央财政支持的，应通过优化整合后的中央财政科技计划（专项、基金等）统筹考虑予以支持。

（三）落实税收政策

切实落实基础产品研究开发费用税前加计扣除、增值税进项税额抵扣等税收政策。适时调整《重大技术装备和产品进口关键零部件、原材料商品清单》，取消国内已能生产的关键零部件及原材料进口税收优惠政策。

（四）拓宽"四基"企业融资渠道

促进信贷政策与产业政策协调配合，加强政府、企业与金融机构的信息

共享，引导银行信贷、创业投资、资本市场等在风险可控、商业可持续原则下加大对"四基"企业的支持。对于主要提供《工业"四基"发展目录》中产品或服务的"四基"企业，在进入全国中小企业股份转让系统挂牌时"即报即审"，并减免挂牌初费和年费，在首发上市时优先审核。积极支持主要提供《工业"四基"发展目录》中产品或服务的"四基"企业在银行间债券市场发行非金融企业债务融资工具，在沪深证券交易所、全国中小企业股份转让系统、机构间报价系统和证券公司柜台市场发行公司债券（含中小企业私募债），进一步扩大融资规模。

（五）加强技术技能人才队伍建设

面向工业强基发展需求，探索推广职业院校、技工院校和企业联合招生、联合培养、一体化育人的人才培养模式，加强职业院校、技工院校工业基础相关专业建设，提高职业培训能力，着力培养"大国工匠"。设立卓越工程师引才计划，支持企业引进一批工业"四基"重点发展领域急需的顶尖高技能人才。健全高技能人才评价体系，完善职业资格证书制度。加强对企业职工培训教育经费使用的监督。

第五章　政策解读与发展建议

⬇ "一揽子"、"一条龙"重点解读与发展建议

⬇ 夯实企业创新主体地位，提升工业基础能力

⬇ 强化工业基础能力，加快建设制造强国

⬇ 立足电子元件产业，推进工业强基进程

⬇ 创新科技转化模式，提升科技转化效率

一、"一揽子"、"一条龙"重点解读与发展建议

——全国工业和信息化科技成果转化联盟

工信部是《中国制造2025》的牵头起草单位，国家制造强国建设领导小组办公室也设在工信部，工信部苗圩部长则是领导小组第一副组长。苗圩部长围绕实施制造强国战略、发展现代互联网产业体系作报告中指出，深入实施《中国制造2025》，以提高制造业创新能力和基础能力为重点，培育制造业竞争新优势，建设制造强国。加快发展新型制造业，强化高端引领、加快发展智能制造、全面推进绿色制造、积极发展服务型制造；实施工业强基工程，全面提升工业基础能力；建设制造业创新中心，加快创建形成以创新中心为核心、以公共服务平台和工程数据中心为重要支撑的制造业创新网络；通过持续推进企业技术改造、积极稳妥化解产能过剩、促进大中小企业协调发展、优化产业空间布局、加强质量品牌建设，推动传统产业改造升级，持续优化有利于制造业发展的政策环境。

我国政策一直以来着力推进工业供给侧结构性改革，持续实施工业强基工程，指导发布《工业"四基"发展目录》，完善产业技术基础体系，以及开展实施"一揽子"突破行动和重点产品工艺"一条龙"应用计划，最终目标力争解决一批标志性"四基"瓶颈。

（一）"一揽子"突破行动

工信部于2016年4月初发出通知，决定组织开展工业强基2016专项行动，并印发《工业强基2016专项行动实施方案》。2016年，将着力探索完善工业强基工程的协同推进机制，在"四基"重点领域突破、重点产品和工艺示范应用、产业技术基础公共服务平台建设等方面，为"十三五"做好谋局开篇。这其中包括，实施"一揽子"突破行动，重点突破40种左右标志性核心基础零部件（元器件）、关键基础材料、先进基础工艺。工信部将根据产业发展基础选择部分重点方向，联合财政部组织实施一批示范项目。

按重点领域实施"一揽子"突破行动。所谓"一揽子",就是选定若干产业、行业,围绕该产业或行业的"四基"问题,集中优势力量,对研究开发和产业化、研发和试验平台建设做出全面安排,提出总体解决方案。组织实施"一揽子"突破行动,集中成体系解决十大重点领域标志性基础产品和技术,完善机制、搭建平台、引导材料、零部件研发生产企业、工展出和技术研发机构等有机结合,协同开展核心技术攻关,促进科技创新成果的工程化、产业化,解决高端装备和重大工程发展瓶颈。遴选一批标志性核心基础零部件(元器件)、关键基础材料和先进基础工艺组织开展工程化产业化突破,对接《中国制造 2025》,有序实施新一代信息技术产业、高档数控机床和机器人、航空航天装备等十大领域工业四基"一揽子"突破行动。

在组织实施"一揽子"突破行动方面,工信部将根据产业发展基础选择部分重点方向,联合财政部组织实施一批示范项目。见表 20。

表 20 十大领域四基"一揽子"突破行动

"一揽子" 突破行动	具体领域	2014—2016 年分包项目(重点方向)数量 及举例
一、新一代信息技术产业	1)突破嵌入式 CPU、支持 DDR4、3DNANDflash 的存储器、智能终端核心芯片、量子器件、FPGA 及动态重构芯片等核心元器件 2)突破 8 英寸 /12 英寸集成电路硅片,显示材料、光刻胶、光掩膜材料、高端靶材、集成电路制造材料和封装材料等关键基础材料 3)突破集成电路 16/14nm FinFET 制造工艺、CPU 专用工艺、存储器超精密工艺等先进基础工艺 4)突破操作系统、数据库、中间件、工业软件等关键基础软件	涉及 44 个项目,项目涵盖: 1. 电子元器件用陶瓷基板及基座 2. 元器件用电子浆料 3. 碲镉汞红外探测材料与器件 4. 单芯片 MEMS 声传感器 5. 静电图像显影剂用磁性载体 6. 直流变频控制器 7. 齿轮强度与可靠性试验检测技术基础公共服务平台 8. 高精度多参数污染因子监测传感器 9. 高精密电子多工位级进模 10. 高端仪表与系统检测认证技术基础公共服务平台 11. 文物保护装备产业化和应用公共服务平台 12. 高温袋式除尘技术开发与应用技术基础公共服务平台 13. 超低损耗光纤 14. 56Gb/s 高速连接器 15. 嵌入式射频模组基板

（续表）

"一揽子"突破行动	具体领域	2014—2016 年分包项目（重点方向）数量及举例
一、新一代信息技术产业		16. 及电子电路用高频微波 17. 高密度封装覆铜板 18. 极薄铜箔 19. 特种气体 20. 智能硬件底层软硬件技术基础服务平台建设 21. 工业大数据公共服务平台 22. 光伏产业检测、标准、应用及运行监测公共服务平台 23. 彩色光刻胶 24. 电力电子器件及功率模块（大功率 IGBT）封装用 DBC 基板—高纯无氧铜箔 25. 片式多层陶瓷电容器用介质材料 26. 光电监测传感器 27. 高端装备用精密电阻 28. 集成电路制造工艺 29. 新一代移动通信终端用声表面波滤波器 / 双工器 30. 高精度铜蚀刻液 31. 电力电子器件用硅单晶圆片 32. 集成电路公共服务平台 33. 大功率微波技术工业应用服务平台 34. 高端稀土功能晶体和光纤激光器 35. 介质多腔滤波器与介质波导滤波器 36. 高速光通信器件
二、高档数控机床和机器人	1. 突破高档智能型、开放型数控系统、数控机床主轴、丝杠、导轨、大型精密高速数控机床轴承、机器人专用摆线针轮减速器和谐波减速器及轴承、智能活塞压力计、高速高性能机器人伺服控制器和伺服驱动器、高精度机器人专用伺服电机和传感器、变频智能电动执行器等核心基础零部件	涉及 10 个项目，项目涵盖： 1. 挖掘机用高压柱塞泵和多路控制阀 2. 高响应高精度高速系列伺服电机 3. 工程机械与工程车辆用多路阀 4. 工业机器人轴承 5. 高档机床用主轴

（续表）

"一揽子"突破行动	具体领域	2014—2016 年分包项目（重点方向）数量及举例
二、高档数控机床和机器人	2. 开发具有系列原创技术的钛合金、高强合金钢、滚珠丝杠用钢、高温合金、高强铝合金等关键基础材料 3. 推广高性能大型关键金属构件高效增材制造工艺、精密及超精密加工（切削、磨削、研磨、抛光）工艺等先进基础工艺	6. 机器人视觉传感器 7. 水下考古机器人专用激光探测器 8. 民爆装备"试、检、认一体化"服务平台 9. 盾构 /TBM 主轴承减速机工业试验平台 10. 精密及超精密加工工艺
三、航空航天装备	1. 突破显示组件、惯性器件、大功率电力器件、航空传感器、智能蒙皮微机电系统、紧固件和轴承、SoC/SiP 器件、微机电系统等核心基础零部件（元器件） 2. 开发高强高韧轻质结构材料、高温结构材料、结构功能一体化材料、高性能碳纤维材料、PBO 纤维及其复合材料、高性能 Rusar 纤维及其复合材料、耐高低温和高耐候性氟硅橡胶材料、耐 650℃以上高温钛合金材料、拉伸强度超过 1400MPa 的高强钛合金材料、高性能高导热镁合金材料、飞机蒙皮和机翼用铝合金材料、高温合金单晶母合金、标准件用高温合金等关键基础材料 3. 推广热加工工艺与精密高效快速成形技术、复合材料构件制造工艺、增材制造用高性能金属粉末制备工艺等先进基础工艺	涉及 10 个项目，项目涵盖： 1. 航空抽芯铆钉 2. 耐 650℃以上高温钛合金材料 3. 金属粉末增材制造工艺 4. 形状记忆合金及智能结构材料 5. 航空轴承检测鉴定公共服务平台 6. 超高压大流量电液比例伺服二通插装阀 7. 高端装备零部件先进成形研发检测技术公共服务平台 8. 超高温陶瓷及陶瓷基复合材料 9. 高温单晶母合金 10. 航空用高精度高温合金管材

（续表）

"一揽子"突破行动	具体领域	2014—2016年分包项目（重点方向）数量及举例
四、海洋工程及高技术船舶	1. 突破齿轮、密封件、高压共轨燃油喷射系统、智能化电控系统、深水作业和机械手等核心基础零部件 2. 开发高性能海工钢、特种焊接材料、双相不锈钢、高性能耐蚀铜合金、低温材料、降低船体摩擦阻力涂料等关键基础材料 3. 推广高可靠、高精度激光焊接工艺等先进基础工艺	涉及3个项目，项目涵盖： 1. 海洋工程及能源装备用特殊钢材 2. 海洋工程、基建工程用高强耐碱集成化玻璃纤维材料 3. 大功率舰船用发动机传动链条
五、先进轨道交通装备	车轴、车轮、轴承、齿轮传动系统、列车制动系统、轨道交通用超级电容、功率半导体器件、车钩缓冲装置、空气弹簧、抗侧滚扭杆等核心基础零部件。开发高强度大尺寸中空铝合金型材、绝缘材料、高性能齿轮渗碳钢、新型高分子材料等关键基础材料。推广金属型压力铸造技术、无模化铸造成型技术、双频感应热处理技术等先进基础工艺	涉及8个项目，项目涵盖： 1. 城市轨道交通用大规模网络化高可靠智能PLC控制系统 2. 动车组齿轮传动系统 3. 制动系统 4. 300KM/h以上高速列车用高性能合金钢制动盘 5. 高阻尼/高回弹橡胶及热塑性弹性体材料 6. 高速机车动力（牵引、传动等）系统高性能级紧固件 7. 轨道交通用动力型超级电容器 8. 城市轨道交通列车通信与运行控制公共服务平台
六、节能与新能源汽车	1. 突破电控喷油系统、动力总成电子控制、驱动电机、电机电子控制系统、动力电池系统及电堆、机电耦合装置、自动变速器等核心基础零部件	涉及23个项目，项目涵盖： 1. 高强钢、铝合金、复合材料等汽车轻量化关键零部件 2. 汽车用自动化精密多工位高效级进模 3. 混合动力汽车镍氢电池 4. 高性能铅炭启停电池 5. 汽油发动机涡轮增压器涡轮、涡轮壳 6. 涡轮增压缸内直喷汽油机管理系统及喷油器总成

（续表）

"一揽子"突破行动	具体领域	2014—2016 年分包项目（重点方向）数量及举例
六、节能与新能源汽车	2. 开发轻量化车身复合材料、轻合金材料、动力电池电极和基体、电机用硅钢和永磁材料、特种橡胶、高强度钢、低摩擦材料、高端弹簧钢、超高强汽车板等关键基础材料 3. 推广轻量化材料成形制造工艺、汽车件近净成形制造工艺等先进基础工艺	7. 汽车开发集成数据库技术基础公共服务平台 8. 汽车用高端模具钢 9. 柴油车尾气处理用纳米介孔 ZSM-5 分子筛 10. 轻量化材料精密成形工艺 11. 节能与新能源汽车先进高效机电耦合驱动系统 12. 新能源汽车用 IGBT 13. 轿车车身结构件及底盘结构件铝镁合金高真空挤压压铸模具 14. 柴油机可变截面涡轮增压 15. 汽车自动变速器行星排总成 16. 硅衬底 GaN 基 LED、 17. 聚四氟乙烯纤维及滤料 18. 节能与新能源汽车动力电池关键基体材料 19. 高氟含量氟橡胶材料 20. 宽域氧传感器 21. 轿车动力总成系统以及传动系统旋转密封 22. 连铸连轧生产汽车用高品质特殊钢工艺 23. 48VBSG 集成一体化总成
七、电力装备	1. 突破重型燃气轮机高温部件、大型核电压力容器、蒸汽发生器、高温变送器、核级变送器、变频智能电动执行器、冷却剂主泵、煤粉泵、固体泵、堆内构件，大型核电汽轮机焊接（整锻）转子、2000 毫米等级末级长叶片、德士古汽化炉专用热电偶、自补偿式智能固态软起动装置、无功补偿装置、大型半速汽轮发电机转子、可变速水泵水轮机转轮、大型水轮机转轮模压叶片、大容量发电机保护断路器等核心基础零部件	涉及 20 个项目，项目涵盖： 1. 加氢反应用关键阀门铸件 2. 高端电器装备用电工钢 3. 超（超）临界火电机组安全阀用弹簧 4. 能源装备高性能叶片制造工艺 5. 自主三代核电技术关键传感器及仪表组件 6. 低速大转矩智能节能永磁驱动电机 7. 核级泵用机械密封及核级静密封件 8. 柔性直流输电换流器及特高压直流输电用陶瓷道题电阻及集成冷却装置 9. 柔性直流输电用控制保护系统 10. 柔性直流输电试验系统 11. 超特高压开关设备可靠性与全寿命周期公共服务平台 12. 特高压断路器用大功率液压碟簧操动机构

（续表）

"一揽子"突破行动	具体领域	2014—2016 年分包项目（重点方向）数量及举例
七、电力装备	2. 突破重型燃机关键高温材料、叶轮用高强韧不锈钢等关键基础材料 3. 推广重型燃机高温合金熔模铸造及定向和单晶铸造工艺、超大型铸锻件制造工艺及焊接和热处理工艺、典型高温零部件结构设计与制造工艺、高压开关灭弧室核心部件 3D 打印一次成型等先进基础工艺	13. 超大型构件先进成形、焊接及加工制造工艺 14. LED 照明用耐高温、长寿命、小型固态铝电解电容器 15. 核用高纯硼酸 16. 航空发动机及重型燃气轮机 17. 耐高温叶片精密铸造及陶瓷涂层工艺 18. 智能电网用户端产品研发检测及可靠性技术基础公共服务平台 19. 海洋工程及核电用高氮不锈钢 20. 先进焊接工艺与智能焊接技术装备研发与服务平台
八、农业装备	突破转向驱动桥及电液悬挂系统、农业机械专用传感器、导航与智能化控制作业装置等核心基础零部件	产业涉及 1 个项目，项目涵盖： 1. 大型经济作物收获机械液压系统
九、新材料	突破新一代功能复合化建筑用钢、高品质模具钢、圆珠笔头用高端材料、特种工程塑料、高端聚氨酯树脂、高性能轻合金材料、高性能纤维及单体、生物基材料、功能纺织新材料、高性能分离膜材料、宽禁带半导体材料、特种陶瓷和人工晶体、稀土功能材料、3D 打印用材料、可再生组织的生物医用材料、高温超导材料、特高压用绝缘材料、智能仿生与超材料和石墨烯材料	新材料产业涉及 29 个项目，项目涵盖： 1. 工业零部件表面强化用高性能稀有金属涂层材料 2. 低残余应力航空铝合金材料 3. 高强镁合金材料 4. 石墨烯薄膜规模化生产 5. 稀土磁性材料及器件 6. 高纯稀土金属 7. 高纯或特殊物性稀土化合物 8. 稀土催化材料及器件 9. 无石绵复合纤维摩擦材料 10. 人工合成高品质云母材料 11. 特种稀土合金

（续表）

"一揽子"突破行动	具体领域	2014—2016 年分包项目（重点方向）数量及举例
十、生物医药及高性能医疗器械	1. 突破 8MHU 以上大热容量 X 射线管、新型 X 射线光子探测器、超声诊断单晶探头、2000 阵元以上面阵探头、微型高频超声探头（血管或内窥镜检测），MRI 用 64 通道以上多通道谱仪、CT 探测器、PET 探测器（基于硅光电倍增管）、超精密级医疗机械轴承等核心基础零部件 2. 开发可降解血管支架材料、透析材料、医用级高分子材料、植入电极、3T 以上高场强超导磁体、临床检验质控用标准物质等关键基础材料 3. 突破抗体药物大规模工业化生产技术，开发重组蛋白药物新型治疗性疫苗和细胞免疫治疗嵌合体抗原受体 CAR-T 细胞技术等制剂，推广具有生物活性的 3D 打印人工血管工艺。以上包括核心基础零部件（元器件）80 种左右、关键基础材料 70 种左右、先进基础工艺 20 项左右	产业涉及 7 个项目，项目涵盖： 1. 创新药物产业化项目 2. 高性能闪烁晶体 3. 医用 CT 机用高能 X 射线管组件 4. 海藻纤维及应用 5. 高能射线探测与成像用碲锌镉晶体 6. 高性能医疗器械技术服务平台 7. 壳聚糖短纤维及应用

来源：工业强基工程实施指南（2016—2020 年），2014 年实施方案公示项目及2015—2016 年工业强基中标公示项目。中企慧联整理。

为更好地实施"一揽子"突破行动，建议建立起项目数据库。以实现"项目征集筛选—项目过程管理—入选项目验收评价—引导社会资本与"四基"企业信息对接—项目实施动态管理与实时跟踪，关注项目可持续发展——专家资源库——为区域产业发展搭建桥梁"等多种功能。同时可将技术成果数据库、投资信息数据库、产业发展政策数据库、专家数据库、企业数据库、投资机构数据库的海量数据信息进行分类设计，同时实现数据库的实时动态监管，方便管理部门随时查阅、检验项目的发展动态，关注项目的长期可持续发展，突出工业强基工程的实施效果。同时，根据项目自身发展路径，通过大数据的统计分析，可以看出"一揽子"项目的普遍发展规律及独特的典型案例，以便提出工业强基工程"一揽子突破行动"发展报告，为政府以及管理部门的决策提供支撑。便于对项目实施动态管理与实时跟踪，关注项目可持续发展。

（二）"一条龙"应用计划

《工业强基 2016 专项行动实施方案》指出，实施重点基础产品和工艺"一条龙"应用计划，促进整机和基础技术的协同发展；创建产业技术基础体系，提升 10 家左右产业技术基础公共服务平台的能力，形成与重点产业和技术发展相适应的支撑能力；推进"四基"军民融合发展。逐步解决重大工程和重点装备的基础瓶颈，形成整机和基础协调发展的产业环境。

按产品和工艺实施"一条龙"应用计划。所谓"一条龙"，就是以应用为牵引，选择若干零部件（元器件）产品，集中开展与该产品相关的专用材料开发、先进工艺开发、试验检测平台建设、应用示范和推广，形成链式解决方案。应用是提升基础产品质量和可靠性，促进"四基"发展的关键。以需求为牵引，针对重点基础产品、工艺提出包括关键技术研究、产品设计、专用材料开发、先进工艺开发应用、公共试验平台建设、批量生产、示范推广的"一条龙"应用计划，促进整机（系统）和基础技术互动发展，协同研制计量标准，建立上中下游互融共生、分工合作、利益共享的一体化组织新模式，推进产业链协作。围绕"四基"重点环节和突出问题，在前几年工作的基础上，重点开展 IGBT 器件、轨道交通轴承、石墨烯材料等"一条龙"应用计划，通过项目和经费支持等模式，实现产品和技术研发、产业化，试验检验平台，示范推广等"一条龙"协同推进。实施重点产品、工艺"一条龙"应用计划见表 21。

表21 实施重点产品、工艺"一条龙"应用计划

序 号	"一条龙"应用计划	具体领域
1	传感器	1. 立足光敏、磁敏、气敏、力敏四类主要传感器制造工艺提升，与主机用户协同，开发针对数控机床和机器人的全系列配套传感器及系统 2. 构建模拟现场的试验环境；建设适合多品种小批量传感器生产的柔性数字化车间；通过批量应用和工厂实际环境考验，优化产品设计与工艺，大幅度提高产品可靠性和稳定性 3. 提升电子信息和通信领域传感器技术水平，在轨道交通、机械、医疗器械、文物保护等领域推广使用
2	控制器	1. 立足现有可编程控制器（PLC）与机器人控制器产品的基础，与系统集成和主机用户协同，开发针对离散制造自动化生产线和多关节机器人的控制器产品以及相应的控制软件模块 2. 构建模拟实际应用的可靠性试验环境；推进制造过程的数字化 3. 通过批量使用，不断改进硬件设计和软件功能，提高产品可靠性和稳定性
3	控制系统	1. 立足现有分散型控制系统（DCS）和地铁交通综合监控系统的基础，开发石油、石油化工、高铁等领域高安全要求的安全控制系统 2. 创建安全系统的试验环境，取得国际功能安全的认证，建设高质量要求的生产线，从试点应用到逐步推广
4	高精密减速器	突破非标摆线曲线修正设计、材料极限稳定、整机性能测试、非标角接触球轴承设计研制、高精度工装夹具研制、专用机床研制或通用机床专机化改造、高精密装配等核心技术和产品。在保证批量生产RV减速机产品性能一致性和可靠性的前提下，严格控制生产成本
5	伺服电机	1. 发挥稀土永磁技术和产业优势，开发伺服电机，改造升级数控化、智能化伺服电机生产线，提高产品性能及可靠性 2. 加快推广伺服电机在机器人、数控机床、注塑机中的应用 3. 带动电机智能制造设备及新材料等相关产业发展

143

（续表）

序 号	"一条龙"应用计划	具体领域
6	发动机电喷系统	1. 推广高压共轨系统（共轨喷油器、共轨泵、共轨管及ECU）应用 2. 建立完善在线检测与试验的数字化装备体系，积累关键制造环节测量数据 3. 系统研究质量评价标准和规范，与主机用户协同，构建质量评价与监控体系 4. 加大装机应用量，通过检测数据的积累与分析，优化制造工艺和产品设计，建立保证性能稳定性和质量一致性的制造体系 5. 推进批量生产所需高档数控设备、智能装配系统的研发与应用
7	轻量化材料精密成形技术	针对节能和新能源汽车及先进轨道交通等高端装备轻量化需求，采用铝合金、镁合金、钛合金及超高强度钢，高性能尼龙、纤维复合材料，高性能聚酰胺等轻量化材料，推广铝及镁合金精密成形铸造工艺、塑性成形工艺及连接工艺、超高强度钢精密塑性成形工艺等，实现既"控形"又"控性"的"双控"目标
8	高速动车组轴承及地铁车辆轴承	1. 组织钢铁行业、轴承行业和铁路、地铁部门协同创新，进行工业性试验，装车运行考核，组建示范性生产线，提升批量化生产能力 2. 同时，带动整个轴承行业实现高端突破，由国际轴承产业链的中低端迈向中高端
9	IGBT 器件	1. 集合国际研发资源，发挥国内 8 英寸 600V～6500VIGBT芯片生产线优势，开发系列化 IGBT 器件及组件产品 2. 推广 IGBT 在铁路机车与城市轨道交通中的应用，从应用端快速获取反馈信息进行产品改良 3. 推动 IGBT 器件及功率组件在风电、太阳能发电、工业传动、通用高压变频器和电力市场等领域的应用
10	超大型构件先进成形、焊接及加工制造工艺	针对核电等能源装备及海洋工程和船舶装备等对超大型构件先进制造工艺的需求，推广超大型构件铸造工艺、锻造工艺、焊接工艺及加工工艺、超大型构件精密焊接工艺等

（续表）

序号	"一条龙"应用计划	具体领域
11	超低损耗通信光纤预制棒及光纤	推广超低衰减光纤的制造技术，包括超低衰减光纤关键原材料制备及质量控制技术、超低衰减光纤剖面设计与精确控制技术、光纤精密拉丝退火技术、光纤全套性能分析测试评估技术、超低衰减光缆制备技术，实现批量化稳定生产，在下一代超高速率、超大容量、超长距离通信光传输网络中推广使用
12	工程机械高压油泵、多路阀、马达	立足高端高压柱塞泵型液压马达、液压泵、整体式多路阀的数字设计技术、材料、铸造技术、加工工艺技术、试验技术和检测标准等，实现工程机械急需的高端液压元件稳定批量生产及在主机上的大批量配套
13	航空发动机和燃气轮机耐高温叶片	1. 立足世界先进的精密铸造工艺技术，实现航空发动机、燃气轮机以及民用航天等领域的旋转叶轮式热力发动机热部件批量化生产，加快推广应用 2. 有效地推动耐高温陶瓷材料、高温合金材料等应用以及机械加工、特种工艺焊接、等离子喷涂和电火花精确打孔等上下游工业领域的长足发展 3. 促进精密铸造行业的高精尖生产制造设备的开发和应用
14	高性能难熔难加工合金大型复杂构件增材制造（3D打印）	突破产学研用结合，推广钛合金、高强度合金钢、难熔金属等高性能难加工合金大型复杂构件高效增材制造（3D打印）工艺以及系列化工程化成套装备、质量和性能控制及工程化应用技术，实现"工艺—装备—材料—质量—标准"整套成果在大型飞机、航空发动机、燃气轮机、船舶、重型轨道交通、核电等重大装备研制和生产中的应用示范及工程化推广
15	石墨烯	立足石墨烯材料独特性能，针对国家重大工程和战略性新兴产业发展需要，引导生产、应用企业和终端用户跨行业联合，协同研制并演示验证功能齐备、可靠性好、性价比优的各类石墨烯应用产品
16	存储器	积极拓展服务器、台式计算机、笔记本电脑、平板电脑及手机等终端应用中 CPU 和存储器有效保障水平，逐步形成较完整的上下游产业链和具有竞争力的价值链，提升整机产品的安全可控能力、信息安全的保障能力和存储器产业竞争实力

信息来源：工业强基工程实施指南（2016—2020 年）。中企慧联整理。

"十六条龙"是针对十大重点领域梳理出的标志性基础产品及技术，是典型的科技创新与产业化示范应用的点线面相结合的问题，也是科技成果转化的问题，问题处理得好，可以使中国经济转向良性的内生性增长，可以使产业融合实现跨越式发展，形成协同创新、全过程对接、全流程参与，科技与产业协调、成果和应用互动的新格局。因此需要各类产业要素的匹配和资源的整合，需要成果方与产业方在各个层面展开紧密合作实现，因此需要建立一个根据市场化原则进行资源判断和调配，同时能够根据不同项目情况制定不同方案的智能孵化平台。

在科技与产业嫁接的过程中，通过新兴技术的增量推动传统产业存量发生质变，"十六条龙"的产品或技术本身是推动工业转型升级的基础，针对新消费者需求、新消费特点对传统模式的重构，通过金融杠杆运作、资源对接、产业并购、要素重组等手段实现产业变身，构筑智能孵化平台及其功能。

1. 建立工业强基信息系统

制定工业强基项目信息采集、加工和服务规范，推动存量与增量数据资源互联互通，搭建财政性资金产生的"四基"项目库和数据服务平台。在不泄露国家机密和商业秘密的前提下，向社会公布成果和相关知识产权信息，提供信息查询、筛选等公益服务。

2. 通过机制创新和体系搭建真正起到将资金和资源向"十六条龙"的领域引导和汇集

引导社会资本参与投资，指导成立"工业强基"产业发展基金。单纯依靠民间资本或国有资本的力量都不合适，民企和资本市场目前并没有足够的耐心熬过较长的科技成果转化周期，而国有资本的考核机制及投资失利后的追责机制并不利于发挥主观能动性。应尽量采取政府引导，政策支撑，民企主导的形式进行市场化运作。这样，才能充分集聚各方力量，共同推进各种要素的整合。

3. 以双创等多种手段实现"十六条龙"的"上天入地"

以产业融合为出发点组织开展"工业强基"创新创业大赛。实现公开、公平、公正的同时，降低行政的成本。围绕"十六条龙"的产业方向，通过"双创大赛"的手段，在全国范围内征集优秀产业成果进行同类比对。选择各领域优秀表现的上市公司总裁作为评委，除了为成果提供产业化的成功经验之外，还可以更进一步推进要素重组，进行产业融合。

4. 围绕"十六条龙"发展"特色小镇"建设，实现产业集聚

指导各工业园区围绕某"一条龙"进行招商引资，完善产业链建设。不盲目跟随，造成全国城镇一个像。

"十六条龙"的示范推广是一个系统工程，要充分调动社会的积极性，运用更多的市场化手段，让资本、成果方、企业、上市公司、咨询机构等多要素方共同参与，以构建"十六条龙"的全新生态链，才能让每一条龙扶摇直上。

二、夯实企业创新主体地位，提升工业基础能力

——中国企业联合会、中国企业家协会

党的十八大提出，实施创新驱动发展战略。中共中央、国务院印发的《国家创新驱动发展战略纲要》，对加快实施这一战略做出部署。"中国制造2025"把强化工业基础能力作为提升制造业整体水平的关键，支持核心基础零部件（元器件）、先进基础工艺、关键基础材料的首批次或跨领域应用。针对重大工程和重点装备的关键技术和产品急需，支持优势企业开展政产学研用联合攻关，突破关键基础材料、核心基础零部件的工程化、产业化瓶颈。工信部去年10月发布的我国《产业技术创新能力发展规划（2016－2020年）》中进一步提出：健全以企业为主体、市场为导向、政产学研用相结合的产业技术创新体系，着力突破重点领域共性关键技术，加速科技成果转化为现实生产力，提高关键环节和重点领域的创新能力，并将"企业技术创新主体地位显著加强"作为6大重点任务之一进行了具体部署。只有强化企业在产业创新中的主体地位，依靠技术创新能力打造发展新引擎、开辟发展新空间，培育新的经济增长点，用先进产能逐步替代落后产能，才能强化工业基础能力，实现制造业迈向中高端水平的目标。

（一）着力提高企业原始创新能力

经过三十多年的引进消化吸收再创新，我国技术整体上已经从引进为主迈入到了自主创新为主的新阶段。在这个时期，我们再期望大规模引进国外正在使用或储备的先进技术是不可能的了，只能靠自力更生、自主创新，依靠企业自己的聪明才智和发明创造解决产业从低端向高端迈进过程中科技难题，大力提高基础研究、原始创新能力。

一是坚持持续加大研发投入。研发投入是企业开展创新活动的物质基础和源泉。只有持续的研发投入，企业创新能力才有可能得到质的提升。从全国范围来看，我国企业研发经费规模仍不大，大中型工业企业研发投入强度

仅为 0.93%，而美国、日本、德国等发达国家则普遍在 2% 以上，差距十分明显。从研发投入的构成来看，2013 年我国企业研发经费支出中，科学研究经费占比仅为 2.8%。而世界主要国家企业的科学研究占比普遍在 20% 以上。基础研究和应用研究是原始创新的基础、自主创新的源泉。企业研发经费中科学研究比重偏低意味着企业原始创新不足，这已经成为制约我国企业创新能力提升的重要因素。广大企业要持续增加研发投入，建设高水平研发平台，为强化工业基础奠定坚实物质基础。

二是吸引高层次、高素质创新人才。加强基础人才队伍建设，夯实产业发展基础保障，工业企业在"四基"领域，花大力气培养、吸引、凝聚国内外优秀人才，全方位、多层次加强队伍建设。一方面，通过推进海内外人才集聚工程，面向全球引进一批重点产业基础研究人才，加快形成一支高素质的专业人才队伍；另一方面加快基础人才培养，加大高校、科研院所等机构的基础学科建设，形成从初级到高端的基础人才培养体系；三是健全对基础人才的激励机制，加大对基础研究人才的生活、工作配套支持，用好现有人才，稳住关键人才。

三是开展具有重大影响的基础研究、原始创新。经过 30 多年的努力，我国企业的整体技术能力已经从技术引进为主开始逐渐重视自主研发。近年来，我国在北斗卫星导航系统、C919 大型客机、核电、高铁、第四代移动通信技术标准等领域之所以取得重大突破，根本在于这些领域的企业主动将研发活动向创新链条的前端延伸，从模仿创新向原始创新转变，加强自主创新能力提升，大力推进"正向创新"，突破了核心、关键技术，引领了创新方向。广大企业要积极开展原创性、高水平研发活动，突破核心基础零部件、关键基础材料和基础工艺，形成有重大影响的专有技术和基础产品。有条件的企业甚至可以开展相关领域的基础理论研究和前瞻性战略技术研究，以积累深厚的技术基础和强大的科技创新能力，真正实现从创新追赶向创新引领转变。

（二）探索以企业为主体的产业技术创新模式

长期以来，科技与生产脱节、科技成果转化难是制约我国创新效果转化为现实生产力的顽疾。要强化企业的产业创新地位，就要充分发挥企业的主导和牵引作用，实现从以大学、科研院所主导的先科研后产业化的"科技成果转化"模式，转向企业主导的"全产业链技术创新"模式，构建科技与产业紧密结合的产业技术创新机制。

一是推进企业主导的产学研用合作创新。经过多年努力，我国产学研用合作取得了明显成效，但仍然存在一些体制机制障碍，制约了更大规模更深产层次的产学研用合作创新。其中，关键是要充分发展企业主体作用。企业为主体的关键是企业要把握创新方向和市场需求，主动寻求与高等学校、科研机构等外部创新组织的技术合作，从而建立起企业主导的产学研用协同创新模式。比如我国具有自主知识产权的 TD 移动通信标准及其产业化，就是企业主导的产学研用协同创新的典范。

二是推进龙头企业牵引的产业链上下游协同创新。许多领先企业通过增强产业链创新的主导能力，有效带动上下游企业共同攻克产业链核心技术，从而提升产业链整体技术能力和竞争力。当前，我国许多产业的产能规模已居世界前列，但整体技术仍然处于世界中低端，迫切需要在政府引导下，龙头企业发挥主导作用，以市场机制带动产业链上下游企业通过协同创新，实现技术升级和产品升级。中广核自 2004 年以来，充分发挥核电站总体设计、建设总承包商的作用，以核电项目群建设和核电产品创新为纽带，与产业链上下游企业在技术创新、项目群管理、质量管理、创新联盟建设等方面开展了多层次全方位的合作，探索出了一条企业主导的产业链协同创新模式。核电国产化率从初期大亚湾核电站的 1%，提高到阳江核电站的 85%，成功开发了具有自主知识产权的第三代核电技术。

三是围绕产业链薄弱环节开展模式创新。除了加强产学研用和上下游企业协同创新外，企业还要可以根据自身优势，从产前、产中、产后等多个环节寻找创新突破点，提高产品附加价值，推动产业结构调整和升级。陕鼓、杭氧等许多中间设备制造商则在对关键技术和关联技术进行高强度研发的基础上，与重点客户形成战略联盟获取稳定市场资源，与重点配套商合作研发，与金融机构合作开展供应链金融服务，提升整个产业附加值。三峡公司、国家电网公司则充分发挥用户端的拉动作用，以市场为导向，主动承担起产业链创新的发起者、组织者和管理者的职责。通过三峡工程建设、特高压输电工程设计施工，有效带动设计、设备制造、工程施工、安装调试等上游企业共同突破产业链核心技术、关键技术，实现了我国特大型水电及机组、特高压两大产业自主创新能力的"弯道超车"，引领了全球创新。

（三）全面拓展开放环境下的自主创新

党的十八大提出要"推动对内对外开放相互促进、引进来和走出去更好结合，加快培育参与和引领国际经济合作竞争新优势"。这是中央适应经济全球化新形势做出的新部署，指明了当前我国企业创新发展的新方向。

一是树立起开放创新理念，顺应经济全球化新变化。开放创新适应了21世纪全球一体化、开放、融合、共享的发展潮流，改变了企业所有创新活动都由自己独立完成的做法。许多跨国企业创新发展的一条重要成功经验，就是打破领域、区域和国别的界限，构建起面向全球的创新网络。近年来，随着我国产业升级和技术水平的提升，在高端领域实现创新已经不能再全靠引进技术，必须转向自主创新。但自主创新也不等于企业独自创新，而是要将创新视野放宽到"内外部、上下游、国内外"。在创新过程中，不排除引进先进技术，以解决关键环节的"卡脖子"因素，但着力点和重点是培育自己的核心技术能力，把握技术发展的主导权，强化工业基础，提升整体水平。

二是做好高水平引进来与主动走出去有机结合，占据价值链高端。经过艰苦努力，我国企业的创新能力和技术水平迈出了重要步伐，综合实力大幅提高。过去我们严重依赖进口的资本技术密集型产品和高端装备，如今不仅实现了部分替代进口，而且正在越来越多的输出国外。比如，我国高铁在引进国外技术的基础上，成功研制出具有自主知识产权的新一代动车组，并依托国内巨大市场开展了大规模商业化运营实践，积累了成功经验。近年来加快走出去步伐，实现了从产品和部件出口到高铁系统全产业链输出、从出口发展中国家到发达国家的新突破。广大企业要坚持高水平引进来与主动走出去有机结合，立足国内庞大市场，主动把高端技术、装备、产品输出海外；同时通过在海外设立研发中心、设计中心、资讯中心等，获取创新的战略性资源，强化工业基础，努力形成"中国创造"和"中国品牌"。

三是抓住新一轮对外开放机遇，寻求海外创新机会。当前，我国新一轮高水平对外开放正在加快推进。实施"一带一路"战略，组建亚洲基础设施投资银行、金砖国家开发银行，设立上海、广东、天津、福建自贸区等，是我国构建全方位对外开放新格局的重要内容，将为我国企业提供更大的海外发展空间和创新机会。广大企业要从过去主要按照他人制定的游戏规则参与国际竞争，转变为主动参与并引领国际规则的制定，学会掌控国际竞争的主导权、定价权和资源配置权，学会如何在境外寻找创新机会，开展创新活动，加快装备"走出去"步伐，提升中国企业的国际创新能力。

三、强化工业基础能力，加快建设制造强国

——工业和信息化部电子科学技术情报研究所

长期以来，我国制造业核心基础零部件、关键基础材料受制于人，先进基础工艺研发能力弱、应用缓慢，产业技术基础薄弱等问题非常突出。实现制造强国梦，必须筑牢工业基础。《中国制造2025》将工业强基工程列为五大工程之一，旨在着力提升工业"四基"能力，破解制约我国制造业创新发展和质量提升的瓶颈。当前，我国正处于新旧动能接续转换的关键时期，强化工业基础能力对于打造新常态下工业升级版具有重要意义。

（一）深刻认识提升工业基础能力的重要意义

有关研究表明，我国80%以上的高端芯片、80%以上的高铁装备核心零部件、约54%的船舶动力系统及装置、大部分工业机器人精密减速器、伺服电机及驱动器等众多"四基"产品依赖进口。上述情况反映出我国工业"四基"发展严重滞后，这既推高了国内企业生产成本，也制约了我国向全球制造业产业链的中高端迈进，更影响到我国经济和产业安全。基于此，加快实施工业强基工程，全面提升工业基础能力，一是有利于筑牢制造强国建设的根基，保障和维护制造业的生命线；二是有利于补足工业供给体系短板，支撑制造业供给侧结构性改革的深入实施；三是有利于广大制造业企业提升产品附加值，推进工业稳增长调结构增效益。

（二）持续发力推动工业强基迈上新台阶

《中国制造2025》全面实施以来，工业强基取得了重要进展。工业和信息化部会同发展改革委、科技部、财政部加强顶层设计，印发了《工业强基工程实施指南（2016—2020）》，部署了一批重点任务和重大政策，瞄准突破制造业发展的瓶颈和短板，抢占未来竞争制高点。2016年，工业强基工程重点支持了84个示范项目，确定了首批19家产业技术基础公共服务平台，

高端航空紧固件、高标准轴承钢等一批"卡脖子"问题得到解决。但是，应当清醒地认识到，工业强基是一项具有长期性、战略性、复杂性的系统工程，需要进一步加强政策协同、保障支撑，打造"匠心"工程。为此，结合工作实际，建议加强以下方面的工作：

第一，要更加注重战略政策协同，形成推进合力。工业强基是制造强国、军民融合等重大战略的关键交汇点。因此，要更加注重战略政策的协同配合，形成推动强化工业基础的合力。建议进一步优选先进适用军民两用技术与产品，持续编制和推广"军转民"目录和"民参军"目录。研究推动军民协同开展"四基"攻关，形成军民通用标准建设机制和模式，组织开展"四基"重点领域军民通用标准制修订。

第二，要更加注重完善财税金融政策，优化发展环境。提升工业基础能力，既需要"四基"企业苦练内功，也离不开财税金融政策的有效支持。建议进一步理顺政府和市场的关系，创新财政资金的使用方式，积极争取加大财政资金对工业强基的支持力度，探索财政资金支持方式变为"拨改投"，撬动社会资本、金融资本投向工业"四基"领域。加大对"四基"创新产品的采购力度，用好政府采购首购政策支持基础产品的推广应用。进一步落实好企业研发费用加计扣除等税收政策。行业管理部门加强与"四基"企业、行业协会、金融机构之间的信息共享，引导银行业金融机构落实差别化信贷政策，鼓励金融机构在风险可控、商业可持续的前提下，创新支持"四基"企业发展的金融产品和服务方式。研究通过保险补偿机制，推动核心基础零部件（元器件）、先进基础材料首批次应用，解决自主"四基"产品长期存在的"推广难"问题。

第三，要更加注重弘扬"工匠精神"，打造"匠心"工程。工业"四基"是否可靠关系到整个工业体系是否稳固，因此，实施工业强基工程必须更加注重弘扬"工匠精神"，打造一批"匠心"工程、精品工程。建议着力引导"四基"企业树立质量为先、精益求精的意识，避免过度追求规模效应和短期效益，培育和提升一批"四基"领域单项冠军企业。同时，要破解"四基"高素质人才匮乏问题，加快培养和引进"四基"高端专业人才，加强教育培训，强化产业工人的技能和责任心。

四、立足电子元件产业，推进工业强基进程

——中国电子元件行业协会

为实现建设工业强国的宏伟目标，《中国制造2025》将强化工业基础能力列为未来10年我国制造业的发展重点，将工业基础产品的地位提高到前所未有的高度。

电子元件行业涉及各个产业领域，在国民经济发展中具有极其重要的地位与作用，是关系经济与社会整体全面发展以及国家安全的战略性、基础性、先导性产业之一，在当前产业结构调整、转型升级的进程中发挥极为重要的作用。在两化深度融合的趋势推动下，电子元件行业的地位将从信息产业的核心基础提升到整个工业的基础，成为整个工业领域技术创新的支撑和长远发展的关键。

因此，配套于各个重点应用领域的新型电子元件产品和技术对于国家工业强基工程的落实起重要作用。

（一）中国电子元件行业市场发展现状

根据中国电子元件行业协会信息中心的统计数据，2015年，中国电子元件产品的销售额为17951亿元，2010—2015年的平均增速为8.9%，电子元件行业的整体销售额仅次于通信设备制造业和电子计算机制造业，位居电子信息制造业各分行业第三位。

中国电子元件制造业已成为全球电子元件供应体系的重要组成部分，总产值位居全球首位，在各类产品中，电声器件、光电线缆、电子变压器、磁性材料、控制继电器等产品产量和销售额也位居世界第一位。见图34。

但是，相对于国外电子元件发达国家和地区，我国电子元件行业的整体技术水平依然不高，尤其缺乏在国际上领先的电子元件技术，许多下游重点应用领域急需的新型、关键电子元件仍需要大量进口，国际电子元件大企业在许多技术领域布下专利壁垒，对中国电子元件企业的技术创新产生不利影响。

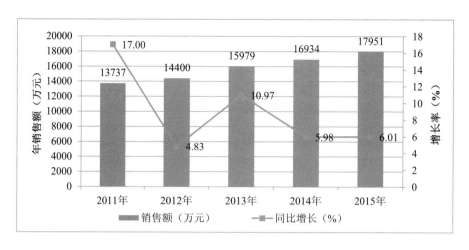

图 34 2011—2015 年中国电子元件行业年销售额增长图

（二）强基工程专项行动支持的电子元件产品和技术建议

1. 配套于工业和信息化重点发展领域的关键电子元件

建议内容	元件举例
1. 网络与通信设备市场所需关键电子元件（主要满足 400G-1T 光网系统、5G 基站等相关设备需求）	射频电阻器，面向 5G 通讯的高频电感器件，高稳定低老化恒温晶体振荡器，板间高速传输连接器，机电射频同轴开关，射频继电器，温度补偿声表面波滤波器（TC-SAW）和薄膜体声波（FBAR）滤波器，超高频（5GHz 以上）微波介质陶瓷器件，LTCC 功分器，兼容 G.652D 标准的超低损耗光纤和高强度、低损耗、大有效面积 G.654.D 光纤，高速和可调谐激光器及芯片（InP 基），小尺寸阵列波导光栅（AWG）芯片和集成模块，10GHz 及以上陶瓷频率器件（LTCC 基片集成波导技术），高密度光纤连接器，QSFP+ 高速连接器（I/O 接口），硅光子芯片，铌酸锂高速光调制器芯片和模块
2. 汽车市场所需关键电子元件（主要满足新能源汽车、无人驾驶汽车等汽车新技术的需求）	导电塑料电位器（位移传感器），石墨烯超级电容器，高可靠压电陶瓷致动器，小角度长距离超声波传感器，汽车用大电流平面变压器，充电桩用变压器，新能源汽车用信号控制电路，宽域型汽车氧气传感器，新能源汽车高压直流继电器，汽车智能安全电子系统用电机，高温动态压力传感器

（续表）

建议内容	元件举例
3. 电力与新能源市场所需关键电子元件（主要满足新能源、智能电网等相关设备的需求）	抗浪涌释能组件，大功率线绕水冷固定电阻器，新能源领域用电解电容器和薄膜电容器，三相 AC-DC 高频电抗器，新能源用变压器，耐高压大电流连接器，大功率节能磁保持继电器，核级电缆
4. 高端装备制造市场所需关键电子元件（主要满足武器装备、高铁机车、航空航天、海洋工程装备及高技术船舶等相关设备的需求）	机车用薄膜电容器，电力机车电源变压器，高可靠混合集成 DC/DC 电源模块，航空航天设备用连接器，无人机用高效无刷电机系统，航空航天用 82 系列导线，高能气体放电管，低压耐浪涌型熔断器，密封型高精密合金箔固定电阻器，非接触式位移传感器，宇航级抗辐射混合集成电路，高精度时间继电器，低速直驱电机系统，轨道交通车辆用光电缆
5. 智能制造设备市场所需关键电子元件（主要满足工业机器人、3D 打印设备等高端自动化设备的需求）	大功率固体继电器，工业机器人用柔性线缆，高精度压电微纳加速度传感器，总线控制固体控制组件，机器人用伺服电机
6. 节能环保市场所需关键电子元件（主要满足环境监测仪器、半导体照明等相关设备的需求）	大功率无刷直流风机系统，微纳柔性压力传感器，紫外 - 红外复合探测器，智能探空传感器，离子液体电化学气体传感器，激光环境监测传感器，绿色低功耗小型功率继电器
7. 健康及医疗设备市场所需关键电子元件（主要高端医疗设备、远程医疗等相关领域的需求）	高端医疗影像设备用大功率高频高压发生器，高性能无创呼吸机用无刷风机系统，智能脉搏压力传感器，手术导航机器人用高精度无刷电机系统
8. 智能终端市场所需关键电子元件（主要满足智能手机、穿戴式设备、新型计算机设备、智能家电等产品需求）	精密超小型（0.40×0.20mm 及以下）片式电阻器、电容器、电感器，片式石英晶体谐振器（1.2×1.0mm 以下）和石英晶体温补振荡器（1.6×1.2mm 以下），片式 32.768kHz 音叉式石英元件（1.6×1.0mm 以下），石英晶体 MEMS 三轴压力传感器，片式 NTC 热敏电阻器（1×0.5mm 以下），片式微波陶瓷前端信号处理器件，新型高集成智能手机前端模块，多功能微波复合器件，表面贴装时钟模块（3.2×2.5mm 以下），FFC/FPC 柔性电接插件，移动智能终端用精密陶瓷结构组件，片式电位器

2. 基于 MEMS 技术的新型电子元件

MEMS 技术是电子元件技术中一项十分重要的发展方向，基于 MEMS 技术的电子元件种类越来越多，由于其高精度、微型化的优良特性，MEMS 电子元件在下游整机市场上的渗透率越来越高。在未来几年，应着力开展 MEMS 传感器（压力、角速度、气体、加速度、位移等）、MEMS 继电器（开关）、MEMS 振荡器、MEM 连接器、MEMS 传声器、MEMS 扬声器、MEMS 电容器、MEMS 变压器、MEMS 微电机等产品的研发与产业化工作。

（三）政策建议

1. 设立电子元件产业相关扶持政策，扶持电子元件行业

《中国制造 2025》将强化工业基础能力列为未来十年的五大重点工程之一，提出到 2020 年，40% 的核心基础零部件（元器件）实现自主保障。电子元件行业要完成这个目标，需要通过专项政策来引导社会资本的投向。建议行业主管部门参照对集成电路行业的扶持政策，通过税收减免、设立专项资金或产业发展基金、建设创新服务平台等方式强化对电子元件行业的扶持。

2. 支持建设电子元件共性技术服务平台，提高创新能力

在协会的组织和协调下，以市场需求为导向，以企业为核心，以相关院校及研究所为后盾，围绕重点产品技术开展共性技术服务平台的建设试点，以提高电子元件行业的自主创新能力。

3. 加大反垄断、反倾销力度，推动企业走出去，维护行业利益

由于国际经济恢复乏力，国内经济增速放缓，电子元件行业内的国际竞争日趋激烈。国际电子元件大企业一方面通过不断的并购重组，形成国际电子元件行业中的巨无霸企业，垄断未来关键电子元件技术；另一方面一些国家和地区滥用专利审查、国家安全审查等措施，设定各种贸易保护政策，对中国电子元件企业的海外扩张制造障碍。

4. 大力推进我国电子元件行业开展军民融合

"十三五"期间，是电子元件行业转型升级的关键时期，国防科技工业必将成为我国电子元件行业转型升级的高端市场支撑之一，建议主管部门出台相关产业政策方案，推动电子元件行业开展军民融合，鼓励民营企业中先进、成熟的成果应用于国防工业领域。

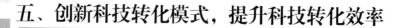

五、创新科技转化模式，提升科技转化效率

——上海科启投资有限公司

中国经济难以破局的关键在于科技转化为经济动能的效率偏低

中国正处于产业转型升级的关键期，驱动经济的"三驾马车"不断探底，出口对 GDP 贡献率跌至 -10%，而新动能虽然相对增速较快，但在规模上却不足以支撑经济高速增长。国家统计数据显示 2015 年高技术产业增加值同比增长 10.2%，比规模以上工业快 4.1%，但占规模以上工业比重却仅为 11.8%。新经济表现差强人意的主要原因之一是：科技转化为生产力的效率偏低。尽管十八大以来，我国研发投入明显加大，2014 年中国科技经费投入 1.3 万亿元人民币，五年平均增幅 16.8%（如图 35 所示），研发经费投入排名全球第二；专利成果丰硕，2015 年中国注册在案的专利申请多达 270 万件，优秀科研论文数量仅次于美国；而科研装备水平也已达到国际先进水平，目前已建设上海光源、蛋白质科学研究设施、正负电子对撞机、遥感卫星地面站等 22 个重大科研基础设施。然而，中国科技转化率却一直低位徘徊，没有跨越性突破性。由此可见，中国不缺少科技项目与人才，也不缺钱，真正缺的是科技转化的平台和模式。

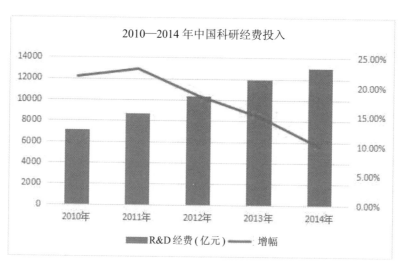

图 35 2010—2014 年中国科研经费投入

全球范围内，中国更具备硬科技转化的基础条件

科技转化分为高科技转化（指依托于 IT 信息技术展开的，以互联网和 TMT 为主的商业模式创新）和硬科技转化（指基础科研领域的科技转化，如新材料、新装备等，这些技术往往能给传统产业带来巨大变革）。随着全球经济进入新一轮版本升级，全球产业面临新一轮大分工，世界各国都开始加大基础科研的投入。但由于欧美国家的产业已逐步空心化，以美国为例，其经济主要以互联网和金融为主，工业制造业相对薄弱，导致美国硬科技转化难度偏大。而中国过去 30 年，不仅完善了制造业的基础产业链，还形成了完整的产业人才链。中国产业人才发展经过三个主要阶段：1978—1992 年，贸易代工模式将大量农民工培训成产业工人；1992—2008 年，中国制造业崛起进一步完善了包括生产管理、市场营销在内的工业人才和产业人才；2008 年以后，"千人计划"等高端人才引进计划的实施，以及对科研院校的大力支持，为中国构建了具有国际前沿水准的科研人才库。如今，中国已形成包括产业工人、生产管理者和高端科研人员在内的完整人才链，为科技转化奠定了人才和产业基础。中国应该利用自身优势，加快对硬科技转化的投入，构建从"想法—论文—专利—科研品—工业品—产品—商品"的科技转化全产业生态系统，加大对全球高端科研的吸引力，抢占未来产业的制高点。

备受各国推崇的孵化器 1.0 模式更适合高科技转化

高科技转化在全世界范围内已经形成比较成熟的模式——硅谷模式，即"物理空间＋天使投资＋创业培训"，而中国孵化器在此基础上进行了微创新，如提供财务法律等增值服务。此模式能够降低初创企业的办公成本，为优质项目对接资本，同时为创业团队提供管理培训等服务，通过保姆式孵化提高项目的成功率，其更适合资金需求量小、孵化周期短的以 TMT 和互联网为手段的新商业模式创新类项目。

中国目前针对硬科技的转化模式主要是科研院所推行的"产学研"模式，如深圳先进研究院等。此模式集科研、教育、产业、资本为一体，解决了科研脱离市场的问题，对科技与产业融合起到一定的推动作用，但此模式更偏重于科研本身，而对科技转化模式的探索相对较少。

硬科技转化过程复杂、周期长、风险大急需引进新型转化模式。

由于硬科技成果从科研品到商品，要经历工业化、产业化的阶段，需要在不同阶段匹配不同人才，如工业化过程中的工业设计、工艺设计、生产管理；产业化过程中的工商管理、市场营销等。而科学家往往不具备企业家思维，科学家普遍具有钻研精神，但企业家更需要平衡各方利益，整合各种资源，因此专家做企业的失败率普遍比较高。针对这个现状，支点提出了要素重组理论，即把科技成果从科研品转化为商品过程中需要的各种资源分为几类要素，以利益分配机制作为纽带，将要素进行整合重组，使之相互之间发生作用并产生最大限度的推动力，推进企业快速发展。要素重组理论秉承的原则是"专业的人做专业的事"，为科研项目匹配工业化、产业化所需的各种资源，进而提高科技转化的成功率。

与此同时，支点也将要素重组理论付诸于实践，在调研了科研院所、台湾工研院以及产业自办的研究院后，提出孵化器2.0模式，也称工业化产业研究院（简称工研院）模式。其核心是在科技转化的不同阶段匹配不同要素，本质是：① 把科研项目和人才提前资本化和证券化，即通过将非标的、不可量化的知识产权变成可量化的资产；② 将工业化成功的科技项目作为投资品（虚拟投资公司）与传统产业嫁接，通过植入高新技术，让传统产业低效资产或无效资产提升为高效资产或有效资产。如图36所示。

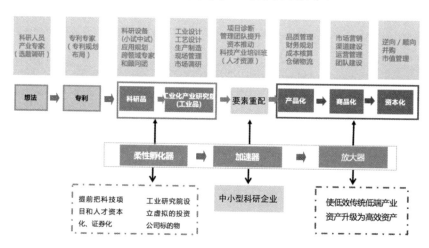

图36 支点柔性孵化模式

孵化器 2.0 模式，科技成果转化成功率高，但效率低。

孵化器 2.0 模式，即工研院模式已获得市场的检验，支点成功孵化出 10 个具有重大颠覆性技术的项目如智能摩擦、直驱电机、高端特钢等，每个项目都对传统产业带来巨大变革。但此模式也面临资源配置效率低、成本高和退出渠道不通畅的尴尬，如科技转化过程中，中试是必不可缺的重要环节，可中试装备动辄数百万元，甚至上亿元人民币（如支点投资的特种钢项目中试线投入需上亿元人民币），初创型科企很难凭一己之力投资建设中试线，而国家也缺少公共的中试平台和基地，企业只能四处寻找中试的机会，但利益导向使得传统企业缺少给科创企业提供中试的动力，导致科技项目孵化的效率整体偏低、成本偏高。

孵化器 3.0 模式——"产业驱动型精准孵化模式"利用过剩产能提高科技转化率的同时推动产业升级。

在科创企业为中试装备和人才发愁的同时，中国传统产业正面临产能过剩的尴尬。2016 年 2 月 4 日，国务院公布《关于钢铁行业化解过剩产能实现脱困发展的意见》指出自 2016 年开始，用 5 年时间再压减粗钢产能 1 亿 -1.5 亿吨，意味着将有不少于 40 万钢铁工人下岗。煤炭、钢铁行业大批工厂面临关闭、成熟的技工面临下岗，这不仅会导致大量工厂、设备浪费，而且很多稀缺的高级技工（工艺设计师、工业设计师等）也将无用武之地，而这些人才和设备恰恰是科创企业迫切需要的资源。如果能通过某种机制将部分过剩产能变为为科技转化中试基地，既能解决科创企业中试的难题，提升科技转化的效率，同时也能降低"去产能"带来的资源和人才浪费。

基于此，支点进一步提出"产业驱动型精准孵化模式"（如图 37 所示），即以基金作为纽带，连接科技与产业，将传统产业过剩产能转化为驱动科技转化的要素。其核心思想是：在全国范围内选择产能过剩，但装备、工艺良好的车间作为中试基地，为量大面广的科创项目提供中试装备，并匹配相应的人才，以提高科技转化的效率。而国企以有限合作人（LP）的角色参与到科技转化基金中，从某种程度上又能推动国企自身产业的转型升级，实现国企做大做强的国策。基金投资孵化的科创项目可以利用国企现有的工艺装备和人才进行中试，提高科技转化的效率，同时孵化成功的高新技术又可与国企原有产业嫁接，推动传统产业转型升级。产业驱动型精准孵化模式弥补了传统研究院和柔性孵化模式的不足，既能化解当下科技转化的难题，推动企业转型升级，同时又能消化部分传统产业的过剩产能，是集科技转化、和谐去产能和转型升级三位于一体的模式。

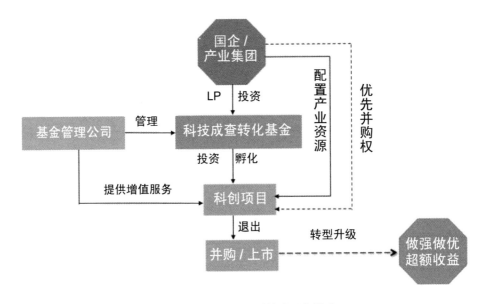

图 37 支点产业驱动型精准孵化模式

推动科技转化首先需要建立相应的组织

当下科技创新已成为中国最紧迫、最核心的战略之一，从中央到地方已多角度、多层次出台各种政策来推动科技创新。然而，科创的总体进程仍比较缓慢，毕竟科技创新并非一蹴而就，从想法到专利到科研品，只是科技创新的起点，而非终点，因为从科研品到商品还需要经过工业化、产业化和商业化阶段。因此，要想真正推动科技转化为生产力，仅单一突破科研端（推进科研项目、鼓励科技人才创业）还远远不够，还需构建科技转化平台，构建一个生态体系，吸引大量资本、产业集团，甚至各种生产管理、市场管理等人才介入，集众人之力才能让科技创新真正"开花结果"。而工业化产业研究院和产业驱动型精准孵化模式都只是科技转化生态体系的一个组成部分。

构建科技转化生态体系首先需要一个独立的组织如科技转化产业协会从产业角度对科技转化过程涉及的企业、机构、资源进行调配，从宏观层面优化产业结构，变革组织形态，通过高效的资源配置快速推动科技转化。

除了从宏观层面推动行业良性发展，科技转化产业协会在某种程度上还需承载部分国家意志，从战略角度匹配资源，弥补市场不愿或无法触及的领域，即市场失灵的领域。目前对于科研转化为生产力最关键的一环是从科研品到工业品这个阶段，即小试、中试阶段。由于小试、中试需要反复测试、调整才能得到成品，失败率高，耗费资金量大（尤其是中试设备投资额巨大），风险资本和产业资本几乎不愿介入这个阶段，但这是科技转化必不可少的环节，因此需要政府出面匹配资源，并承担一定的风险，结合"行政＋市场"两者的力量才能真正打通科技转化的壁垒，让科技转化为经济活力。

附　　录

附录1 2014年工业强基专项重点方向

一、高端装备基础能力提升

（一）关键基础材料

1. 海洋工程及能源装备用特殊钢材

关键指标：镍含量8.5%～10%，磷含量≤0.005%，硫含量≤0.002%；屈服强度≥585MPa，抗拉强度达到680～820MPa，延伸率≥18%；-196℃低温下冲击功均值≥100J。

实施目标：实现产品工程化稳定生产，精确控制钢材成分和钢质纯净度、加强热处理工艺板型控制、稳定焊接性能，全面提高产品的质量和稳定性，满足我国海洋工程和能源装备发展需要的液化天然气（简称"LNG"）船及岸线LNG接收站储罐的建造要求。

2. 工业零部件表面强化用高性能稀有金属涂层材料

关键指标：（1）高温合金稀有金属防护涂层材料：氧含量≤300ppm，涂层在900℃完全抗氧化，并具备良好的抗热疲劳性能。（2）复式碳化钨基稀有金属陶瓷涂层材料：硬度HRC45～65，使用温度-140～800℃。（3）高耐蚀耐磨涂层材料：结合强度≥200MPa，硬度HRC30～65，孔隙率≤0.5%，抗中性盐雾腐蚀≥500小时。（4）多组元MCrAlY涂层材料：O、N、C、S总和≤500ppm，结合强度≥50MPa，1050℃水淬≥50次，1050℃（200h）完全抗氧化级。（5）高隔热涂层材料YSZ复相陶瓷材料：熔点＞2000K，1200℃（100h）无相变，热导率＜1.2W/m·K。（6）可磨耗封严涂层材料：使用温度350～1050℃，硬度HR15Y40～85，结合强度≥5MPa，工况温度下350m/s可磨耗试验涂层无剥落掉块。（7）冷喷涂超细合金粉末涂层材料：粉末粒度D90≤16μm，振实密度≥4.0g/cm³，近球形粉末形貌。

实施目标：进一步突破工业零部件用高性能稀有金属涂层材料制备技术，形成工程化、产业化能力，满足国防军工、高端装备制造业需要。

3. 低残余应力航空铝合金材料

关键指标：机翼壁板制造用 7055-T7751 铝合金预拉伸板 L 向抗拉强度 ≥ 615MPa，屈服强度 ≥ 590MPa，伸长率 ≥ 7%，L-T 向断裂韧度 KIC ≥ 24MPa·$m^{1/2}$，L 向压缩屈服强度 ≥ 590MPa；剥落腐蚀性能不低于 EB 级；产品进行后续结构件机加工的合格率达到 90% 以上。

实施目标：突破航空铝合金预拉伸厚板、锻件低残余应力制造关键技术，解决当前航空铝合金材料在后续结构件机加工过程中出现变形量大、合格率低等关键问题，实现产业化，满足航空工业发展需要。

4. 高端电器装备用电工钢

关键指标：（1）超超临界火电和水电、核电机组用极低铁损高牌号无取向电工钢：厚度要求 ≤ 0.50mm，铁损 P15/50 ≤ 2.50W/kg，磁感强度 B50 ≥ 1.65T，铁损各向异性 ≤ 10%。（2）双百万变压器及 S13 型节能变压器等用 HiB 取向电工钢：厚度 0.20 ~ 0.30mm，铁损 P17/50 ≤ 0.98W/kg，磁感应强度 B8 ≥ 1.91T。

实施目标：高牌号无取向电工钢满足超临界及超超临界火电、水电和核电机组发电机产业化需求。高磁感取向电工钢满足 500kV 及以上大型交、直流输电变压器、S13 型及以上节能变压器、核电领域变压器等特高压输变电领域的高可靠性取向电工钢用料要求。

5. 高强镁合金材料

关键指标：（1）航空航天用结构件：（室温）σ_b ≥ 430MPa，$\sigma_{0.2}$ ≥ 370MPa，δ_5 ≥ 5%，E ≥ 45GPa，HB ≥ 120；（200℃力学性能）σ_b ≥ 370MPa，$\sigma_{0.2}$ ≥ 300MPa，δ_5 ≥ 7%。（2）高端装备制造用锻件：（室温）σ_b ≥ 380MPa，$\sigma_{0.2}$ ≥ 280MPa，δ_{10} ≥ 12%；短时高温强度 σ_b ≥ 200MPa；腐蚀速率 < 0.13mg/cm^2/day。（3）高端装备制造用锻件板材：σ_b ≥ 280MPa、δ 为 15% ~ 18%。

实施目标：突破高强镁合金材料制备关键技术，形成工程化、产业化能力，满足我国航空航天、轨道交通、电子等领域对高性能镁合金材料的需求。

6. 超超临界火电机组 P92 大口径厚壁无缝钢管（招标）

关键指标：δ-铁素体含量不超过 1%；冲击韧性 AKV $\geqslant$ 80J；非金属夹杂物：A、B、C、D 的单项级别不超过 1.5 级，各类夹杂物总和不超过 3.0 级；钢中痕量元素 Pb、Sb、Bi $\leqslant$ 100ppm，As、Sn $\leqslant$ 150ppm，且 Pb＋Sb＋Bi＋As＋Sn $\leqslant$ 300ppm；全氧 To $\leqslant$ 40ppm，氢 [H] $\leqslant$ 3ppm；满足 ASME SA335、EN10216-2 和 GB5310-2008 等标准要求。

实施目标：可使我国提高超超临界火电机组 P92 大口径厚壁无缝钢管制造水平。在目前小批量生产的基础上，实现 P92 钢管的产业化生产。扭转超超临界 P92 大口径厚壁无缝钢管依赖进口的局面。

（二）核心基础零部件

7. 高响应高精度高速系列伺服电机

关键指标：齿槽效应＜ 0.5%，单位体积功率＞ 0.6MW/m³，响应频率 $\geqslant$ 400Hz，最高转速 $\geqslant$ 5000r/min。

实施目标：掌握高响应高精度高速伺服电机的研发、工艺及质量控制等方面的关键技术，进一步提升伺服电机生产线数控化、智能化能力，形成高响应高精度高速伺服电机的产业化能力。

8. 加氢反应用关键阀门铸件

关键指标：（1）材料机械性能：屈服强度 $\geqslant$ 205MPa，抗拉强度 $\geqslant$ 485MPa，延伸率 $\geqslant$ 30%。（2）材料成分要求：有害元素 S $\leqslant$ 0.015%、P $\leqslant$ 0.030%。非金属夹杂物要求：硫化物 $\leqslant$ 0.5 级，硅酸盐 $\leqslant$ 1.0 级，氧化铝 $\leqslant$ 1.0 级，球状氧化物 $\leqslant$ 2 级，总级别数 $\leqslant$ 4.5 级。（3）坡口要求 1 级以上合格，其余部位要求 2 级以上合格。（4）任何线性缺陷显示程度不大于 2mm，单个圆形缺陷尺寸不大于 4mm，密集缺陷累积长度在任何 100mm×100mm 的面积中不大于 2mm。

实施目标：掌握高温高压加氢阀门特种材质铸件的生产工艺和质量控制能力等产业化关键技术，提高产品的组织致密性、机械性能、材料纯净度，降低非金属夹杂物。形成高温高压加氢阀门铸件工程化能力，满足高温高压加氢装置阀门要求。

9. 挖掘机用高压柱塞泵和多路控制阀

关键指标：（1）高压柱塞泵：额定压力≥32MPa，尖峰压力≥40MPa，总效率≥85%，平均无故障间隔时间≥5000h。（2）液压多路阀：额定压力≥32MPa，控制方式为开闭回路混合控制，平均无故障间隔时间≥5000h。

实施目标：实现挖掘机用多路控制阀及高压柱塞泵工程化、产业化能力，突破我国工程机械关键部件的长期制约瓶颈，增强我国挖掘机行业发展水平。

10. 航空抽芯铆钉

关键指标：（1）铝合金、铜镍合金鼓包抽芯铆钉：铆接平整度、抗拉强度、抗剪强度、薄板拉脱、心杆顶出、杆部膨胀、疲劳强度等关键指标满足 NAS9301/9303、NAS9307/9308 标准和 NAS1686、NAS1687 性能规范要求。（2）不锈钢、钛合金膨胀型抽芯铆钉：氢含量、裂纹&不连续性、安装合格率、抗剪&抗拉强度、疲劳强度、预紧力、振动耐久性、锁紧力矩和保持力矩等关键指标满足 MS21140/21141 标准和 MIL-F-8975 性能规范。

实施目标：产品满足用户和国际推行的航空标准要求，技术水平达到或超过国际先进水平，相应产品应用到国内重点型号机型上，实现产业化能力，满足国内飞机配套要求。

11. 超（超）临界火电机组安全阀用弹簧

关键指标：满足超（超）临界火电机组用安全阀的工作要求：温度≤610℃，整定压力≤35.9MPa，启跳精度≤±1%，启跳压差4%～7%；外形尺寸：垂直度≤0.5°，端圈间隙≤0.5mm，直径偏差≤1%，端尖厚度为0.15d；热松弛蠕变：温度250℃，压缩12小时，相同负荷，指定高度变化量≤0.5%。

实施目标：掌握超（超）临界安全阀弹簧设计、制造、工艺、检测和材料选用等关键技术，产品性能达到世界先进水平，具备产业化能力。

12. 汽车用自动化精密多工位高效级进模

关键指标：产品精度：零件精度公差±0.3mm；模具生产零件节拍：23

件 / 分钟冲次；集约化：6m×3m，20 个工序的大型多工位级进模；大型多工位级进模具 50% 的设计过程智能化。

实施目标：掌握汽车高强度钢板和新型铝板掌握成形仿真分析系统、模具设计和多工位级进度的智能化设计等关键技术，实现国内汽车零部件自动化冲压模具自主发展能力。

13. 高精密电子多工位级进模

关键指标：精度：累积步距精度 ≤ 0.002mm，凹凸模配合加工精度 ≤ 0.001mm；稳定冲压速度：达到 3500 次 / 分钟；模具寿命：消除模具的非正常损坏，达到 4 亿次以上；窄间距连接器最小间距 0.3mm，最小厚度 0.6mm，最大接触 pin 数 200pin；实现金属端子卷对卷自动化一体注塑成型，实现最多 200 个金属端子在注塑模内一体成型；实现连接器成形全自动智能控制。

实施目标：建立超高速精密冲压计算机辅助分析理论和模型，可预测破裂、起皱和回弹缺陷的板料成形过程的仿真系统；掌握超高速精密级进冲模成形工艺仿真分析技术，建立高速精密多工位级进模的先进制造技术设计及管理系统，形成共性技术并在行业内推广应用；实现窄间距连接器和精密组件的产业化。

14. 高精度多参数污染因子监测传感器

关键指标：温度测量范围 -30 ～ 70℃，精度 ±0.3℃；湿度测量范围 0% ～ 100%RH，精度 ±2% RH；光照度测量范围 0 ～ 2000LX，精度 ±4%；紫外线测量范围 0 ～ 230μW/cm^2，精度 ±8%；CO_2 测量范围 0 ～ 2000ppm，精度 ±（4%+30）ppm；VOC 测量范围 0 ～ 20ppm，精度 ±0.005ppm（异丁烯）；有机酸污染物测量范围 0 ～ 100mg/m^3，准确度 ±（5%+0.2），测量评价分为 5 级；无机污染物测量范围 0 ～ 100mg/m^3，准确度 ±（5%+0.2），测量评价分为 5 级；含硫污染物测量范围 0 ～ 100mg/m^3，准确度 ±（5%+0.2），测量评价分为 5 级。

实施目标：围绕文物保护重大需求，实现馆藏文物温度、湿度、光照度、紫外辐射、二氧化碳和 VOC 六种环境参数任意组合，实现多参数复合的无线传感器产业化，完成有机污染物、无机污染物和含硫污染物三种在线监测传感器的开发和工程化。掌握传感器多参数测量信息融合、低功耗和小型化设计、以及可靠性设计制造技术，具备独立研发制造多参数环境监测无线传感变送器的能力。

（三）产业技术基础

15. **高端橡塑密封元件研发检测技术基础公共服务平台**

关键指标：往复式高压油缸密封元件研发检测服务平台：高压油缸密封可靠性设计技术，高压油缸密封材料分析测试技术，高压油缸密封台架模拟检测及水平评价技术，高压油缸密封典型产品的研发技术。旋转式高速密封元件研发检测服务平台：高速旋转密封可靠性设计技术，高速旋转密封材料分析测试技术，高速旋转密封台架模拟检测及水平评价技术，高速旋转密封典型产品的研发技术。

实施目标：具备提供重大装备密封系统、密封材料、密封系统的技术评价、可靠性设计等方面的服务能力，为重大装备研发关键密封、制定技术标准、提供寿命评估方法，建立相关行业标准或规范，并通过试验评价过程指导行业企业的研发与制造，为产品研发提供强有力的支撑，推动行业技术进步。

16. **高端仪表与系统检测认证技术基础公共服务平台**

关键指标：（1）完善／建立高端控制阀系列试验装置。（2）建立高精度非接触式物位仪表试验装置：测量范围 0 ～ 10m，精度 0.01%。（3）建立仪表控制系统用嵌入式软件及信息安全评测服务平台。

实施目标：具备高端仪表与控制系统专业检测能力，可开展控制阀、物位仪表在常温、低温、高压环境下的基本性能测试，建立高端仪表与控制系统功能安全认证能力。制定工业嵌入式软件的测试规范，对工业重点行业应用的高端仪表与控制系统的嵌入式软件进行安全生命周期全过程测试测评，具备工业控制系统信息安全测评能力。

17. **文物保护装备产业化和应用公共服务平台**

关键指标：提出博物馆文物预防保护装备标准体系框架，研制馆藏文物预防性保护准则等 30 项关键技术标准。建设文物预防保护装备试验检测技术服务平台，完成研制文物保护装备可靠性试验系统等 5 台（套）专用试验装置研制，开展文物多用参数传感器、文物智能展柜等 20 种典型产品的试验验证，并完成 100 个文物保护装备示范产品的认证。建成产需对接信息平台，有效信息数据累计达到 25 万条，容量 20GB，注册会员数超过 4000 家。

实施目标：完成博物馆文物预防保护装备标准体系及关键技术标准研制，基本建成文物预防保护装备产品质量控制检验体系和检测联合实验室、文物保护装备产业化及应用信息平台。满足馆藏文物保存环境监测评估系统、馆藏文物保存环境调控系统、博物馆文物展陈防震装置、多功能文物保护移动实验平台等文物保护装备产业及应用示范项目实施的需要，为文物保护装备产业健康持续发展提供支撑。

18. 高温袋式除尘技术开发与应用技术基础公共服务平台

关键指标：（1）滤袋检测：具备滤袋力学性能、化学性能、过滤性能及组成定量分析等全面检测条件。（2）工况模拟：具备不同化学环境的滤袋服役性能和可靠性评估能力，评估周期 < 30 天。（3）新型滤料技术开发：建成新型滤料技术开发示范线。（4）废旧滤袋回收再利用：千吨级废旧滤袋回收利用示范线。（5）技术咨询及现场服务：具备烟气成份、烟气酸露点、荧光粉检漏等现场检测与诊断服务能力。

实施目标：建立袋式除尘使用及维护技术规范，将现有滤袋平均使用寿命在工况模拟条件下提高 30% 以上，推动袋式除尘技术在高温除尘领域的广泛应用；开发具有复合功能和更高阻隔过滤性能的新型滤袋材料，形成袋式除尘技术开发和应用综合服务能力，为进一步提高除尘减排水平提供技术支撑。

19. 齿轮强度与可靠性试验检测技术基础公共服务平台

关键指标：完成齿轮材料及性能测试、齿轮稳健性检测、齿轮副耐久性评价、齿轮传动系统的性能测试与评价等可靠性试验方法、规范及标准的制定，形成完整的齿轮可靠性试验检测标准体系。

实施目标：掌握齿轮及其传动装置可靠性试验评价技术，建立齿轮材料标准金相组织图谱、齿轮极限应力等基础数据库。完善的齿轮可靠性试验检测服务体系，建成达到国际先进水平的齿轮强度与可靠性试验检测服务平台，具备对齿轮材料性能、几何精度与稳健性、啮合质量与耐久性以及齿轮传动装置综合性能与可靠性等进行试验评价的能力，解决齿轮行业公共研究和试验检测服务缺失问题。

二、节能环保汽车基础能力提升

（一）关键基础材料

20. 汽车用高端模具钢

关键指标：磷含量 $\leqslant 0.010\%$，硫含量 $\leqslant 0.003\%$，A、C 类夹杂物 $\leqslant 0.5$ 级，B、D 类夹杂物细系 $\leqslant 1.5$ 级，粗系 $\leqslant 1.0$ 级；钢材无缺口横向冲击功 $\geqslant 270J$，横向和纵向比 $\geqslant 9$；组织均匀性按北美压铸协会标准，球化组织实现 AS1-AS4，带状组织级别达到 SB 级。

实施目标：重点支持国内模具钢生产技术优势企业，形成模具钢专业化产业化能力，提高热作模具钢产品质量和稳定性，满足我国汽车、轻工、家电、铝型材加工等行业发展需要。

21. 柴油车尾气处理用纳米介孔 ZSM-5 分子筛

关键指标：结晶度 $\geqslant 98\%$，产率 $> 70\%$，比表面积 $\geqslant 500m^2/g$，粒径 100nm 以内，硅铝比 10 ～ 300 可调；高温处理后，颗粒均匀，仍然保持纳米尺寸，无团聚现象；具有介孔结构。

实施目标：满足柴油车 SCR 尾气处理系统要求、质量达到国际先进水平，提高产品自主知识产权水平和自主保障能力，促进车辆尾气减排治理，推进大气污染防治行动。

（二）核心基础零部件

22. 涡轮增压缸内直喷汽油机管理系统及喷油器总成

关键指标：（1）涡轮增压缸内直喷汽油机管理系统：具备直喷燃油喷射系统的实时控制、诊断保护和后处理系统的控制、再生功能；ECU 技术指标：采用 32 位单片机，工作温度范围 -40 ～ 125℃；空燃比控制：分层稀薄燃烧（23.5 ～ 40.0），均质稀薄燃烧（15.0 ～ 23）；最大涡轮增压压力：200kPa。（2）喷油器总成：燃油喷射压力 $\geqslant 200bar$，电磁阀开关时间 $\leqslant 300\mu s$，动态流量在 1.5ms 时流量误差 $\leqslant 3\%$，喷油器总成无渗漏，平均无故障间隔时间（MTBF）

≥ 4500h。

实施目标：掌握具有自主知识产权的涡轮增压缸内直喷汽油机管理系统及喷油器总成技术，实现燃油消耗比同排量汽油机（气道喷射、自然吸气）降低15%，满足国五及以上排放标准，实现小批量生产及装车。

23. 汽油发动机涡轮增压器涡轮、涡轮壳

关键指标：（1）涡轮：最高耐温≥1050℃，材料利用率（铸造）≥50%，平均无故障间隔时间（MTBF）≥4000h。（2）涡轮壳：最高耐温≥1050℃，常温抗拉强度≥420MPa，980℃抗拉强度≥56MPa，延伸率≥15%，耐腐蚀性能显著提高。

实施目标：掌握汽油机涡轮增压器涡轮、涡轮壳设计、加工技术和工艺，满足涡轮增压发动机耐高温要求，保证产品一致性和合格率，形成产业化能力。

24. 内燃机排气颗粒物捕集器（DPF/GPF）载体

关键指标：PM处理效果＞95%，PN处理效果＞90%，最大压差＜8.5kPa，热冲击试验耐受次数＞1000，使用温度高于1100℃，载体强度＞20MPa。

实施目标：掌握颗粒物捕集器载体的设计和制造工艺技术，满足国五排放标准对颗粒物的质量（PM）和数量（PN）净化的要求，形成产业化能力。

25. 高性能铅炭启停电池

关键指标：高倍率部分荷电态下循环寿命达到18万次（国际主流8万次左右，国际实验室成果已达16万次），65℃下17.5%放电深度的循环达到1600次，12V70Ah电池冷启动电流760A。

实施目标：掌握启停电池用负极活性炭材料、电池配方、电池管理系统等关键技术，产品性能达到国际领先水平，达到工程化水平，形成产业化能力，产品应用于2～3款节能汽车，节能率达到5%～15%。

26. 混合动力汽车镍氢电池

关键指标：循环寿命≥3000次，功率密度≥1200W/kg；极板材料镍含量≥99.98%，延伸率≥25%，折弯性≥10次，铜含量≤20ppm。

实施目标：有效提升车用镍氢动力电池极板和材料的品质及性能，降低成本，产品技术达国际先进水平，形成批量配套能力。

27. 高强钢、铝合金、复合材料等汽车轻量化关键零部件

关键指标：（1）冷成型高强钢零件抗拉强度 ≥ 980MPa，热成型高强钢零件抗拉强度 ≥ 1500MPa，减重 15% 以上。（2）形变铝合金结构安全件和覆盖件抗拉强度、屈服强度、延伸率满足整车碰撞安全及产品技术要求，减重 30% 以上。（3）复合材料零部件刚度、塑性变形、强度、抗冲击性能等满足标准法规和整车应用要求，减重 25% 以上。（4）高强度铝合金螺栓：静态强度性能要求：屈服强度 > 350MPa，抗拉强度 > 400MPa，延伸率 > 7%；疲劳强度性能：> 1000 万次；平均晶粒度：轴向方向最大不超过 150μm，径向方向最大不超过 90μm。

实施目标：掌握轻质材料轻量化关键零部件产品的设计和制造技术，整车轻量化接近国外同类产品水平，形成工程化能力，实现整车应用。

（三）产业技术基础

28. 汽车开发集成数据库技术基础公共服务平台

关键指标：数据库具有较为完整的汽车测试评价体系；能够面向传统汽车和新能源汽车提供整套基于知识工程的测试评价、专家系统和工程数据服务的综合解决方案；涉及整车共性技术开发和测试评价数据车型 ≥ 100（款），覆盖乘用车各类细分车型。

实施目标：形成较强的汽车开发能力、测试评价流程和标准体系，接轨国际领先水平。形成支撑整车和零部件开发的在线数据库，积累完善的几何、材料、性能、工艺、质量控制、测试评价等基础数据。

三、轨道交通装备基础能力提升

（一）核心基础零部件

29. 轴箱轴承（招标）

关键指标：精度达到 P5 级，极限转速 3000r/min，径向载荷 86kN，温升 < 50℃。

实施目标：掌握轴承拟动力学设计和分析技术、高可靠性高安全性轴承

的制造和试验技术等关键技术。实现 CRH1 型、CRH2 型、CRH3 型、CRH5 型高速动车组轴箱轴承的工程化，具备产业化能力。满足高速动车组速度 350km/h，使用寿命 200,000,000km，100,000,000km 可靠度 99% 的使用要求。

30. 制动系统

关键指标：（1）大功率交流传动电力机车制动系统：紧急制动列车管从定压降至 0 的时间＜ 3s；基础制动能满足机车在 35‰ 的坡度上安全停放；在列车管定压 500kPa 或 600kPa 时均能正常工作；基础制动静态传动效率≥ 85%。（2）动车组制动系统：常用制动响应时间≤ 3s，紧急制动响应时间≤ 2.3s；制动初速度为 350km/h 时在平直线路上的紧急制动距离≤ 6500m；在定员载荷下，能满足在 20‰ 的坡度上安全停放，并具有不小于 1.2 倍的冗余。

实施目标：掌握具有自主知识产权的制动系统设计和制造技术，技术达国际领先水平，具备产业化能力，实现装车应用。

31. 动车组齿轮传动系统

关键指标：传动比：2.4 ～ 2.6，传递启动扭矩 1800 ～ 3000Nm，噪声＜ 95dB，轴承寿命≥ 2,400,000km，牵引齿轮寿命≥ 9,000,000km。

实施目标：掌握具有自主知识产权的高速动车组齿轮单元全套设计制造技术，产品设计水平、使用寿命和可靠性达到国际先进水平，满足时速≥ 250km/h 的列车运行要求，形成产业化能力。

32. 城市轨道交通用大规模网络化高可靠智能 PLC 控制系统

关键指标：支持多重化冗余控制器，热备运行方式，无扰切换；最小控制运算周期 1ms；支持千兆工业实时网络，最小网络循环周期 125μs；最小控制指令周期 25ns。

实施目标：掌握大规模 PLC 关键技术，开发拥有核心技术，达到国际主流同类产品技术水平的大规模 PLC 控制系统产品，并通过第三方检测，并在轨道交通领域实现工程示范应用。

四、高端电子基础产业能力提升

（一）关键基础材料

33. 元器件用电子浆料

关键指标：（1）片式元器件用导电银浆：方阻≤10mΩ/□，烧结膜厚7～9μm，初始附着力≥35N；抗焊料侵蚀：260℃，30s，侵3次，阻值≤20Ω；耐酸性：5%的硫酸中浸泡30分钟，用胶带拉不脱落。（2）钌系电阻浆料：方阻10Ω～1MΩ/□，温度系数±100ppm/℃，短时间过负荷阻值变化率±1%，静电放电阻值变化率±1%。（3）光伏用正面银浆：方块电阻≤10mΩ/□，附着力≥3N；背面银浆：方块电阻≤20mΩ/□，附着力≥5N。（4）铝浆：方块电阻≤10mΩ/□，翘曲度≤1.3mm（单晶）和1.8mm（多晶）。耐湿热、使用寿命达到国际领先水平。

实施目标：掌握高端电子浆料及电子浆料生产用主要原材料（如银粉、钌粉、玻璃粉等）的核心配方技术及工艺制备流程；提高产品及主要原材料生产过程中的批次稳定性，实现产业化能力，产品质量达到国际先进水平，满足国内电子元器件及太阳能光伏等行业电子浆料产品配套需求。

34. 静电图像显影剂用磁性载体

关键指标：（1）比饱和磁化强度40～70emu/g。（2）体积电阻率$1×10^{12}$～$1×10^{17}$Ω·cm。（3）粒度（D50）30～50μm。（4）流动性15～60s。

实施目标：开发有我国自主知识产权的系列磁性载体产品制备技术，实现工程化、产业化，并形成相应的技术标准和产品标准体系，产品质量达到国际先进水平。

（二）核心基础零部件（元器件）

35. 单芯片MEMS声传感器

关键指标：封装尺寸2.5×1.75×0.9mm，信噪比＞67dB（f=1kHz，94dBSPL，A-weighted），灵敏度-38dB±1dB（f=1kHz，94dBSPL），电源电压抑制比＞60dB（f=217Hz）。

实施目标：突破 MEMS 传声器芯片设计及批量化封装技术，实现单芯片系统集成 MEMS 传声器产品产业化，满足智能移动终端、穿戴式设备等新型产品对传声器超小型、高性能的需求。

36. 碲镉汞红外探测材料与器件

关键指标：（1）碲锌镉晶锭直径大于 75mm，碲镉汞外延薄膜材料位错密度小于 1×10^5。（2）探测器件光谱响应范围（3.5～4.9）$\pm0.2\mu m$，对于 320×256（像元中心距 $30\mu m$）、光学 F 数为 2 时，噪声等效温差 NEDT 小于 14mK。

实现目标：掌握大直径的碲锌镉单晶生长、低位错密度的碲镉汞薄膜材料外延生长、像素中心距为 $30\mu m$ 和 $15\mu m$ 的列阵制备等关键技术，形成大面积碲锌镉衬底、低位错密度的碲镉汞薄膜及探测器列阵产业化能力，通过环境力学试验，达到应用的水平。

37. 电子元器件用陶瓷基板及基座

关键指标：（1）片式电阻器（英制 0201 及以下）用氧化铝陶瓷基板：尺寸 L（60±0.6）mm×W（70±0.6）mm×T（0.18±0.01）mm，表面粗糙度 Ra≤0.3μm，翘曲度≤0.2mm。（2）高反光率 LED 用陶瓷基板：反光率≥95%，翘曲度≤0.002mm，导热率（R.T.）≥20W/m·K。（3）超小型石英晶体器件用陶瓷封装基座：尺寸（2.55±0.07）mm×（2.05±0.07）mm×（0.47±0.07）mm，翘曲度≤0.02mm，气密性氦漏率≤1×10^{-9}Pa·m^3/s，绝缘电阻≥$1\times10^9\Omega$。

实施目标：掌握高性能功能陶瓷基板陶瓷材料配方，陶瓷浆料制备及成膜、平整度及尺寸控制、激光加工以及导电银浆制备及烧成控制技术，掌握超小型陶瓷封装基座陶瓷材料及导电浆料配方，生片和产品强度控制，打孔、印刷、叠层、钎焊等高精度加工技术，形成产业化能力，满足片阻及混合集成电路制造、LED 封装、SMD 频率器件制造等下游厂商的配套需求。

38. 直流变频控制器

关键指标：（1）1.5P 空调器直流变频控制器：运行频率范围 1～160Hz，控制频率精度 ±1Hz，额定功率下压缩机驱动功率优于 97%，待机功率小于

1.0W，可靠性优于 1000ppm，压缩机参数自动辨识，自动适应 5 种型号以上的常用压缩机。（2）电冰箱直流变频控制器：运行频率范围 40 ～ 240Hz，控制频率精度 ±1Hz，加速度 ≥ 60Hz/s，能效工况下压缩机驱动功率优于 97%，待机功率小于 0.35W，可靠性优于 1000ppm，压缩机参数自动辨识，自动适应 5 种型号以上的常用压缩机。

实施目标：建立直流变频控制器性能研究、测试评价平台，具备变频控制器工程化和产业化能力，提高我国家用空调、电冰箱的变频控制器供应保障能力，降低变频空调、电冰箱成本。

（三）产业技术基础

39. 电子元器件质量检测及可靠性技术基础公共服务平台（招标）

关键指标：（1）电子元器件检测能力：覆盖主要门类电子元器件尤其是超大规模集成电路、射频和微波器件、电力电子器件、光电器件等核心器件的检测能力。（2）电子元器件可靠性试验能力：开展主要门类元器件的筛选试验、鉴定检验试验、质量一致性检验试验，以及寿命试验、失效率和强化应力试验；试验应力包括电、温度、机械、湿热、砂尘、霉菌、热真空及辐照等。（3）电子元器件可靠性分析能力：具备能够全面开展电子元器件失效分析、结构分析、以及破坏性物理分析的能力，元器件特定微区的微米级定向制样能力，碳纳米器件和材料的皮米级三维尺度观察测量以及结构、应力及温度的分析能力，表面微量成分的 ppb 级探测能力等。（4）产业化服务能力：具备电子元器件质量检测及可靠性保障等相关的培训服务能力，建成基于第三方服务和网络化支撑的保障平台，年服务电子信息企业超过 3000 家，年服务容量超 6000 批次。

实施目标：具备主要门类电子元器件尤其是超大规模集成电路、射频和微波器件、电力电子器件、光电器件等核心器件的测试试验、质量鉴定检验、可靠性评价与分析等关键技术能力；具备基于第三方服务和网络化支撑的产业化技术服务能力；实现面向物联网、光电产业、汽车电子、新能源、智能终端以及国家战略核心器件的电子元器件质量检测和可靠性保障的应用要求。

附录2 2015年第一批和第二批工业强基 重点方向汇总表

序号	重点方向	主要内容和产品（技术）要求	实施目标
（一）关键基础材料（18个）			
1	航空用高精度高温合金管材	1）氧含量≤15ppm，硫含量≤50ppm，磷含量≤50ppm；材料疏松和偏析小于0.5级 2）RP0.2，MPa≥310Mpa，Rm≥690MPa 3）外径公差±0.1mm，壁厚公差（+10%，-5%）	精确控制材料成分和纯净度，采用真空热处理工艺控制，实现高温合金管材稳定的综合性能指标，优化管材高精度冷加工工艺，全面提高管材尺寸精度和内外表面质量，实现系列产品产业化稳定生产，满足我国航空航天用关键材料发展的需要
2	耐650℃以上高温钛合金材料	1）室温：σb≥1100MPa，σs0.2≥950MPa，δ≥8%，E≥110GPa，αk≥30J/cm² 2）高温650℃：σb≥650MPa，σs0.2≥580MPa，δ≥12%，Φ≥25%，E≥90GPa	研制出650℃以上高温钛合金材料，开展高温钛合金应用研究，掌握其成形工艺，将其用于发动机结构，支撑航天型号发展
3	形状记忆合金及智能结构材料	在500℃下具有双程记忆效应	突破高温形状记忆合金的真空熔炼技术、高温形状记忆合金的特种塑性成型技术、高温形状记忆合金的热机械训练技术
4	超高温陶瓷及陶瓷基复合材料	1）室温：弯曲强度≥300MPa，断裂韧性≥10Pa·m^{1/2} 2）1500℃：弯曲强度≥150MPa，断裂韧性≥5MPa·m^{1/2}	开展在极端热力和气流环境下使用的超高温陶瓷材料的设计、合成与制备产业化，实现陶瓷基复合材料在防热结构的应用上达到技术成熟度5级以上，实现具体结构的应用

（续表）

序号	重点方向	主要内容和产品（技术）要求	实施目标
（一）关键基础材料（18 个）			
5	人工合成高品质云母材料	1）合成云母片：氟含量＜25ppm，耐高温 1450℃，介电强度＞228 KV/mm，介电常数＞6.3，表面电阻率 3.8×1013Ω 2）合成云母带：厚度为 0.08～0.125±0.01mm，云母含量为 80～120±5g/m²，介电强度＞1.4kV/mm，氟含量＜25ppm	开发自动混料配方系统、熔制自动化系统、整理分类包装自动化系统，降低并实现产品氟含量工业化稳定控制，满足国民经济建设和国防建设等不同领域的需求
6	核用高纯硼酸	1）核用高纯硼酸：纯度 99.99%、钠＜0.00008%、铁＜0.00025%、钙＜0.0005%、砷＜0.0001%、铅＜0.0003% 的高纯产品；满足核电使用 2）核用高丰度硼 10 酸：硼 10 丰度≥95%	实现 2000 吨 / 年产业化生产，替代进口
7	海洋工程及核电用高氮不锈钢	1）不锈钢粉末的氮含量≥0.6% 2）热等静压工艺制备的粉末冶金高氮不锈钢材料：孔隙度≤0.3%，抗拉强度≥900MPa，屈服强度≥650MPa，延伸率≥40%，PRE≥40，实际变形量与设计变形量的差值≤5.0%	开发多个品种的大尺寸粉末冶金高氮不锈钢热等静压近终形件并投入应用，以满足海洋石油或核用对近终成形部件的需求
8	聚四氟乙烯纤维及滤料	1）长丝：线密度 200～550den，拉伸强力 8.5～20N，抗拉强度 3.0g/den，工作温度 -180～250℃，收缩率＜5%，耐酸碱 2）短纤：线密度 1.5～5den，抗拉强度＞2.2g/den，收缩率＜5%，耐酸碱	1）以 PTFE 纤维为基础，开发高性能环保过滤材料和成套生产设备，开发 PM2.5 防治新技术，实现 PTFE 膜及纤维、除尘材料及除尘装备的规模化、产业化 2）PTFE 纤维达到规模化生产，PM2.5 过滤材料的性能将达到国际先进水平

（续表）

序号	重点方向	主要内容和产品（技术）要求	实施目标
（一）关键基础材料（18 个）			
8	聚四氟乙烯纤维及滤料	3）聚四氟乙烯覆膜滤料：除尘效率（PM2.5）99.99%，透气度 ≥ 20L/M2/S，阻力 ≥ 250Pa	3）形成具有完整自主知识产权的 PM2.5 滤料环保产业链，为节能减排和大气污染治理提供技术和材料支撑 4）聚四氟乙烯滤袋寿命达到 3 年以上
9	石墨烯薄膜规模化生产	1）可见光区平均透过率优于85%，面电阻值小于 10Ω，面电阻稳定且分布均匀 2）具有弯曲性能，在 ITO 膜失效的情况下，可以承受超过 10000 次的循环弯曲实验 3）适合于大面积制备与生产，综合成本与 ITO 相比具有明显的竞争优势	石墨烯柔性透明电极、复合薄膜透明电极的制备，将石墨烯柔性透明薄膜应用于发光二极管、显示屏、太阳能电池等领域。超薄金属膜为催化剂纳米晶结构，通过生长模式的调制和表面形貌的控制，采用化学气相法生长高质量石墨烯的大面积低温制备方法。最终实现光学、电学、力学的性能互补，并使其表面具有可调制的修饰性能，以满足不同的界面耦合和相应的器件应用需求
10	高阻尼/高回弹橡胶及热塑性弹性体材料	1）高阻尼橡胶材料：等效阻尼比大于 0.18 的高阻尼橡支座：温域 $-25 \sim +40℃$，阻尼因子 $\tan\delta \geqslant 0.2$，常温阻尼因子 $\tan\delta \geqslant 0.4$；具有良好的高低温平衡性 2）高回弹橡胶材料：回弹率达 40%以上，比现有常规橡胶回弹率提高50%以上，具备低压缩永久变形、低磨耗、高阻尼等性能 3）热塑性弹性体材料：开发可长期用于 $-50 \sim +70℃$ 的弹性体车钩缓冲元件，取代现有的橡胶和弹性胶泥车钩缓冲元件，能量吸收率达 80%以上，使用寿命比橡胶缓冲元件提高 1 倍以上	1）达到高阻尼胶料的物性和宽温域的阻尼性能，适用于高阻尼桥梁隔震支座 2）完成弹性车轮高硬度、高回弹橡胶材料的工程化、产业化 3）实现热塑性弹性体关键材料和工艺技术突破，实现热塑性车钩缓冲弹性元件的产业化

（续表）

序号	重点方向	主要内容和产品（技术）要求	实施目标
（一）关键基础材料（18 个）			
11	高性能芳纶纤维层压制品	1）100% 芳纶材料，灰分＜ 0.5%，金属离子含量＜ 100ppm 2）芳纶纸击穿电压＞ 20kV/mm，抗张强度＞ 3.2kN/m 3）芳纶层压板击穿电压＞ 40kV/mm，耐热等级达到 220℃，阻燃达到 VTM-0 或 V-0 级，水萃取液电导率＜ 5ms/m，180℃长期对硅油无污损 4）外观、层间结合状态与进口产品一致	完成核心技术与制造工艺突破，建设形成小批量生产能力
12	高氟含量氟橡胶材料	1）门尼粘度 30 ～ 60，密度 1.89±0.02，拉伸强度≥ 12MPa，断裂伸长率≥ 120% 2）275℃老化后：拉伸强度≥ 10MPa，断裂伸长率≥ 100%，耐甲醇质量增重≤ 5%	实现高氟含量 246 氟橡胶等特种氟橡胶的规模化生产，有利于改变国内氟橡胶产品结构，打破跨国公司垄断
13	高端农机用高性能传动胶带	1）耐磨、耐疲劳，耐反向曲挠；能够代替甲苯，环保、无污染 2）形成整套完整的以新、老机型为主线，潜在市场需求为研发储备的系列化产品生产线，满足不同需求 3）实验室疲劳寿命提高到 200 小时以上，比传动带疲劳寿命提高 30% 4）生产工艺技术水平达到国际水平，产品合格率达到 99.7%	形成具有自主知识产权的橡胶冷喂料挤出机挤出包胶工艺技术及纳微米纤维、芳纶纤维、尼龙纤维并用技术，提高传动带耐切割、抗蠕变能力和力学性。到 2016 年，形成小批量生产能力
14	全氟己酮灭火剂	纯度≥ 99.0%，酸度≤ 3.0ppm（基于重量 HCl 当量），水含量≤ 0.001%，不挥发残渣≤ 0.05g/100 ml，无悬浮物质或沉淀物质	1）2016 年底，建立灭火剂行业标准 2）2017 年底，实现全氟己酮灭火剂产业化；至少在文物保护、电子行业等火灾重点保护场所推广应用

（续表）

序号	重点方向	主要内容和产品（技术）要求	实施目标
（一）关键基础材料（18个）			
15	重金属脱除用高分子复合凝胶吸附剂	重金属去除浓度范围 0 ～ 10000ppm，去除率＞99%	完善凝胶吸附材料中活性炭、壳聚糖、三乙醇胺、改性氧化硅、柠檬酸、重金属络合剂的复合技术，形成小批量生产能力
16	用于手机、PC 摄像头及汽车摄像头镜头蓝玻璃红外截止滤光片	1）透过率：AR（420 ～ 670nm，Rmax ＜ 0.9%），UVIR（350 ～ 390nm，Tavg ≤ 3%） 2）图形质量：图案的外围和内径部分四角直线度（毛刺）5um 以内，偏心 50um 以内，最外围中心和印刷内径中心的差异在 50um 以内、偏心 50um 以内 3）图形胶层厚度：10um 以下，透过率：Tmax ＜ 0.2%（400 ～ 650nm），反射率：Rmax ＜ 4%（400 ～ 650nm） 4）组立件支架的粘着力：＞ 3kg/cm	进一步完善工艺技术，提高大批量生产过程的稳定性和产品的良率，提高现有智能手机市场占有率，开拓数码影像等应用市场
17	电子电路用高频微波、高密度封装覆铜板、极薄铜箔	1）高频微波覆铜板：介电常数（DK）3.50±0.05（10GHz），高频损耗＜ 0.004（10GHz），玻璃化温度（Tg）＞ 200℃，剥离强度＞ 0.8N/mm 2）高密度覆铜板：玻璃化温度 Tg ＞ 250℃，平面膨胀系数＞ 28 3）绿色改造	满足高频信号线路封装和载体（印制电路板）性能要求，实现工程化生产，基材国内市场占有率达 30% ～ 50%
18	片式多层陶瓷电容器用介质材料	1）粉末物理性能：粉体粒径 ≤ 0.8mm、烧结温度≤ 1150℃ 2）瓷体常温电性能：介电常数 2000-3000、损耗＜ 2%、绝缘电阻率≥ $1 \times 10^{12}\Omega \cdot cm$ 3）瓷体温度特性（在 -55℃ ～ +125℃ 范围内）：-15% ≤ $\Delta C/C0$ ≤ +15%（无偏压）、-25% ≤ $\Delta C/C0$ ≤ +15%（施加偏压 2V/mm）	2017 年国产化率达 15%，2020年国产化率达 30%

（续表）

序号	重点方向	主要内容和产品（技术）要求	实施目标
（二）核心基础零部件（元器件）（19个）			
1	柔性直流输电换流器及特高压直流输电用陶瓷导体电阻及集成冷却装置	1）电压等级 ±500kV，输送容量3000MW，损耗≤ 0.5% 2）耐大电流冲击能力≥ 400A；耐受较高使用温度：200 ～ 300℃，瞬时 500℃；电阻温升小于40℃	1）掌握柔性直流换流器设计自主技术，形成 ±500kV 大容量柔性直流输电换流器批量生产能力，满足国内工程建设需要 2）实现陶瓷导体电阻及集成冷却装置小批量生产
2	柔性直流输电用控制保护系统	适用电平数≥ 200 电平，换流站端数≥ 3 端，采用速率≤ 50kHz，测量延迟 ≤ 100μs，动作延迟 ≤ 200μs	掌握具有自主知识产权的适用于多换流站、多层级控制保护技术，满足适应可再生能源并网、分布式能源等需求的多端柔性直流输电系统高速协同控制要求，填补国内空白
3	柔性直流输电试验系统	1）功率模块试验系统：电压0 ～ 4kV，电流 0 ～ 3.6kA 2）阀组件运行试验系统电流0 ～ 3.6kA，短路电流≥ 9kA 3）阀塔绝缘试验系统电压等级：±500kV	掌握 ±500kV 大容量柔性直流输电换流阀交直流联合加压试验方法，构建具有国际领先水平的柔性直流输电成套装备试验平台，提升电力装备制造业持续创新能力
4	核级泵用机械密封及核级静密封件	1）核主泵机械密封：密封介质为冷却水（含硼），正常工况密封压力 ≥ 15.0 ～ 15.5MPa，设计工况密封压力≥ 17.2 MPa，正常工况密封温度 30 ～ 74℃，特殊工况密封温度 110℃ 2）核二三级泵机械密封：转速≥3000r/min，压力≤ 5.0MPa，温度≤ 200℃，正常使用寿命不低于18000 小时 3）密封垫片：氦气检漏密封泄漏率≤ 1.0×10^{-6} cm³/s，使用寿命达 3 个堆期（约 5 年）	2015 年建立核级静密封件综合试验平台，2016 年形成小批量生产能力。2016 年核主泵密封装置完成长周期（8000h）运行试验，满足核电装置 18 个月运行要求，形成小批量产能

（续表）

序号	重点方向	主要内容和产品（技术）要求	实施目标
		（二）核心基础零部件（元器件）（19个）	
4	核级泵用机械密封及核级静密封件	4）金属O形圈和C形环：超高真空到350MPa，耐高温≥650℃，尺寸满足各种型号要求； 5）高性能柔性石墨金属缠绕式垫片：回弹率≥25%，压缩率20%～24%，应力松弛率≤15%，密封泄漏率≤1.0×10⁻⁵cm³/s，工作温度：-200～+650℃（蒸汽中），-200～+450℃（空气中）	
5	自主三代核电技术关键传感器及仪表组件	1）测量范围0～1260℃，精度等级为ASTM E230特殊级，热响应时间 τ 0.632≤1.0s 2）主回路直接测温核级铠装铂电阻及组件：测量范围0～400℃，热响应时间 τ 0.632≤1.5s 3）反应堆芯水位测量传感器、反应堆压力容器水位监测组件：测量精度优于50mm，响应时间小于30s，工作温度0～700℃	建立核电仪表性能评价研究及核级质保体系，获得民用核安全级设备设计、制造许可证，形成核级传感器及仪表组件生产能力。在三代核电机组安全壳内温度、液位、中子信号等测量方面实现工程化应用；能够为二代、二代加核电机组的备品备件，核试验堆、军用核动力堆等压水堆的温度测量和液位测量，以及四代核电技术如快堆、熔盐堆等其他核场或高可靠性应用提供配套
6	300KM/h以上高速列车用高性能合金钢制动盘	1）磷含量≤0.010%，碳含量≥0.03% 2）制动盘常温抗拉强度≥1100MPa，制动盘屈服强度≥1000MPa，布氏硬度≥300HB，制动盘常温冲击韧性≥100J	实现产品产业化稳定生产，精确控制制动盘成分和钢质纯净度，加强热处理工艺控制，实现制动盘实物具有较高的力学性能、耐热疲劳性能、耐摩擦磨损性能和快速热导性能等综合性能，优化制动盘高精度加工工艺，全面提高系列制动盘产品质量控制的稳定性，改善服役性能，满足我国铁路轨道交通用关键装备发展的需要，为我国高速列车产业的形成和整车性能提升提供支撑

（续表）

序号	重点方向	主要内容和产品（技术）要求	实施目标
（二）核心基础零部件（元器件）（19个）			
7	自主型直立式真空断路器	短时耐受电流≥25kA/1s，固有分闸时间20～60ms，额定工作气压450～1000kPa，机械寿命≥250000次	具备小型化、易集成化、高绝缘性能功能，实现机车、动车组车顶真空断路器移装车内高压柜，突破车顶设备安全及可靠性瓶颈，实现小批量生产能力
8	汽车自动变速器行星排总成	1）8速及以上 2）传递效率≥97%，噪音≤75db，行星轮极限转速≥17000转/分，行星架相对位置要求0.03～0.05mm，使用寿命满足自动变速器20万公里的设计寿命要求 3）离合器分离时间＜300ms，选换挡耐久性200万次	自主掌握高精度、高转速、低噪音行星排机加、热处理和装配技术，实现产品开发、试验和工程化平台建设，实现小批量生产
9	宽域氧传感器	1）测量范围≥0.65 2）极限电流Ip＝0时静态λ值测量误差1.010±0.008 3）λ=1.7稀气氛下读取到λ值测量误差1.70±0.10，λ=0.8浓气氛下读取到λ值测量误差0.80±0.02 3）冷启动时间≤10s 4）使用寿命≥160,000员 5）具备芯片制备及总成封装能力，具有完全自主知识产权	产品技术拥有完全自主知识产权，达到国际先进水平，形成小批量生产能力
10	轿车动力总成系统以及传动系统旋转密封	1）变速箱轴密封：正常行驶17万公里不泄漏 2）离合器轴密封：工作温度范围：-30～100℃，最高温度130℃。台架耐久寿命试验要求500h无泄漏 3）满足耐久寿命要求	2016年轿车密封实现30%、卡车实现80%的替代能力

（续表）

序号	重点方向	主要内容和产品（技术）要求	实施目标
（二）核心基础零部件（元器件）（19 个）			
11	空气净化器用高性能过滤器	1）固态污染物过滤器：在净化粒径为 0.3um、过滤器体积 =4000cm³、风量 =150m³/h 的工况下，阻力≤8Pa，一次性过滤效率≥99%，容尘量≥30mg 2）气态污染物过滤器：在甲醛浓度为 1mg/m³、吸附器体积 =4000cm³、风量 =150m³/h 的工况下，阻力≤5Pa，一次性去除效率≥15%，除醛量≥20g 3）生物污染物过滤器：在金黄色葡萄球菌浓度为 2×105cfu/ m³、除菌器体积 =4000cm³、风量 =150m³/h 的工况下，阻力≤5Pa，一次性除菌效率≥90%，除菌寿命≥3000h	建立高性能过滤器性能研究、测试评价平台，达到高性能过滤器小批量试制生产能力
12	大型经济作物收获机械液压系统	工作压力≥35MPa，流量≥100L/min，具有电液比例控制、负荷传感、GPS 定位、插装模块等功能	2016 年实现小批量生产
13	超高压大流量电液比例伺服二通插装阀	最高压力 700bar，通径 DN25-130，额定流量 320～8000L/min，滞环＜±1-3，线性度＜±1-3，重复精度＜±1-3	2016 年，形成小批量生产能力
14	工程机械与工程车辆用多路阀	1）额定工作压力：泵侧 35MPa，执行机构侧 42 MPa 2）流量≥160L/min 3）控制方式：液压控制，电液控制 4）功能：负（正）流量控制、与负载压力无关的流量分配功能（LUDV）	2016 年实现产业化，替代进口，覆盖工程机械领域几大主要支柱行业
15	光电监测传感器	实现 360 度目标监测，可对 5 公里范围的 0.05m/s、RCS0.1m² 的低速、小目标实施自动跟踪、监测、报警和图像分析，可组网形成区域态势监控、轻型化、一体化设计，3 分钟架设，并可车载、固定布置，低功耗，使用电池或太阳能板供电，工作温度 -40～＋55℃	实现批量生产，在野外文物保护领域取得批量应用

（续表）

序号	重点方向	主要内容和产品（技术）要求	实施目标
		（二）核心基础零部件（元器件）（19个）		
16	介质多腔滤波器与介质波导滤波器	1）多腔滤波器：发射通带技术指标频率1825～1875MHz，插入损耗≤1.5dB，接收通带技术指标频率1730～1780MHz，插入损耗≤1.2dB，分集接收通带技术指标通带频率1730～1780MHz，插入损耗≤1.2dB，端口间高隔离度，输入、输出50Ω阻抗匹配，驻波小，可靠性高、全温范围内性能稳定可靠 2）波导滤波器：额定功率≥50W，平均峰值功率≥500W；脉冲间隔调制（PIM）＜-110dBm；频率范围1700MHz～10GHz	满足新一代移动通讯技术（LTE-4G）的技术要求，力争国产化率2017年达30%，2020年达60%
17	新一代移动通信终端用声表面波滤波器/双工器	1）插损≤2.5dB 2）带内波动≤1dB 3）TD-LTE模式带宽：2570～2620MHz、1880～1920MHz、2300～2400MHz、2496～2690MHz 4）FDD-LTE模式带宽：2500～2570MHz、2620～2690MHz 5）最大承受功率：发射＞29dB，接收＞20dB	满足新一代移动通讯技术（LTE-4G）的技术要求，2017年国产化率达15%，2020年国产化率达30%
18	LED照明用耐高温、长寿命、小型固态铝电解电容器	工作电压16～150V，高频低阻抗（小于10mΩ），高低温（-55～150℃）特性好，寿命超长（85℃的工作环境中最高可达40,000h），耐7A纹波电流（105℃，3000h）	国产化率2020年达30%，2025年达60%
19	高频片式压控晶体振荡器（VCXO）	1）标称频率：70-250MHz 2）工作电压：2.5V、3.3V 3）总稳定度：±30ppm@-40～+85℃ 4）相位噪声：-140dBc/Hz@1kHz 5）抖动：0.25typ Ps@（12kHz～20MHz）	国产化率2017年达15%，2020年达25%

（续表）

序号	重点方向	主要内容和产品（技术）要求	实施目标
		（三）先进基础工艺（5个）	
1	高端装备用高性能硬质合金刀具涂层技术	1）涂层硬度 HV ≥ 3800，膜基结合力 ≥ 70N，涂层厚度 1～5μm 可调 2）涂层具有良好的耐磨性、耐温性和自润滑性能 3）将高性能涂层应用于高精密加工用硬质合金刀具（如微型钻头、微型铣刀等），提高硬质合金刀具 1～3 倍使用寿命	开发高性能硬质合金刀具涂层技术，改进材料表面的摩擦、硬度、抗磨损及刮擦特性，充分发挥我国资源优势，促进钨产业向中高端发展
2	非光气法制备脂肪（环）族异氰酸酯	1）非光气法，原料单程转化率 100%，产物单程选择性超过 92% 2）目标产品为异佛尔酮二异氰酸酯（IPDI） 3）单线装置能力不低于 5000 吨/年	1）工艺创新：尿素替代光气作为羰基化原料合成脂肪（环）族异氰酸酯，避免光气法的安全问题。生产过程易控，中间产物循环使用，副产杂质少，分离难度低，无三废排放，成本与光气法相比具有一定的竞争优势 2）拥有自主知识产权
3	飞机大径厚比不锈钢导管塑性成型技术及装备	直径 φ50mm、壁厚 0.6mm、径厚比 83.8 的不锈钢导管弯曲成型后，弯曲截面椭圆度 ≤ 4%，减薄率 ≤ 6%，褶皱度 ≤ 0.2D%	突破薄壁导管的弯曲关键技术，航空工业领域的薄壁弯管技术达到国际先进水平，实现数控导管冷弯管机产业化，形成小批量生产能力
4	能源装备高性能叶片制造工艺	1）锻件外形尺寸余量 ≤ 6mm 2）制坯加热炉炉温均匀性 ≤ ±10℃，锻造加热炉炉温均匀性 ≤ ±5℃，冷却速度 50℃ ±10℃/h 可控 3）采用非接触式测量技术，测量精度 0.05mm 4）具备超大型叶片校正能力：校正行程和压力可控，校正数据可视 5）形成超大型叶片原材料及锻件数据库，实现超大型叶片数字化虚拟工艺设计和制造	掌握 70 英寸等级超大型叶片先进制造工艺，提升核电常规岛汽轮机超大型叶片制造技术，形成具有国际领先水平的核电汽轮机叶片制造能力

（续表）

序号	重点方向	主要内容和产品（技术）要求	实施目标
（三）先进基础工艺（5个）			
5	连铸连轧生产汽车用高品质特殊钢工艺	1）化学成分的高均匀度： C±0.01%，P≤0.010%、S≤0.005%，无宏观夹杂 2）高倍夹杂物达到：B细≤1.5级、B粗≤1.0级、C细≤0.5级、C粗≤0.5级、D细≤1.0级、D粗≤0.5级	满足国内汽车生产企业各类用钢技术标准，满足国内生产需要，扩大出口
（四）产业技术基础公共服务平台（13个）			
1	非金属矿物材料研发、应用、检测、标准化技术基础公共服务平台建设	1）建立环保功能助剂材料制备、应用研究试验室 2）建立矿物型工业废水高效净化材料制备及应用研究试验室 3）建立改性功能粉体材料制备及应用研究试验室 4）建立高性能钻井泥浆材料制备及应用研究试验室 5）建立高纯石英材料制备及应用研究试验室 6）建立高纯高碳石墨材料制备及应用研究试验室 7）建立尾矿资源化材料化利用试验室	围绕"环保功能助剂材料、矿物型工业废水高效净化材料、改性功能粉体材料、高性能钻井泥浆材料、高纯石英材料、高纯高碳石墨材料"等矿物材料的制备、应用、检测、和标准化，建设研发实验室、中试线和理化检测平台，建设非金属矿物材料标准分委员会，通过试验评价过程指导行业企业的研发与应用，为非金属矿物材料的深加工提供强有力的支撑，推动行业技术进步，形成非金属矿物材料技术基础服务平台
2	智能微水传感器、高性能压力传感器产品质量控制和技术评价公共服务平台	1）对传感器焊接工艺等关键技术进行改进，消除应力影响，提高成品率（企业成品率应达到90%）	建设智能微水传感器、高性能压力传感器产品质量控制和技术评价实验室，研究并提出两种典型传感器的强化试验方法及筛选方法，帮助相关企业进行设计能力、生产工艺、生产设备、生产人员能力改进，提升产品稳定性和可靠性

（续表）

序号	重点方向	主要内容和产品（技术）要求	实施目标
		（四）产业技术基础公共服务平台（13个）	
2	智能微水传感器、高性能压力传感器产品质量控制和技术评价公共服务平台	2）开展可靠性研究，通过施加步进的振动应力、温度应力、压力应力、电应力等应力进行可靠性试验及强化试验，激发失效模式，通过材料分析、力学分析、晶相分析等手段对失效产品进行剖析，找到产品的失效机理，从而确定产品的工艺改进有效性，确定合适的应力筛选量级，确定应力筛选方案，为行业积累应力筛选机可靠性试验经验 3）通过能力建设，帮助相关企业提高产品免维护周期达到三年，即传感器寿命达到30万次	
3	智能电网用户端产品研发检测及可靠性技术基础公共服务平台	1）建设智能电网用户端产品安全性能检测能力 2）建设智能电网用户端产品可靠性检测能力 3）建设智能电网用户端产品质量评价分析能力 4）建设基于一站式和B2C商务平台的交互运行模式的检测科技信息平台	建立智能电网用户端可靠性共性技术服务体系，推动我国智能电网用户端产品的质量提升、技术进步，支撑行业特别是中小企业和新兴产业的发展。建立具有中国自主知识产权的智能电网用户端产品的测试技术标准和体系，以及可靠性检测评估体系，形成认证体系，规范市场的发展
4	大功率微波技术工业应用服务平台	1）大功率微波技术应用共性技术平台：提升装置效率 2）验证平台：提供仿真设计、检测分析，小试验证等公共服务 3）产业化应用平台：对工业领域重点行业（如煤炭、冶金、环保、粉体、食品药品等行业）的微波技术利用，提供工程化系统解决方案 4）建立跨领域、行业融合的技术人才队伍	针对传统能耗高、污染重，甚至具有危险性的加热或干燥工艺，整合研发、应用各环节，系统研究微波技术替代方案，研发配套装备，提供工艺验证检测等公共服务，打破行业界限，推进信息技术和工业领域的融合发展

（续表）

序号	重点方向	主要内容和产品（技术）要求	实施目标
（四）产业技术基础公共服务平台（13个）				

序号	重点方向	主要内容和产品（技术）要求	实施目标
5	高端装备零部件先进成形研发检测技术公共服务平台	1）建设以金属件无模数字化成形、超高强钢/复合材料/铝合金材料成形、极端成形等具有数字化绿色精密特征的先进成形研发检测服务平台，高端紧固件、弹簧等为代表的机械基础件检测服务平台 2）开展先进成形工艺技术及设备的设计开发，产品可靠性设计与分析，评价标准及试验装备研究，基础数据库及软件研发等，形成5～8个先进成形试验平台和3～5类机械基础件专项性能测试平台，提出可靠性试验方法和标准 3）开发3～5种精密复杂零部件先进成形技术及装备，推进汽车、航空航天领域应用的关键零部件产业化	1）针对长期制约我国高端装备零部件发展的先进制造工艺缺乏和产品可靠性问题，系统研究工艺及装备优化设计、分析与测试技术，评价标准及试验设备开发，建立服务平台，具备试验和评价能力，形成技术标准或规范15～20项，指导80家以上行业厂家研发制造 2）整合创新资源，研发高端零部件成形技术及装备 3）通过成形工艺试验和检测评定、技术交流和服务、技术转让和推广等，推动行业技术进步以及高端产品产业化
6	先进焊接工艺与智能焊接技术装备研发与服务平台	1）构建立5-20kW高功率固体激光焊接及激光-电弧复合焊接研发及成果转化平台。建立钢铁、有色等典型金属材料的焊接工艺数据库，实现厚度≤20mm高强钢、不锈钢、铝合金等典型金属材料的单道熔透焊接及厚板的多层多道焊接，形成激光表面改性、快速成型、切割等技术工程化应用能力 2）建立自动化智能化先进工艺装备研发及成果转化平台，研究典型焊接方法的智能焊接工艺并工程化应用。实现对焊接工艺过程和焊接缺陷进行实时在线监测，检测可靠性≥85%；实现具有智能化柔性焊接专机、生产线的应用示范	1）建立一个服务于我国高端装备制造业的先进焊接工艺与智能焊接技术装备研发与服务平台，解决典型金属材料优质高效焊接的先进焊接工艺、焊接过程在线监测、智能焊接工艺及智能焊接装备等关键焊接技术难题，为企业提供先进焊接技术支撑 2）建立我国激光焊、激光-电弧复合热源焊接等先进焊接技术国家标准体系；形成先进焊接技术与智能化成套装备在轨道交通、工程机械等典型高端装备制造业中的示范应用

（续表）

序号	重点方向	主要内容和产品（技术）要求	实施目标
（四）产业技术基础公共服务平台（13 个）			
6	先进焊接工艺与智能焊接技术装备研发与服务平台	3）建立先进焊接工艺评定及高端焊接材料检测的行业服务平台，对材料成分、组织、性能的高精度数字化测试分析，对电弧稳定性、送丝稳定性、焊接综合参数等工艺性能定量化评定，对焊接裂纹、腐蚀、扩散氢、铁素体等物理质量的检测评定，形成完善的焊接工艺评定规范与标准体系，实现在线快捷有效的行业服务与技术支撑	3）实现先进焊接技术与装备开发、技术示范、焊接检验与评价、行业服务与咨询等功能于一体的服务平台，通过技术引导、示范、成果转化、行业服务推动先进焊接技术与智能装备在我国的普及推广
7	装备环境适应性公共技术服务平台	1）建设覆盖寒冷、干热、高原、湿热、亚湿热、海洋等 6 种以上典型气候的国内自然环境试验服务网络；具备全球典型气候自然环境试验服务能力，2～3 个国内站点加入全球典型气候自然环境试验服务网络 2）开发 2～3 种多环境因素综合环境试验设备，建设具备国家级第三方实验室服务资质的人工环境模拟试验室 3）主导 2～3 个产业环境技术相关国家或行业标准体系建设，制修订 30 项以上标准或技术规范，参与 2～3 项 IEC 国际标准制订	1）针对我国高端装备转型中的环境适应性技术瓶颈，研究典型环境下装备服役行为，开发自然与人工环境试验评价技术，打造国际水平的国内外自然环境试验和人工环境模拟试验综合测试能力 2）通过检测评价、行业标准、试验装备、防护技术等整体式服务，实现相关产业典型性应用，服务企业 800 家，支撑我国装备由大变强
8	高端橡塑密封元件研发检测服务平台	1）第一期建设以大中型挖掘机油缸密封为代表的往复式高压油缸密封元件研发检测服务平台，第二期建设以汽车发动机油封为代表的旋转式高速密封元件研发检测服务平台 2）开展橡塑密封原理、产品和性能，可靠性设计与分析，可靠性与寿命的测试评估方法、评价标准及试验装备的研究，形成密封元件的性能试验平台、环境适应性试验平台、综合性能试验平台，提出可靠性及寿命试验方法和标准	1）针对长期制约我国密封产业发展的产品可靠性问题，系统研究橡塑密封元件可靠性设计、分析与测试技术，以及寿命评估方法，评价标准，开发相关试验装备，建成典型高端密封元件试验平台，具备相关试验和评价能力，形成相关行业标准或规范，并通过试验评价过程指导行业生产厂家的研发与制造

（续表）

序号	重点方向	主要内容和产品（技术）要求	实施目标
		（四）产业技术基础公共服务平台（13 个）	
8	高端橡塑密封元件研发检测服务平台	3）开发 3～5 类量大面广的高参数高可靠性密封产品，推进高端密封元件的产业化	2）整合创新资源，研究开发高端橡塑密封元件 3）通过检测认定、交流、培训、咨询、技术推广和成果转让等多种形式，推动行业技术进步，推进高端产品产业化，同时实现平台的自我良性发展
9	盾构 /TBM 主轴承减速机工业试验平台	1）建设以常规地铁盾构为对象的盾构 /TBM 主轴承减速机检测试验服务平台，建成后其可以满足 3 米级主轴承及其配套减速机、电机的试验能力要求 2）开展盾构 /TBM 主轴承、减速机等关键元器件的可靠性设计与分析，可靠性与寿命的测试评估方法、评价标准及试验装备的研究，形成主轴承及减速机性能试验平台、综合性能试验平台，提出可靠性及寿命试验方法和标准 3）推动开发 2 至 3 种规格的主轴承及减速机产品，并推进其产业化	1）针对长期制约我国主轴承、减速机产业发展的可靠性问题，系统研究其可靠性设计、分析与测试技术，以及寿命评估方法、评价标准，开发相关试验装备。模拟各类实际工况并通过加速试验的方法，连续加载 2000～5000h，过程等效于掘进 10Km 的行业要求。通过试验评价过程指导行业生产厂家的研发和制造 2）整合创新资源，研发高性能的主轴承、减速机等产品 3）通过检测认定、技术交流、咨询、技术推广和成果转让等多种形式，推动行业技术进步，推动产品产业化，同时实现平台的自我良性发展
10	民爆装备"试、检、认一体化"服务平台	1）开展民爆装备行业共性技术研究 2）选定具有第三方资质的面向民爆装备企业的设备可靠性和技术评价实验室，形成公共检测认证服务平台 3）修订和完善民爆行业规范、设备标准	通过建立民爆装备"试、检、认一体化"服务平台，研究对行业共性问题和关键设备、关键技术的本质安全及可靠性等问题，建立民爆行业研发和试验基地以及第三方检测认证机构，制定民爆生产设备可靠性"试、检、认"的标准和规范体系，完成我国民爆装备制造企业向应用服务＋整体解决方案的"服务型制造"发展的产业转型

（续表）

序号	重点方向	主要内容和产品（技术）要求	实施目标

<table>
<tr><th>序号</th><th>重点方向</th><th>主要内容和产品（技术）要求</th><th>实施目标</th></tr>
<tr><td colspan="4" align="center">（四）产业技术基础公共服务平台（13 个）</td></tr>
<tr><td>11</td><td>光伏产业检测、标准、应用及运行监测公共服务平台</td><td>1）提供太阳能电池、组件等产品检测和光伏系统应用检测公共服务
2）组织开展光伏标准制修订工作，开展光伏产业发展与技术进步相关数据分析、项目管理、运行监测等工作
3）研究提出光伏技术发展路线
4）建立国家级太阳能光伏应用检测实证基地
5）为加强光伏行业管理、推动《光伏制造行业规范条件》等政策措施的顺利实施提供有效支撑</td><td>整合相关单位产品检测、行业研究、应用推广等方面的优势，在开展太阳能光伏相关产品检测基础上，充分利用各单位检测手段、设备条件、人员配置等，开展太阳能光伏产业发展综合管理与运行监测平台，提供多样化光伏产品检测服务</td></tr>
<tr><td>12</td><td>绿色电池技术研发与检测服务、行业管理公共服务平台</td><td>能够开展产业运行监测和数据统计分析，实施企业技术评估和产品检测，推动共性技术创新和产业化升级，为更高效、无污染的绿色电池产业健康发展提供技术研发与检测、行业管理等公共服务能力</td><td>以第三方检测机构为基础，整合技术研发单位、标准制定机构及骨干企业等资源，加快建设绿色电池产品性能检测、安全评价、标准、行业服务的第三方平台，进一步加强行业综合管理与服务能力建设</td></tr>
<tr><td>13</td><td>集成电路公共服务平台</td><td>1）先进逻辑技术基本工艺：如20-14-10 纳米工艺技术
2）先进存储器工艺技术：如 3D NAND 存储器
3）SoC 制造技术：包括各种嵌入式存储器等
4）基础性和先导性产业技术研发
5）国产设备和材料的验证
6）相关配套 IP 的研发与验证，以及 CoT 服务等
7）其他具有市场前景的产品工艺等</td><td>以国内骨干集成电路企业为主导，组织产学研联合，依托先进的 12 英寸集成电路生产线和先导研发平台，整合软硬件资源，建设中国 IC 先导技术的研发基地和验证平台，推动中国国产微电子装备、材料和配套工艺、IP 的研发、验证及全面产业化</td></tr>
</table>

2015 年第三批工业强基具体方向和指标要求

序号	具体方向	主要内容	实施目标
		1. 高性能稀土功能材料及器件	
1	稀土磁性材料及器件	1）高综合性能稀土永磁体：磁体综合磁性能 $(BH)max(MGOe)+Hcj(kOe) \geqslant 70$，$(BH)max \geqslant 40MGOe$，矫顽力温度系数优于 $-0.45\%/K$，满足计算机硬盘驱动电机、新能源汽车等应用需求 2）低成本、高稳定性稀土永磁体，$(BH)max \geqslant 35MGOe$，剩磁温度系数优于 $-0.1\%/K$，镧或铈替代量 $\geqslant 25\%$，Nd 或 Dy、Tb 含量减少 20%，满足高速铁路、风力发电、医疗设备等应用需求 3）各向同性粘结稀土永磁材料：磁粉 $(BH)max > 16.5MGOe$，批次间性能波动 $\leqslant \pm 2\%$，规模应用于高稳定性磁体 $(BH)max > 12MGOe$，最高工作温度 $\geqslant 150℃$，耐高温高湿实验 $\geqslant 300h$ 4）辐射和多级稀土永磁环：高性能辐射磁环 $(BH)max \geqslant 40MGOe$，$Hcj \geqslant 12kOe$，剩磁 $Br \geqslant 13kGs$；高矫顽力辐射磁环 $(BH)max \geqslant 35MGOe$，$Hcj \geqslant 25kOe$，剩磁 $Br \geqslant 12kGs$，满足伺服电机、汽车转向助力系统等应用需求 5）稀土超磁致伸缩材料及器件：材料成品率 $\geqslant 80\%$，抗拉强度 $\geqslant 25MPa$，密度 $\geqslant 8.2g/cm^3$，磁致伸缩系数 $\geqslant 800ppm$（500 Oe 下），性能波动 $< 8\%$；超声换能器功率 $> 1kW$，频率 12kHz～18kHz，形成批量生产能力	突破高端稀土磁性材料和器件应用产业化瓶颈，相关性能指标达到国内领先水平或接近国际先进水平，进一步扩大高端稀土磁体、器件及永磁电机等终端应用产品的产业规模和市场占有率，满足新能源、新能源汽车、节能家电、工业机器人、高端装备、国防军工等高新技术产业对大功率稀土永磁电机、伺服电机、微特马达、换能器等需求

（续表）

序号	具体方向	主要内容	实施目标
1. 高性能稀土功能材料及器件			
2	稀土催化材料及器件	1) 高性能稀土脱硝催化剂：催化剂横向抗压强度 ≥ 0.55MPa，纵向抗压强度 ≥ 1.5MPa，烟气 NOx 转化率 > 90%（240℃，6000h-1），工作温度 < 400℃，SO2 转化率 < 0.5%，NH3 逃逸率 ≤ 5ppm，使用寿命 > 3 年 2) 柴油车尾气净化催化剂：SCR 催化材料新鲜比表面积 550m^2/g，老化 20 小时比表面积 490m^2/g，D50=1μm ～ 3μm；催化剂满足国 V 标准，DPF 涂层催化剂炭烟颗粒（PM2.5）催化燃烧起燃温度 < 350℃，SO2 氧化效率 < 30%，SOF 氧化温度 < 250℃，NOx 最高转化效率 > 70%，DPF 对 PM 的过滤率 > 90%，催化剂贵金属含量比国际同类产品减少 10% 以上	发挥稀土在节能环保应用领域的独特优势，重点建设工厂脱硝、柴油车尾气排放等领域急需稀土环保催化材料及器件，在焦化、水泥、玻璃、柴油车等领域开展应用示范，实现废气、尾气等达标排放，为各类环境治理工作提供新的解决方案，进一步拓展稀土应用市场
3	稀土发光材料及器件	液晶显示器用广色域稀土荧光粉：粉体粒径 D50=15μm ～ 35μm，460nm 蓝光激发下，绿粉发射峰 525nm ～ 545nm、外量子效率 > 0.6，红粉发射峰 630nm ～ 650nm、外量子效率 > 0.7，应用于背光源封装器件显示色域 ≥ 90%NTSC，光效 > 90lm/W	满足高品质显示设备应用需求，重点建设广色域液晶显示器用新型稀土荧光粉生产线，并在相关显示产品上获得实际应用
4	稀土储氢材料及器件	1) 低成本、高性能稀土储氢材料：最大放电容量 ≥ 350mAh/g，循环寿命 ≥ 850 次，高倍率放电 HRD900 ≥ 80，电池自放电率 ≤ 10% 2) 高容量稀土储能材料：可逆吸放氢容量 ≥ 1.75wt%，3min 吸氢 > 90%，循环寿命 ≥ 2000 次（容量保持率 > 80%），满足风力发电、智能电网等储能需求	针对新能源汽车、电动自行车、间歇式发电系统（风力发电、太阳能发电）等应用需求，开展基于自主知识产权的高性能稀土储氢材料及储能装置产业化，有效提升稀土储氢材料的应用规模，促进轻稀土元素平衡利用

（续表）

序号	具体方向	主要内容	实施目标
		1. 高性能稀土功能材料及器件	
5	高性能稀土抛光材料	高档稀土抛光液，粉体 CeO_2 含量 ≥ 99.9%，晶粒尺寸 ≤ 30nm，形貌接近球形；抛光液粒度 D50=50nm ～ 300nm，Dmax ＜ 500nm，有害杂质离子浓度 ＜ 40ppm，硅晶片抛光速度 ≥ 100nm/min、表面粗糙度 Ra ≤ 1nm，高性能玻璃基片抛光速度 ≥ 25nm/min、表面粗糙度 Ra ≤ 0.5nm，达到或接近国外先进水平	建成高档稀土抛光液生产线，满足硅片及集成电路芯片、计算机硬盘、液晶显示屏、宝石、光学玻璃等特殊抛光需求，扭转我国相关产品依赖国外进口的不利局面
6	高纯稀土金属、高纯或特殊物性稀土化合物	1）高纯稀土金属及深加工产品，金属绝对纯度 ＞ 99.99%，型材绝对纯度 ＞ 99.95%，致密度 ≥ 99%，晶粒细小均匀，成材率 ＞ 50%，满足高端电子器件和芯片等应用需求 2）高纯稀土化合物，形成高效提取技术及装备，稀土总收率 ＞ 95%，纯度 ＞ 99.999%，满足功能晶体、集成电路、红外探测等应用需求 3）高纯氧化钪，绝对纯度 ＞ 99.95%，粒度 D50=0.6μm ～ 1.4μm，满足燃料电池、特种合金等应用需求 4）超细粉体稀土氧化物，粒径 D50=30nm ～ 1μm，分散度 (D90-D10)/ (2D50)=0.5 ～ 1，满足陶瓷电容器（MLCC）、晶体等应用需求	针对高端电子元器件、集成电路、燃料电池、功能晶体等应用需求，建设高纯稀土金属、高纯或特殊物性稀土化合物生产线，相关技术指标达到国际先进水平，进一步提高稀土精深加工水平，提升产品附加值
7	高端稀土功能晶体和光纤激光器	1）高能量分辨率、高时间分辨率稀土闪烁晶体：Ce:LYSO 晶体尺寸 φ80mm×200mm，衰减时间 ≤ 42ns，光输出 ≥ 28photons/kev 2）稀土掺杂光纤激光器，平均输出功率＞150W，中心波长 1.92μm ～ 1.99μm，光谱带宽 ＜ 3nm，光束质量 M2 ≤ 1.5，功率稳定性 ±2%	重点攻克满足 PET-CT、特种激光器等需求的高端稀土功能晶体产业化难题，形成批量生产能力，改变我国高端稀土功能晶体和设备主要依赖进口的不利局面

（续表）

序号	具体方向	主要内容	实施目标
1. 高性能稀土功能材料及器件			
8	特种稀土合金	高性能、低成本稀土镁合金，纯度＞99.95%，延伸率≥15%，屈服强度≥250Mpa，抗拉强度≥280Mpa，成本不超过 AZ31 镁合金的130%	重点解决稀土镁合金成本居高不下、应用受限的问题，建成满足汽车轻量化等应用需求的高性能、低成本稀土镁合金生产线，拓展稀土应用领域，解决轻稀土元素平衡利用问题
9	稀土功能助剂	1）稀土环保塑料助剂：PP 复合材料密度 0.03～0.1g/cm³，拉伸强度 1.5～5MPa；PVC 复合材料挥发度≤2.5%（105℃，2h），重金属含量＜200ppm，200℃热老化时间≥50min（刚果红） 2）稀土污水处理剂：稀土重金属离子吸附剂，吸附容量≥5mmol/g，比传统吸附材料提高 20% 以上，处理后水中重金属含量≤0.5mg/L，应用于污水厂重金属回收处理，达到地表水环境质量 III 级标准	针对轻稀土元素应用市场窄、产品大量积压的现状，开发稀土 PP、PVC 复合材料、污水处理剂等功能助剂，并在环保工程塑料、水体污染治理等领域实现应用示范，有效拓展稀土应用市场
2. 关键基础材料（其他）			
10	交通装备用超材料	围绕汽车 / 列车智能化开展集车载通信天线、雷达、结构自检测传感器于一体的超材料智能蒙皮，数据传输速率＞300M/s，数据延迟＜3ms；实现超材料与复材一体化快速成型，成型时间减少30%，成本降低10%～20%；车身减重20%～30%	重点攻克超材料集成器件、结构与功能一体化、柔性超材料复合及超材料复合材料快速成型等关键共性技术，有效提升交通装备的智能化、节能性及安全性。实现基于自主知识产权的系列交通装备超材料智能蒙皮的开发。完成年产 5 万平方米的超材料加工生产线建设，实现工程化和产品化，具备批量生产能力。开展超材料智能蒙皮产品在智能交通装备上的应用示范

（续表）

序号	具体方向	主要内容	实施目标
		2. 关键基础材料（其他）	
11	电子湿化学品	1）电子级盐酸、硝酸。主要参数：单个金属杂质含量＜100ppt，颗粒（≥0.2μm）＜100个/mL。电子级盐酸浓度35.0-37.0%、电子级硝酸浓度70.0%～71.0% 2）环保水系剥离液。主要参数：有机胺含量5-15%，溶剂含量45～55%，助溶剂含量≤1%，金属保护剂含量≤1%，杂质金属离子≤100ppb，颗粒物（≥0.5μm）≤50个/ml，金属层损伤＜0.1nm/min 3）高分辨率液态感光阻焊油墨。主要参数：细度≤8μm，混合后：粘度（25℃）200±30dPa.s，固含量75±3%，密度（25℃）1.20～1.40g/ml，可使用时间≥24h，曝光能量300～600mJ/cm^2	实现用于8英寸、12英寸集成电路芯片、液晶面板等制造用电子级盐酸、硝酸的产业化稳定生产，各形成规模4000吨/年以上； 实现用于大尺寸液晶面板的环保水系剥离液的产业化稳定生产，形成1万吨/年以上产能规模； 实现用于高密度印刷电路板制造的高分辨率液态感光阻焊油墨产业化稳定生产，形成规模约8000吨/年
12	特种气体	1）高纯氯气。主要参数是：Cl_2≥99.999%；H_2O≤1.0ppm；CO_2≤2.0ppmv；CO≤1.5ppmv；O_2≤1.0ppmv；CH_4≤0.1ppmv 2）三氯氢硅。主要参数是：纯度（质量分数）/10^{-2}≥99.99；一氯甲烷含量（质量分数）/10^{-6}＜10；二氯氢硅含量（质量分数）/10^{-6}≤100；四氯化硅含量（质量分数）/10^{-6}≤100；铁含量（质量分数）/10^{-9}≤30；镍含量（质量分数）/10^{-9}≤2 3）锗烷。主要参数是：锗烷（GeH_4）纯度（体积分数）/10^{-2}≥99.999%；氢（H_2）含量（体积分数）/10^{-6}＜50氧（O_2）+氩（Ar）含量（体积分数）/10^{-6}≤2；氮（N_2）含量（体积分数）/10^{-6}≤2；一氧化碳（CO）含量（体积分数）/10^{-6}≤1；二氧化碳（CO_2）含量（体积分数）/10^{-6}≤1；甲烷（CH_4）含量（体积分数）/10^{-6}≤1；水（H_2O）含量（体积分数）/10^{-6}≤3	实现用于液晶面板、光纤、IC制造的高纯氯气产业化稳定生产，形成产能约600吨/年； 实现用于芯片硅外延制造的三氯氢硅产业化稳定生产，形成产能1000吨/年； 实现用于8寸、12英寸芯片、薄膜太阳能电池及光纤制造的锗烷产业化稳定生产，形成产能约10吨/年

（续表）

序号	具体方向	主要内容	实施目标
	**2. 关键基础材料（其他）**		
13	高能射线探测与成像用碲锌镉晶体	晶锭直径 ≥ 100mm，单晶尺寸 ≥ 2000mm³，成分偏差 ≤ 5%，电阻率 ≥ 1×10¹⁰Ω·cm，电子迁移率和寿命积 ≥ 2×10⁻³ cm²/V。碲锌镉探测器对 241Am@59.5KeV 的能量分辨率 ≤ 5%，峰谷比 ≥ 80，对 137Cs@662KeV 的能量分辨率 ≤ 1.5%，峰康比 ≥ 2，空间分辨率 ≤ 0.2mm，计数率 ≥ 1 M/s/mm²	建成高能射线探测与成像用碲锌镉晶体产业化示范线，掌握探测器级晶体材料生长、退火、加工等工程化制造技术和检验检测技术，实现碲锌镉晶体在天文探测、核安全监控、核医学设备等高能射线探测与成像领域的应用示范。探测器级碲锌镉晶体材料年产量大于 4000 万 mm³
14	超特高压输变电设施用防污型绝缘材料	使用温度在 -40 ~ -105℃，抗拉负荷 ≥ 300kN，形成 3000 吨/年生产能力	满足超特高压输变电设施建设需要，并实际应用
15	无石棉复合纤维摩擦材料	不含石棉，纤维直径 3 ~ 6μm，纤维长度 135±50，烧失率 ≤ 1%	实现乘用车、卡车用摩擦材料无石棉化，并实际应用
16	高效无机真空绝热板	导热系数 ≤ 0.0025W/(m.K)，使用寿命大于 30 年（30 年后板材真空度 < 103Pa），防火等级 A 级	满足固定式冷藏电器、移动式冷链装备及船舶、航天等低温深冷领域的应用需求，并在固定式冷藏电器、移动式冷链装备实际应用
17	双极膜规模化制备及应用产业化	1）突破单片型双极膜及其规模化制备技术，实现双极膜产品尺寸 ≥ 500×1000mm，水分解电压 ≤ 1.5V（电流密度 100mA/cm²），电流效率 ≥ 75%，酸碱转化率 ≥ 90%，价格比国外同类产品降低 30% 以上，产能达到 50000m²/a 2）开发工业化双极膜组器件与装备，膜组件尺寸 ≥ 600×1200mm，单个膜组件 NaCl 处理量 ≥ 30kg/h，产酸、碱浓度 ≥ 0.5mol/L；膜装备实现自动化控制	突破制备双极膜关键共性技术，实现单片膜年产量达到 50000m²，膜装备实现自动化控制；建成 5000 吨/年双极膜技术有机酸生产示范工程

（续表）

序号	具体方向	主要内容	实施目标
		2. 关键基础材料（其他）	
18	海洋工程、基建工程用高强耐咸集成化玻纤维材料	采用以高强化玻纤维为基体的复合材料有效植入技术及协同变形技术，拉伸断裂强度≥800KN/m、延伸率≤10%、蠕变折减系数RFcr≤1.3、应变检测精度3μɛ	该纤维材料增强的混凝土较非增强的混凝土，在耐冻融、耐盐碱、耐辐照以及抗折强度、抗冲击韧性和抗龟裂性能能明显提高，可有效满足混凝土建筑物长寿命、免维护的要求，并在机场、港口、隧道等工程中实际应用
		3. 稀土产业技术基础平台	
19	稀土标准与专利服务平台	针对稀土行业急需，编制《稀土产品取制样方法》、《烧结钕铁硼永磁材料》等20多项标准，研制2～3个标准样品，完善我国稀土标准体系；搭建稀土标准检索与交流平台，加强国家强制性标准宣贯，确保实施；建立国际稀土标准交流平台，推动建立稀土ISO标准化技术委员会，加快稀土标准国际化，争取中国稀土标准的国际主导地位，维护行业和企业利益；建立全球稀土专利服务平台，提供完善的稀土专利分类检索、专利统计、供需信息发布服务，促进稀土新材料产品创新和成果转化	依托权威标准、专利服务单位，建设覆盖稀土行业各领域的稀土标准与专利服务平台，进一步完善我国稀土标准和专利体系，为企业提供全方位的标准和专利服务，提升我国稀土产业软实力，有效维护行业和企业利益
20	稀土检测技术服务平台	1）高纯稀土产品痕量元素分析检测平台：针对我国4N及以上高纯稀土金属、化合物产品中痕量元素难以准确分析的难题，系统开发稀土基体元素分离技术、微量元素富集技术、高效检测技术及相关试验装备，建立高灵敏度高纯稀土分析检测平台，制定稀土新材料痕量杂质成分的检测方法不少于30项，每年对外服务不少于200次，稀土产品质量检测认证中心取得CNAS认可，为高纯稀土产品开发和质量控制提供技术支持，推进高端产品产业化	针对高纯稀土金属和化合物痕量分析手段缺失、性能评价体系不完善、稀土冶炼分离过程分析检测即时性差、稀土违法行为监管难度大等问题，建成高纯稀土产品痕量元素分析、稀土产品快速检测平台，提升检验检测手段，为行业发展及相关管理工作提供支持

（续表）

序号	具体方向	主要内容	实施目标
		3. 稀土产业技术基础平台	
20	稀土检测技术服务平台	2）稀土矿产品、冶炼分离产品、综合回收利用产品及海关出口产品快速检测服务平台：为满足稀土行业监管需要，建立稀土矿产品、冶炼分离产品和综合回收利用产品快速检测技术，建立稀土矿产品现场快速检测、稀土冶炼产品在线监测、稀土出口产品海关快速监测、稀土新材料杂质元素快速准确定量等共性关键技术的检测方法体系，在此基础上，建设新一代高品质稀土新材料新产品质量认证服务平台，制定稀土快速检测技术规范和方法不少于 50 项，支撑我国稀土产业转型升级	
		4. 海洋生物基纤维及医疗卫生用纺织品	
21	壳聚糖短纤维及应用	1）建设千吨级壳聚糖纤维生产线，线密度：$1.20 \sim 2.20$ dtex，干断裂强度 ≥ 1.85 cN/dtex 2）水刺速效壳聚糖纤维非织造布（医疗级），克重 $\leq 50 g/m^2$，断裂强力 $\geq 30N$；吸水性：吸收量 $\geq 700\%$；金黄色葡萄球菌及大肠杆菌抑菌率 $\geq 95\%$、白色念珠菌抑菌率 $\geq 85\%$；细胞毒性反应 $\leq$ I 级；无皮肤致敏反应；皮肤刺激指数 ≤ 0.4 3）含 15% 以上壳聚糖纤维热风非织造布（医疗级），液体穿透时间 $\leq 1.8s$。金黄色葡萄球菌及大肠杆菌抑菌率 $\geq 95\%$、白色念珠菌抑菌率 $\geq 85\%$；细胞毒性反应 $\leq$ I 级；无皮肤致敏反应；皮肤刺激指数 ≤ 0.4	实现千吨级壳聚糖纤维规模化生产；扩大符合医用领域应用的医疗级壳聚糖非织造布应用
22	海藻纤维及应用	1）建设千吨级海藻纤维生产线，纤维断裂强度 $\geq 2.5CN/dtex$、断裂伸长率 $\geq 15\%$ 2）水刺医用敷料：克重：$18 \sim 24g/$ 平方米、干燥失重 $\leq 20\%$、吸液性 $\geq 12g/100cm^2$、重金属总量 $\leq 20ug/g$ 细胞毒性反应 $\leq$ I 级；无皮肤致敏反应；皮肤刺激指数 ≤ 0.4 3）针刺医用敷料：克重：$60 \sim 120g/$ 平方米、干燥失重 $\leq 20\%$、吸液性 $\geq 12g/100cm^2$、重金属总量 $\leq 20ug/g$ 细胞毒性反应 $\leq$ I 级；无皮肤致敏反应；皮肤刺激指数 ≤ 0.4	实现千吨级海藻纤维制生产，符合医疗护理用敷料的使用要求，扩大在医疗卫生领域的应用

（续表）

序号	具体方向	主要内容	实施目标
		5. 移动智能终端公共安全技术基础服务平台		
23	移动智能终端公共安全技术基础服务平台建设	1）基于自主安全SOC，建设受控环境专用安全内核系统，支持硬件级安全隔离、安全外设扩展和国家商用密码算法引擎，提供可信执行环境，以支撑各类高敏感业务应用 2）建设移动智能终端设备身份标识管理系统。支持终端设备绑定安全身份标识，提供证书激活、账号绑定等服务，为上层应用提供基于终端设备身份标识的管理服务接口，为产业链内各参与方提供统一设备安全标识管理体系 3）建设云端协同移动认证服务系统。针对当前移动互联网下用户身份认证存在的缺陷，设计新型云端协同移动认证方案 4）建设移动智能终端受控环境管理系统。通过隔离运行机制解决敏感数据泄露、非法远程控制、用户隐私窃取等诸多安全问题；针对移动支付和移动办公等业务应用提供安全支撑，监测受控环境内异常事件和安全运行状态	1）通过终端、云端设备以及环境等多方协同的安全管理技术、机制等手段实现移动智能终端从"端"到"管"到"云"的公共安全体系，促进移动智能终端产业健康可持续发展 2）公共安全服务平台为3家以上主流终端制造厂商提供终端安全解决方案，为2家以上主流移动互联网服务商在支付和办公方面提供安全支撑。安全隔离套件实现200万以上装机量 3）移动智能终端安全隔离套件基于支持国家商用密码算法SM2/3/4的安全可控LTE SOC芯片
		6. 智能硬件底层软硬件技术基础服务平台建设		
24	智能硬件底层软硬件技术基础服务平台建设	1）覆盖全球主流芯片平台，具有较高的元器件驱动适配能力 2）为智能硬件产品提供软硬件一体化解决方案 3）支持安全可靠芯片及服务	支持平台机构为智能硬件企业提供芯片接口、硬件方案、操作系统，支持平台聚集整机企业，生产智能可穿戴、车载、家居、服务机器人和无人机等智能硬件产品，建立产业生态链

（续表）

序号	具体方向	主要内容	实施目标
\multicolumn{4}{c}{7. 食品药品产品升级、供应保障和安全检测体系建设}			
25	食品安全检测体系建设	应具备产品质量指标、安全指标和生产过程控制等方面指标的检测，包含：兽药残留、农药残留、重金属等环境污染物、真菌毒素、致病菌、激素、防腐剂等有害物质残留等。配套相应的检验仪器和设备，应具备：全自动菌落分析仪、智能电子化感官分析系统、原子荧光光度计、原子吸收分光光度计、金属探测机、离子色谱仪、液相色谱仪、实时 PCR 仪、气相色谱仪、液质联用仪、气质联用仪、近红外光谱检测仪、全自动致病菌鉴定系统等较为完善的检测设备仪器	改造完成后，各示范中心检验技术、检验手段达到国际或国内先进水平，为食品生产企业，特别是中小食品生产企业提供委托检测、应急检测、专业培训等相关服务，为保障食品质量安全发挥积极作用
26	创新药物产业化项目	1）产品为针对肿瘤、糖尿病、心脑血管疾病、病毒感染的新药，产品上市可满足疾病治疗需求，降低患者用药成本 2）产品为1类化药、1类生物制品或采用缓控释、凝胶分散、微分散、微囊新型制剂技术的创新制剂 3）生产线按照国际先进 GMP 标准建设 4）产品已获得生产批件或根据要求建设产业化设施	实现针对相应疾病治疗的创新药物产业化；产品投放市场后，相比同类治疗药物，可显著降低患者用药成本
27	短缺药供应保障能力建设	1）品种为纳入工信部第一批定点生产试点的品种 2）儿童用药临床短缺品种	实现相关品种稳定生产和保障供应

附录3 2016年工业强基工程实施方案重点方向汇总表

序号	重点方向	实施目标	主要内容和产品（技术）要求
核心基础零部件（元器件）			
1	医用CT机用高能X射线管组件	2016年5MHU以上大热容量球管完成样品开发和检测，进入应用测试阶段；2017年5MHU以上大热容量球管实现工程化，部分替代进口；2018年8MHU以上大热容量球管进入应用测试阶段	16排以上螺旋CT设备使用的热容量5MHU以上球管，64排以上CT使用的热容量8MHU以上球管；焦点：1.0mm；靶面角：5°；管电压：150kV；保用次数：55000次
2	56Gbps高速连接器	促进56Gbps高速背板连接器工程化，建成集装配、检测、包装于一体的自动化生产线，实现产业化能力10万套/月以上。2016年完成56Gbps高速产品精密模具开发及产品初样生产和试验	传输速率：56Gbps；特性阻抗：92Ω，支撑85～100Ω应用；平行板间高度：15～45mm；载流：0.5A/针；工作额定电压：50VAC；插入损耗：＞-7.5dB，28GHz（板间高度39mm）；串扰：＜-30dB，28GHz（板间高度39mm）
3	高速光通信器件	实现10GSFP+（可插拔光模块）芯片工程化，实现产业化SFP+芯片100万片/年，在1～2家有源光缆重点客户得到规模化应用	数据传输比特率：不小于10Gbps；运行温度范围：0℃到70℃；电源电压范围：3.3V±5%；整体功耗：不大于1W；数字诊断功能：符合SFF-8472标准
4	高端装备用精密电阻	促进合金箔和金属膜为导电材料的紧密电阻器工程化和产业化，2016年中小批量中试，实现产业化5亿只/年	电阻温度特性：±5、±10×10^{-6}/℃；温区范围：-65℃～+200℃；温度系数：＜3ppm

（续表）

序号	重点方向	实施目标	主要内容和产品（技术）要求
核心基础零部件（元器件）			
5	工业机器人轴承	2017 年完成中试；2018 年小批量生产；2019 年实现产业化；具有自主知识产权能力达 60%	同时具有以下技术能力： 1）工业机器人 RV 减速机轴承：精度 P4 级，温升不超过 30℃，使用寿命 6000 小时以上 2）工业机器人谐波减速机轴承：精度 P5 级（部分 P4 级），使用寿命 6000 小时以上 3）工业机器人等截面薄壁轴承：精度 P5 级，使用寿命 6000 小时以上 4）工业机器人薄壁高叉圆柱滚子轴承：精度 P4 级，使用寿命 6000 小时以上
6	高档机床用主轴	2017 年实现工程化，2018 年使用验证改进，2019 年稳定生产实现产业化	1）空气静压电主轴，旋转精度小于 0.1 微米。轴颈 50 以下规格转速大于 20000 转，轴颈 50～100 规格转速大于 10000 转，轴颈 100 以上规格转速大于 5000 转 2）水静压电主轴，旋转精度小于 0.1 微米。轴颈 50 以下规格转速大于 10000 转，轴颈 50～100 规格转速大于 5000 转，轴颈 100 以上规格转速大于 2500 转
7	轨道交通用动力型超级电容器	解决产业发展的关键技术瓶颈；轨道交通用动力型超级电容器达到国际领先水平，2016 年实现小批量生产，最终实现 120 万只/年的产业化能力	具有电极材料自主知识产权，掌握大部分材料工程化、产业化生产技术；功率型：比功率 ≥ 8000W/kg；比能量 ≥ 10Wh/kg；循环寿命 ≥ 50 万次。能量型：比能量 ≥ 25Wh/kg；比功率 ≥ 3000W/kg；循环寿命 ≥ 30000 次
8	柴油机可变截面涡轮增压器	实现可变截面增压器的高效率、高可靠性和良好的操控性，实现工程化，保证产品一致性。实现 30 万套/年柴油机用可变截面涡轮增压器的产业化能力	发动机转速 40% 时，涡轮热效率 0.6～0.65，总效率 0.40～0.45，120h 耐久热循环考核前后可变截面驱动阻力变化 ≤ 3%，平均无故障间隔时间（MTBF）≥ 4000 小时，驱动可变喷嘴扭矩 ≤ 2N•m；增压器寿命 10 万公里以上，达到国五以上指标

（续表）

序号	重点方向	实施目标	主要内容和产品（技术）要求
核心基础零部件（元器件）			
9	大功率舰船用发动机传动链条	1）形成大功率高强度链条设计技术、制造工艺批量化生产规范； 2）产品技术达到国际先进水平 3）实现批量生产，实现为舰船配套，满足大功率舰船用发动机传动对链条的需求	1）链条节距精度要求，每任意相邻2链节长度许用公差，相对于其名义长度：0～0.15%；使用允许精度：A、配合链轮小于60齿时≤1.5%；B、配合链轮60-80齿时≤1.2%；C、配合链轮80～100齿时≤1% 2）新链条初期跑合磨损量为名义链长0.02%～0.05%，链条使用寿命≥10年 3）在船用大功率发动机强烈振动工况下，链条的链板材料标样抗冲击能力（标样尺寸10×10×55）>28J
10	特高压断路器用大功率液压碟簧操动机构	大功率条件下，促进高速运动负载的加速与缓冲特性、碟簧力学特性、控制阀的系统稳定性、工作缸、控制阀零件的制造工艺性能研究，实现工程化应用	闭锁压力操作功率：分闸：38KJ/合闸：8KJ；机构额定操作压力：57.6MPa；从零压到油泵停止储能时间：<120s；线圈电压：DC110V/220V；电机电压：AC/DC220V；控制回路电压：DC110V/220V；机械寿命：5000～10000次
11	低速大转矩智能节能永磁驱动电机	优化提升稀土永磁直驱关键技术，实现装备低速直驱，对矿山、港口、水泥、电力等行业的传送、粉磨等高耗能系统改造后可节能30%以上，并使系统运行更稳定。实现年产低速大转矩稀土永磁直驱装置及配套系统300台（套）产业化能力	实现齿槽转矩/额定转矩<1.0%，转矩密度≥23KNm/m³，启动转矩/额定转矩≥2.0，过载转矩/额定转矩≥2.2，效率≥95%
12	新能源汽车用IGBT	提高IGBT、FRD芯片和器件性能，满足电动汽车工作条件的严酷性和复杂性功能要求，降低成本，实现在电动汽车领域的规模应用	1）电动汽车用IGBT模块，集成热管理功能，电压等级600～800V，额定电流800A，导通压降≤1.55V 2）电动汽车用IGBT组件，集成热管理、驱动电路与传感器，电压等级600～800V，额定电流800A，导通压降≤1.55V

（续表）

序号	重点方向	实施目标	主要内容和产品（技术）要求
核心基础零部件（元器件）			
13	硅衬底GaN基LED	提升硅衬底GaN基LED芯片、器件和模组的性能和可靠性，满足汽车大灯照明等领域应用需求。重点解决金属反射层技术、外延片与硅基板之间的键合技术等，提升产品良率，实现在汽车大灯实现应用	硅衬底白光LED器件的发光效率≥160lm/W，基于硅衬底LED器件的汽车大灯模组在$1×4mm^2$面积下的方向光出光≥1000lm
14	嵌入式射频模组基板	实现产业化5000片/月，产品优良率≥80%	1）形成小型射频电路功能，并提供焊接IC、元器件、屏蔽壳的接口的高密度射频基板 2）尺寸：300mm以下尺寸可自由定制； 3）工作频率：基板可以传输DC-40G的射频信号 4）可靠性满足军民用标准
15	高速机车动力（牵引、传动等）系统高性能级紧固件	1）形成高速列车高性能紧固件的用材、制造工艺，性能和质量稳定的规范化技术 2）实现产业化 3）达到国际先进水平	10.9级（12.9级）两大类高性能紧固件： 1）机械性能（抗拉强度）：10.9级≥1070MPa（12.9级≥1250MPa） 2）屈服强度：940MPa（12.9级≥1100MPa） 3）硬度值：HRC32-39（控制±2°）（12.9级HRC39-44，控制±2°），芯部/表面差值≤HV30 4）疲劳寿命≥450万次（加载60） 5）摩擦系数0.13±0.03 6）螺纹精度≤5g（淬后搓、滚丝） 7）PPM＜60
16	网联汽车、智能机器人等智能装备操作系统及软件	2017年完成功能性验证和基础测试，2018年完成中试试用，2019年完成规模应用	安全性、实时性、可靠性达到相关国际功能安全认证标准；兼容复杂装备及其现场总线或其他主流互联通信协议；支持主流组态语言配置与集成；可提供丰富的开发工具和软件接口；能够满足汽车、智能机器人等智能装备领域专业化要求

（续表）

序号	重点方向	实施目标	主要内容和产品（技术）要求
核心基础零部件（元器件）			
17	节能与新能源汽车先进高效机电耦合驱动系统	实现工程化应用，乘用车深度混合动力系统产品产业化能力≥5万套/年	1）输入扭矩≥200Nm，输出扭矩≥2200Nm，系统效率≥94% 2）系统功率密度（含变速箱与电机）>1.5kW/kg 3）设计满足模块化、系列化要求，适用于开发混合动力、插电式混合动力和纯电动汽车 4）纯电工况下最高机械传递效率达到96%，混合动力工况下节油率>30%
18	48VBSG集成一体化总成	完成整车标定和耐久试验；实现满足技术指标要求的20万台/年产业化能力	BSG总成电动功率≥9kW，发电功率≥12kW；BSG电机总成密度≥1.0kW/kg；封装型功率模块电压等级≥100V，电流等级≥600A；功率模块结温满足-40～175℃
19	轿车车身结构件及底盘结构件铝镁合金高真空挤压压铸模具	实现轿车车门内板镁合金压铸模具，车门外板铝合金、减震塔等结构件压铸模具，C级以上轿车车身轻金属压铸模具提高保障能力	1）铝镁合金一次压铸成型用模具（实现替代传统焊接/铆接组合结构件）：轿车车门内板镁合金压铸模具；车门外板铝合金，减震塔等结构件压铸模具；C级轿车前臂、后臂、转向节等结构件铝合金挤压铸造模具 2）模具寿命≥6万模次；压铸周期≤150S；压铸废品率<2.5%，生产周期≤120天；实现产业化生产
20	机器人视觉传感器	2016年完成中试及小批量生产，2017年实现工程化、产业化并部分达到国际先进水平，2019年有效保障能力达30%	符合GigEVision或USB3Vision标准，实现分辨率可达30～1500万像素，帧率7～850帧/秒，模数转换精度可达14bit，像素深度8～12bit，清晰度400～3000线。逐步应用自主可控的CCD和CMOS传感器，机械尺寸与世界先进水平基本保持一致。提供二次开发接口，满足必要的工业认证。产品应用量在自主品牌同类产品居于领先水平。产品达到国际领先水平

（续表）

序号	重点方向	实施目标	主要内容和产品（技术）要求
核心基础零部件（元器件）			
21	宽温区高可靠薄膜压力传感器	技术水平国内领先，形成年产3万套薄膜压力传感器的生产能力，经济规模将达到1亿元以上	量程：0～0.6MPa…200MPa；类型：绝压、表压；工作温度：系列化产品，覆盖-60℃（液氢）～+200℃；准确度：0.3%FS；热零点漂移：0.01%FS/℃；热灵敏度漂移：0.02%FS/℃；过载压力：150%FS；安全压力：200%FS
22	水下考古机器人专用激光探测器	2017年底，实现50台水下考古专用机器人产业化能力；在文物保护、海洋和内湖河地质调查等推广应用	YAG蓝绿激光器，波长：532nm；重复工作频率：10Hz；成像距离：大于30m（混浊水域）；潜水深度：300m
关键基础材料			
23	高温单晶母合金	1）系统研究合金元素变化及其交互作用对合金偏析行为、共晶溶解动力学、第二相析出行为、合金组织稳定性、变形行为、抗热腐蚀性能、合金缺陷等形成的影响。开展合金成分优化设计，研制性能达国际同类材料的上述的合金配方 2）开展对合金真空熔炼、精炼、提纯工艺研究和"中间合金"的配比研究，掌握超高纯度熔炼工艺。建立产品纯度高，配比准确性好，化学成分均匀的高温合金熔炼工艺体系 3）建立完善的高纯度、等轴、定向、单晶高温合金的制备技术标准和工艺规范，形成工程化、产业化能力	1）主要有害元素控制指标：氧、氮、硫总含量≤10ppm 2）力学性能，持久性能980℃/250MPa，持久寿命≥100小时；1100℃/130MPa持久寿命≥100小时；1150℃/130MPa持久寿命≥100小时；760℃拉伸性能：σb≥1000MPa，δ≥5% 3）控制Bi，Tl，Se，Te等痕量杂质元素30种以上 4）合金锭表面不允许有一次缩孔。材料试棒疏松和偏析小于0.5级。单晶材料试棒晶粒取向[001]方向小于15° 5）具备超纯净单晶高温合金母合金熔炼剂返回料处理、重熔及再利用能力
24	PDO（生物法1，3丙二醇）及PTT（聚对苯二甲酸丙二醇酯）纤维	实现2万吨/年PDO产业化能力；5万吨/年以上的生物聚酯（PTT）工程化装置，扩大PTT纤维在多品种、多领域市场的应用	PDO产品纯度≥99.9%；切片熔体特性粘度>0.9dl/g；PTT纤维弹性恢复率≥82%

（续表）

序号	重点方向	实施目标	主要内容和产品（技术）要求
		关键基础材料		
25	超低损耗光纤	满足陆地和海洋光通信以及监测等干线的需求	最大损耗：≤ 0.165dB/km@1550nm；≤ 0.204dB/km@1625nm；最大偏振模色散（PMD）：≤ 0.1ps/km；有效面积典型值：≥ 110μm² @ 1550nm；最大光缆截止波长 λcc：≤ 1260nm；色散系数：≤ 18ps/nm/km@1550nm；色散系数：≤ 22ps/nm/km@1625nm；宏弯损耗（10mm 直径，1 圈）：< 0.75dB@1550nm
26	电子级高纯多晶硅	2016 年实现 9N 产品小批量生产，持续推进电子级高纯多晶硅工程化，逐步提升集成电路用电子级高纯多晶硅产品技术水平	支持电子级高纯多晶硅等关键半导体材料的生产工艺改进，产品技术要求达到 GB/T12963-2014 电子 1 级多晶硅要求，实现工程化，并形成一定的产业化生产能力
27	高精度铜蚀刻液	1）实现产品产业化稳定生产，降低产品金属离子杂质含量，控制产品颗粒物含量 2）优化产品配方工艺，掌握不同金属层同步蚀刻技术、合成高纯稳定剂及无残留表面活性剂技术，完善蚀刻功能性，保证产品蚀刻量、蚀刻速率、蚀刻角度的稳定性	高精细铜蚀刻液：杂质金属离子 ≤ 500ppb，颗粒物（≥ 0.5um）≤ 50 个/ml，蚀刻角度 30 ~ 60°，玻璃层损伤 < 2A/s，关键尺寸偏差 < 1μm（50% 过蚀刻时间）
28	彩色光刻胶	通过新型显示生产线验证，进入供应链正式供货，2016 年可实现 300 吨工程化能力	厚度 < 1 微米；方阻阻抗值 > 10^{12}；具有高耐热性，可在 280 度的温度下稳定工作；硬度 > 4H
29	氮化铝陶瓷粉体及基板	实现工程化，并形成产业化生产能力。	1）基板：密度 ≥ 3.30g/cm³；热导率（20℃）≥ 180W/m·K；抗折强度 ≥ 380MPa；线膨胀系数（RT ~ 500℃）4.6 ~ 4.8 × 10^{-6}/℃；表面粗糙度 Ra(μm)0.25 ~ 0.40 2）粉体：C ≤ 300ppm；O ≤ 0.750%；粒度分布 (μm)：D10 ≤ 0.65，D50 ≤ 1.30，D90 ≤ 3.20；比面积 ≥ 2.8m²/g

序号	重点方向	实施目标	主要内容和产品（技术）要求
		关键基础材料	
30	电力电子器件及功率模块（大功率IGBT）封装用 DBC 基板—高纯无氧铜箔	1）开发出符合使用要求的 DBC 用高纯无氧铜箔产品 2）建成 300 吨 / 年生产示范线，支撑我国功率集成电路与大功率器件产业发展	1）化学成分：全元素分析（GDMS 法）杂质元素（不含气体元素）≤ 10ppm，O 含量 ≤ 5ppm 2）显微组织：平均晶粒尺寸≤ 70μm，960℃下 10 分钟退火平均晶粒尺寸≤ 100μm 3）抗拉强度：330 ～ 370MPa 4）硬度 HV1：105 ～ 120 5）导电率（%IACS）：101 6）铜箔厚度：0.1 ～ 0.7mm 7）铜箔表面粗糙度：≤ 0.4μm
31	电力电子器件用硅单晶圆片	形成电力电子器件用 8 英寸高阻区熔中照硅单晶圆片的生产能力，满足国内 600V ～ 6.5kV 的 IGBT 生产的需求	1.8 英寸区熔中照高阻硅晶圆片：直径 200mm，少子寿命≥ 300us，氧含量≤ 1 × 1016atoms/cm^3，碳含量≤ 2 × 1016atoms/cm^3，无位错，电阻率≥ 300Ω·cm，满足制造 600V ～ 8000V 器件的要求
32	节能与新能源汽车动力电池关键基体材料	电极基体材料应用于两种以上电池，实现 400 万 m^2/ 年的产业化能力	基体材料厚度：0.035mm ～ 3mm；孔隙率：20% ～ 98%；化学成分：Cu、Fe 等金属杂质元素含量根据电池特殊要求≤ 0.03%，主要成分含量＞ 99.90%；产品关联动力电池包关键特性一致性 CPK 值≥ 1.67，生产线过程能力指数 CPK 值＞ 1.67，生产线自动化率：≥ 95%
33	高性能闪烁晶体	制造出满足 PET 设备、TOF-PET 应用要求的高性能稀土闪烁晶体	Ce:LYSO 晶体：尺寸 φ80 × 200mm，衰减时间≤ 42ns，光输出≥ 28photons/kev。卤化物晶体：尺寸≥ φ100 × 100mm，衰减时间≤ 18ns，能量分辨率＜ 3.0%（Cs137源），光输出≥ 60photons/kev

（续表）

序号	重点方向	实施目标	主要内容和产品（技术）要求
		先进基础工艺	
34	航空发动机及重型燃气轮机耐高温叶片精密铸造及陶瓷涂层工艺	开展航空发动机及重型燃机高温合金定向凝固及单晶叶片成形及涂层工艺技术提升，形成世界先进水平的材料和成形技术开发能力，提高我国在航空发动机及重型燃机领域的定向及单晶叶片的技术水平	1）高压和低压单晶涡轮叶片定向凝固铸造成套工艺应用，缩短工程化周期50%，降低成本50%。单晶叶片的成品率≥50% 2）大尺寸重燃叶片的定向/单晶成形工艺应用，掌握精密铸造成形、定向凝固控制及涂层关键技术，定向凝固叶片的成品率不低于70%，单晶叶片的成品率不低于50%。缩短工程化周期50%，降低成本50%。建立具有自主知识产权的重型燃机高温叶片定向/单晶成形工艺技术规范和标准
35	集成电路制造工艺	继续完善32/28nm逻辑代工工艺，扩大产能规模，支撑国内设计业发展；完善嵌入式存储器等特色工艺，通过工艺能力进步提升智能卡、工业控制芯片性能	提升28nm多晶硅和高K介质金属栅极的芯片代工工艺生产能力，丰富IP数量，服务国内骨干设计企业2家以上；完善0.18-0.11μm嵌入式存储器芯片工艺，支持智能卡、工业领域芯片开发应用
36	金属粉末增材制造工艺	突破金属（以钛合金为重点）增材制造关键共性技术，技术创新能力达到世界先进水平	1）突破以钛合金为重点的金属粉末制备工艺（含氧量低、圆整度高、均匀性好）。专用金属粉末球形率大于90%，松装密度大于致密材料的50%；粒度小于45微米球形钛合金粉末收得率大于40%；形成增材制造专用金属粉末产品标准。增材制造钛合金粉末自给率达到60% 2）实现金属（钛合金为重点）增材制造关键核心技术及关键器件在航空、航天、大飞机等高端装备重点企业中示范应用及推广 3）实现工艺-组织-性能预测及优化，缩短工程化周期50%，降低成本50%

（续表）

序号	重点方向	实施目标	主要内容和产品（技术）要求
		先进基础工艺	
37	精密及超精密加工工艺	在微米及亚微米级加工批量稳定生产的基础上，扩大亚微米加工技术应用，力争0.1～0.01μm超精密加工精度，在保证稳定性和可靠性的前提下，实施批量生产加强纳米级加工技术和装备工程化水平，逐步使我国的精密及超精密加工技术接近并达到国际先进水平	1）光学非球表面零件车削与磨削工艺技术。中小规格零件的面型精度PV值达到$1/4 \sim 1/10\lambda$（λ 为光波长度一般取$\lambda = 0.6828\mu m$）；大型零件的精度随面型形状不同，面型精度数值基本提升到现有的1/2左右 2）微结构阵列光学模具加工技术（包括：车削工艺、快刀伺服FTS工艺等）。表面粗糙度Ra小于8nm
38	轻量化材料精密成形工艺	铝合金、镁合金及高强钢成形工艺成套技术实现产业化应用。轻量化工艺技术水平达到国外同类先进技术水平，部分技术达到国际前沿水平	开发和推广应用铝合金、超高强钢的热冲压成形工艺，铝合金高致密高真空压铸及挤压铸造工艺，铝合金、镁合金半固态铸造和反重力铸造高致密铸造工艺等，满足节能和新能源汽车、飞机等产业化应用要求。缩短工程化周期50%，降低成本50%
39	超大型构件先进成形、焊接及加工制造工艺	重点针对核电等能源装备、海洋工程和船舶装备等的超大型构件（核电转子、船体），推广超大型构件先进共性铸造工艺、锻造工艺、焊接工艺及热处理工艺技术；推广应用集成计算材料工程技术，提高成形加工全流程信息化与数字化水平，实现超大型构件成形制造全过程的质量控制	1）超大型转子整体锻件成形、分段制造成套工艺开发（铸锭、锻造、热处理全流程制造），以及全流程模拟仿真技术，在重型企业推广应用。工程化周期缩短50%，成本降低50% 2）针对国内高端用途大型钛及钛合金铸件，研制大型铸件专用凝壳炉，使大型铸件外形尺寸及公差由目前典型的C10级提高到C8级别，产品性能达到美国ASTM/ASME、中国GB/GJG标准水平，产品单重≥900kg

（续表）

序号	重点方向	实施目标	主要内容和产品（技术）要求
		产业技术基础	
40	城市轨道交通列车通信与运行控制公共服务平台	两年内建成一条示范线路，开始为行业提供公共试验检测等服务，五年内可广泛推广应用。	1）建设轨道交通控制系统关键技术和产品工程化、仿真测试、安装调试平台等 2）具体要求： （1）形成以运营指挥为核心，车辆、信号、供电、机电、通信等多系统深度集成的综合监控系统，实现可靠、迅速、高效的多专业自动联动 （2）车辆实现设备自动控制 （3）通信系统可综合承载信号、CCTV、PIS 等业务 （4）建成基于大数据的运营维护综合调度指挥平台等
41	超特高压开关设备可靠性与全寿命周期公共服务平台	1）搭建高压开关机械可靠性试验平台，通过配置各种传感器，实现各种信息：如六氟化硫气体的压力、温度、密度、湿度，分、合闸线圈电流，储能电流，触头行程、触头温度、触头运行状态以及开关行程曲线等特征量进行实时的监控和采集 2）对行业各种智能元件（如 ZKA 型 GIS 间隔智能检测装置等）的准确性进行比对试验验证和可靠性检测。在高压开关产品完成机械可靠性测试后，对产品进行绝缘性能试验验证 3）以产品可靠性和寿命周期的试验为方向，开展开关核心材料及关键零部件的疲劳寿命等理化试验，为产品可靠性和寿命预测提供基础数据，逐步发展成为开关特色的理化实验室	1）高压开关机械可靠性试验专用试验平台；对高压开关的关合、开断、保护、控制、调节和测量电力线路等主要功能进行可靠性及差异化检测 2）建立一套包含零区测试装置、光谱测试仪和二维 / 三维流场测试仪（PIV）的平台，实现对灭弧室内部（喷口区域）SF6 气流场的直接测量。掌握灭弧室内部流动机理，增强灭弧室内部复杂流场的能力 3）建立隔离开关开合母线工况下抗干扰试验的专用试验室，模拟现场隔离开关开合空母线及容性小电流负荷过程，产生符合标准的和接近现场暂态强干扰，研究在该条件下电子式互感器的抗 TEV 防护性能。实现电子式互感器以及智能电子元件在 GIS 一次本体应用方面的抗干扰研究 4）根据高压开关产品的运行环境差异，建立高寒、高湿热、污秽、长雨季及盐雾环境的试验平台，考核和验证产品零部件，如机构、箱体类以及绝缘类零件，对恶劣环境的抵抗能力

（续表）

序号	重点方向	实施目标	主要内容和产品（技术）要求
		产业技术基础	
42	工业大数据公共服务平台	1）实现面向国家新型工业化产业示范基地园区产品生产、流通、使用、运维以及园区企业发展等数据的高效采集、有效整合和深度应用，显著提升提高园区进行生产管理、服务和决策的科学化、智能化、精细化程度 2）通过聚合各园区工业大数据资源，开展重点行业、重点环节工业大数据分析应用，促进重点产业技术资源跨区域、跨领域整合配置和开放协同	1）建成国家新型工业化产业示范基地园区工业大数据平台，根据园区（集聚区）实际情况整合工商、税务、财政、招商、统计等数据资源，提供经济运行、科技创新、绿色发展、集群发展、对外交流等大数据监测、分析、预测和预警功能 2）形成园区（集聚区）工业大数据汇交机制，实现重点行业、重点环节的工业大数据聚合和综合分析应用，支撑重点产业技术资源跨区域、跨领域整合配置和开放协同
43	航空轴承检测鉴定公共服务平台	为行业提供全面、专业的航空轴承检测鉴定服务，对选用合适轴承进行检测判定，确保产品稳定性，提高使用安全性和可靠性。开展检测鉴定技术和检测设备研究，开发先进的检测手段，统一技术标准，形成检测规范，提高航空轴承的行业服务能力	1）为用户单位提供全寿命、一站式航空轴承应用服务解决方案 2）建立航空轴承基础数据库共享平台 3）以为用户提供全方位的检测服务解决方案为目标，加强对现有检测仪器、检测方法的优化与创新，不断开展相关设备的研制与应用 4）建立航空轴承检测认证平台。开展标准化的、全方位的第三方试验鉴定考核，并给出评估与鉴定意见 5）建立四级试验考核体系，推动技术成熟度的稳步提升，为先进技术的成果转化及工程应用提供技术支持

（续表）

序号	重点方向	实施目标	主要内容和产品（技术）要求
			产业技术基础
44	基于宽带移动互联网的智能汽车和智慧交通应用示范工程及产品工程化公共服务平台	通过建设基于宽带移动互联网的智能汽车和智慧交通应用示范工程及产品工程化公共服务平台，服务构建4.5G/5G、智能汽车与智慧交通融合发展的产业生态和智能汽车与智慧交通关键技术和产品的工程化和产业化，支持宽带移动通信、移动互联网、电子信息、汽车制造等产业的发展	1）形成较为完善的产品标准符合性验证、系统级试验验证等服务能力，服务智能车载平台、车路协同通信、智慧停车、辅助安全驾驶、全自主驾驶等关键技术的突破 2）服务实时快速图像处理、多源信息融合等核心共性技术的突破，支持推进核心处理器、网络通信芯片、北斗导航芯片、传感器芯片等的工程化和产业化 3）建设基于车载环境下的4G/5G网络通信、LTE-V2X、北斗导航定位技术标准、测试验证和公共服务中心
45	高性能医疗器械技术服务平台	通过建立数字化普及型医疗设备工程化及产业应用公共服务平台，针对医疗设备研发、生产和推广，提供生产工艺、安全性、可靠性、经济性和临床应用评价等共性技术服务，促进医疗设备质量水平提升和推广应用	1）建立数字化医学成像、无创检测诊断、精准智能手术、植入式医疗、人工器官3D打印等医疗设备生产检测技术、可靠性、安全性、经济性和临床应用评价技术等关键共性技术公共服务平台，为行业提供相关技术服务 2）开展医疗设备的共性技术工程化、标准体系、检测验证、临床应用评价及示范等技术服务，支持数字化医疗设备的设计与生产改进，促进医疗设备在医院、家庭、社区等的应用推广，提升我国基层医疗诊治水平
46	碳纤维复合材料试验公共服务平台	实现国内碳纤维生产企业、复合材料制造单位（研究院所、企业）和用户等高技术企业的对接，在轨道交通、汽车、电缆、风电叶片、航空航天领域完成碳纤维复合材料的生产，满足高铁、汽车等下游产品的性能要求，实现逐步应用推广	围绕轨道交通、汽车、电缆、风电叶片、航空航天等领域，建立碳纤维复合材料试验公共服务平台，检验复合材料成型方式，如RTM、拉挤、热压罐等典型方式，向全行业提供生产试制、检测、评价一体化技术服务，实现碳纤维复合材料的在上述领域的应用

序号	重点方向	实施目标	主要内容和产品（技术）要求
产业技术基础			
47	笔头及墨水适配试验公共服务平台	1）完成笔头和墨水稳定性设计实施方案，建立笔头墨水匹配性能数据库，并在行业内推广应用 2）完善笔头金属材料力学性能、墨水稳定性、金属笔头与墨水匹配性等行业共性问题的测试方法，搭建行业检验检测平台	1）建立笔头金属材料分析检测平台和墨水分析实验检测公共服务平台，完善笔头结构、笔用金属材料与墨水的腐蚀性能、墨水功能化设计及配方优化、墨水与笔头的匹配、墨水稳定性等领域的检验检测技术手段 2）在行业内应用笔头和墨水稳定性设计实施方案，建立匹配性能数据库，通过平台与企业的技术对接服务，使国内主流企业主要产品书写流畅，书写长度＞800m，摩擦系数达到0.20～0.30，出墨量波动幅度＜10%；主流企业所用乳化墨水笔书写流畅，摩擦系数＜0.15；出墨量波动幅度＜10%；主流企业所用乳化墨水、记号墨水产品储存稳定性＞18个月

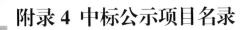

附录4 中标公示项目名录

序号	分包项目名称（重点方向）	中标候选人名称
1	柔性直流输电用控制保护系统	南京南瑞继保电气有限公司
2		西安西电电力系统有限公司
3	智能电网用户端产品研发检测及可靠性技术基础公共服务平台	上海电器科学研究所（集团）有限公司
4	LED照明用耐高温、长寿命、小型固态铝电解电容器	南通江海电容器股份有限公司
5		湖南艾华集团股份有限公司
6	柔性直流输电换流器及特高压直流电用陶瓷道题电阻及集成冷却装置	常州博瑞电力自动化设备有限公司
7		景德镇神飞特种陶瓷有限公司
8	柔性直流输电试验系统	特变电工西安电气科技有限公司
9		西安西电电力系统有限公司
10	自主三代核电技术关键传感器及仪表组件	绍兴春晖自动化仪表有限公司
11		重庆材料研究院有限公司
12		重庆川仪十七厂有限公司
13	超大型构件先进成形、焊接及加工制造工艺	二重集团（德阳）重型装备股份有限公司
14		沈阳铸造研究所
15	超特高压开关设备可靠性与全寿命周期公共服务平台	湖南长高高压开关集团股份公司
16		西安高压电器研究院有限责任公司
17	低速大转矩智能节能永磁驱动电机	安徽皖南电机股份有限公司
18		抚顺煤矿电机制造有限责任公司
19		山东欧瑞安电气有限公司
20	特高压断路器用大功率液压碟簧操动机构	山东泰开高压开关有限公司
21		西安西电高压开关操动机构有限责任公司

（续表）

序号	分包项目名称（重点方向）	中标候选人名称
22	盾构/TBM主轴承减速机工业试验平台	中铁工程装备集团有限公司
23	轿车动力总成系统以及传动系统旋转密封	安徽中鼎密封件股份有限公司
24	民爆装备"试、检、认一体化"服务平台	北京机械工业自动化研究所
25	300KM/h以上高速列车用高性能合金钢制动盘	常州南车铁马科技实业有限公司（常州中车铁马科技实业有限公司）
26		江苏鼎泰工程材料有限公司
27	工程机械与工程车辆用多路阀	北京华德液压工业集团有限责任公司
28		山河智能装备股份有限公司
29		四川长江液压件有限责任公司
30	高档机床用主轴	广州市昊志机电股份有限公司
31		山东博特精工股份有限公司
32	硅衬底GaN基LED	晶能光电（江西）有限公司
33		南昌黄绿照明有限公司
34	精密及超精密加工工艺	浙江蓝特光学股份有限公司
35	机器人视觉传感器	国营云南安宁化工厂
36		中国电子科技集团公司第四十四研究所
37	海洋工程、基建工程用高强耐碱集成化玻纤维材料	山东润德复合材料有限公司
38		泰安路德工程材料有限公司
39		泰山玻璃纤维有限公司
40	大功率舰船用发动机传动链条	环球传动泰州有限公司
41		青岛征和工业股份有限公司
42	能源装备高性能叶片制造工艺	天仟重工有限公司
43		无锡透平叶片有限公司

（续表）

序号	分包项目名称（重点方向）	中标候选人名称
44	航空发动机及重型燃气轮机耐高温叶片精密铸造及陶瓷涂层工艺	东方电气集团东方汽轮机有限公司
45	航空轴承检测鉴定公共服务平台	中航工业哈尔滨轴承有限公司
46		中国航空综合技术研究所
47	金属粉末增材制造工艺	西安赛隆金属材料有限责任公司
48		上海材料研究所
49		湖南顶立科技有限公司
50	水下考古机器人专用激光探测器	西安天和防务技术股份有限公司
51	工业机器人轴承	常熟长城轴承有限公司
52		宁波慈兴轴承有限公司
53		哈尔滨轴承制造有限公司
54	节能与新能源汽车动力电池关键基体材料	天津力神电池股份有限公司
55		常德力元新材料有限责任公司
56		山东联诚精密制造股份有限公司
57		海马汽车有限公司
58		精进电动科技（北京）有限公司
59	新能源汽车用 IGBT	江苏宏微科技股份有限公司
60		上海道之科技有限公司
61		株洲中车时代电气股份有限公司
62	宽域氧传感器	常州联德电子有限公司
63	能源装备高性能叶片制造工艺	四川绵竹鑫坤机械制造有限责任公司
64	汽车自动变速器行星排总成	盛瑞传动股份有限公司
65		西安法士特汽车传动有限公司
66	48VBSG 集成一体化总成	上海汽车电驱动有限公司
67	大型经济作物收获机械液压系统	山东常林机械集团股份有限公司

（续表）

序号	分包项目名称（重点方向）	中标候选人名称
68	柴油机可变截面涡轮增压	宁波威孚天力增压技术有限公司
69		天津北方天力增压技术有限公司
70	超高温陶瓷及陶瓷基复合材料	西安鑫垚陶瓷复合材料有限公司
71	高端装备零部件先进成形研发检测技术公共服务平台	机械科学研究总院
72	空气净化器用高性能过滤器	北京亚都环保科技有限公司
73		浙江盾安人工环境股份有限公司
74	创新药物产业化项目	北京泰德制药股份有限公司
75		贝达药业股份有限公司
76		石药集团百克（山东）生物制药有限公司
77	海藻纤维及应用	青岛明月海藻集团有限公司
78		青岛青大海源集团有限公司
79	壳聚糖短纤维及应用	海斯摩尔生物科技有限公司
80	高性能医疗器械技术服务平台	重庆金山科技（集团）有限公司
81		重庆山外山血液净化技术股份有限公司
82	医用 CT 机用高能 X 射线管组件	昆山国力真空电器有限公司
83		中国电子科技集团公司第十二研究所
84	城市轨道交通列车通信与运行控制公共服务平台	交控科技股份有限公司
85	高速机车动力（牵引、传动等）系统高性能级紧固件	常熟市标准件厂
86		冷水江天宝实业有限公司
87	轨道交通用动力型超级电容器	中车集团株洲电力机车厂
88	高端橡塑密封元件研发检测服务平台	广州机械科学研究院有限公司
89	高氟含量氟橡胶材料	浙江巨化股份有限公司氟聚厂

（续表）

序号	分包项目名称（重点方向）	中标候选人名称
90	高性能芳纶纤维层压制品	烟台民士达特种纸业股份有限公司
91		株洲时代新材料科技股份有限公司
92	高阻尼/高回弹橡胶及热塑性弹性体材料	新疆蓝山屯河化工股份有限公司
93		株洲时代新材料科技股份有限公司
94	海洋工程及核电用高氮不锈钢	安泰科技股份有限公司
95	连铸连轧生产汽车用高品质特殊钢工艺	东北特钢集团北满特殊钢有限责任公司
96	全氟己酮灭火剂	上海爱默金山药业有限公司
97		中化蓝天集团有限公司
98	用于手机、PC 摄像头及汽车摄像头镜头蓝玻璃红外截止滤光片	浙江水晶光电科技股份有限公司
99	重金属脱除用高分子复合凝胶吸附剂	长沙赛恩斯环保科技有限公司
100	超特高压输变电设施用防污型绝缘材料	内蒙古精诚高压绝缘子有限责任公司
101		中材江西电瓷电气有限公司
102	高纯稀土金属、高纯或特殊物性稀土化合物	有研稀土新材料股份有限公司
103		甘肃稀土新材料股份有限公司
104		中铝广西国盛稀土开发有限公司
105	高能射线探测与成像用碲锌镉晶体	清远先导材料有限公司
106		陕西迪泰克新材料有限公司
107	高效无机真空绝热板	安徽百特新材料科技有限公司
108		中亨新型材料科技有限公司
109	高性能稀土抛光材料	常州市卓群纳米新材料有限公司
110	介稀土发光材料及器件	有研新材料股份有限公司
111		甘肃稀土集团有限责任公司
112	双极膜规模化制备及应用产业化	北京廷润膜技术开发有限公司
113	特种稀土合金	威海万丰镁业科技发展有限公司

（续表）

序号	分包项目名称（重点方向）	中标候选人名称
114	无石绵复合纤维摩擦材料	山东金麒麟股份有限公司
115		咸阳非金属矿研究设计院有限公司
116	稀土储氢材料及器件	中国钢研科技集团有限公司
117		深圳市豪鹏科技有限公司
118		国科稀土新材料有限公司
119		钢铁研究总院
120		北京中科三环高技术股份有限公司
121		昆明贵研催化剂有限责任公司
122		中铝广西有色稀土开发有限公司
123		凯龙蓝烽新材料科技有限公司
124	稀土功能助剂	广东炜林纳新材料科技股份有限公司
125	稀土检测技术服务平台	湖南稀土金属材料研究院
126	超高压大流量电液比例伺服二通插装阀	山东泰丰液压股份有限公司
127		上海诺玛液压系统有限公司
128	非金属矿物材料研发、应用、检测、标准化技术基础公共服务平台建设	苏州中材非金属矿工业设计研究院有限公司
129		咸阳非金属矿研究设计院有限公司
130	高端装备用高性能硬质合金刀具涂层技术	赣州澳克泰工具技术有限公司
131		株洲钻石切削刀具股份有限公司
132	航空用高精度高温合金管材	重庆钢铁研究所有限公司
133	核级泵用机械密封及核级静密封件	合肥通用环境控制技术有限责任公司
134		宁波天生密封件有限公司
135		四川日机密封件股份有限公司
136	核用高纯硼酸	大连金玛硼业科技集团股份有限公司
137		大连兆科生物化工有限公司

（续表）

序号	分包项目名称（重点方向）	中标候选人名称
138	聚四氟乙烯纤维及滤料	江苏金由新材料有限公司
139		厦门三维丝环保股份有限公司
140	耐650℃以上高温钛合金材料	青海聚能钛业有限公司（青海聚能钛业股份有限公司）
141		西部钛业有限责任公司
142		有研亿金新材料有限公司
143	片式多层陶瓷电容器用介质材料	山东国瓷功能材料股份有限公司
144		中国振华集团云科电子有限公司
145	人工合成高品质云母材料	广西七色珠光材料股份有限公司
146		江阴市友佳珠光云母有限公司
147	石墨烯薄膜规模化生产	安徽百特新材料科技有限公司
148		常州二维碳素科技股份有限公司
149		重庆墨希科技有限公司
150	先进焊接工艺与智能焊接技术装备研发与服务平台	机械科学研究院哈尔滨焊接研究所
151	形状记忆合金及智能结构材料	兰州西脉记忆合金股份有限公司
152		西安赛特金属材料开发有限公司
153		有研亿金新材料有限公司
154	PDO（生物法1,3丙二醇）及PTT（聚对苯二甲酸丙二醇酯）纤维	苏州苏震生物工程有限公司
155	轿车车身结构件及底盘结构件铝镁合金高真空挤压压铸模具	广州市型腔模具制造有限公司
156		宁波合力模具科技股份有限公司
157		山东银光钰源轻金属精密成型有限公司
158	笔头及墨水适配试验公共服务平台	上海晨光文具股份有限公司
159		上海市制笔工业研究所

（续表）

序号	分包项目名称（重点方向）	中标候选人名称
160	彩色光刻胶	固安鼎材科技有限公司
161		浙江永太科技股份有限公司
162	氮化铝陶瓷粉体及基板	南充三环电子有限公司
163		河北中瓷电子科技有限公司
164		青海圣诺光电科技有限公司
165	电子级高纯多晶硅	江苏鑫华半导体材料科技有限公司
166		洛阳中硅高科技有限公司
167		青海黄河上游水电开发有限责任公司
168	高精度铜蚀刻液	惠州市宙邦化工有限公司
169		江阴江化微电子材料股份有限公司
170	高温单晶母合金	江苏隆达超合金航材股份有限公司
171	高性能闪烁晶体	中国电子科技集团公司第二十六研究所
172		清远先导材料有限公司
173		上海新漫晶体材料科技有限公司
174	轻量化材料精密成形工艺	东风（武汉）实业有限公司
175		重庆江东机械有限责任公司
176		无锡派克新材料科技股份有限公司
177	碳纤维复合材料试验公共服务平台	连云港市工业投资集团有限公司
178		江苏恒神股份有限公司
179	光电监测传感器	杭州海康威视数字技术股份有限公司
180		中国电子科技集团公司第三十三研究所
181	智能微水传感器、高性能压力传感器产品质量控制和技术评价公共服务平台	沈阳仪表科学研究院有限公司
182	新一代移动通信终端用声表面波滤波器/双工器	中电科技德清华莹电子有限公司
183		无锡市好达电子有限公司

（续表）

序号	分包项目名称（重点方向）	中标候选人名称
184	电力电子器件及功率模块（大功率IGBT）封装用DBC基板—高纯无氧铜箔	青海电子材料产业发展有限公司
185		睿宁高新技术材料（赣州）有限公司
186	电力电子器件用硅单晶圆片	天津市环欧半导体材料技术有限公司
187	宽温区高可靠薄膜压力传感器	中国电子科技集团公司第四十八研究所
188	集成电路公共服务平台	中芯国际集成电路制造（上海）有限公司
189	高端稀土功能晶体和光纤激光器	上海飞博激光科技有限公司
190	食品安全检测体系建设	广东省食品工业研究所
191		山东省食品发酵工业研究设计院
192		中国食品发酵工业研究院
193	特种气体	湖北晶星科技股份有限公司
194		江西华特电子化学品有限公司
195		太和气体（荆州）有限公司
196	移动智能终端公共安全技术基础服务平台建设	郑州信大捷安信息技术股份有限公司
197		成都卫士通信息产业股份有限公司
198	移动智能终端公共安全技术基础服务平台建设	国家计算机网络与信息安全管理中心
199	智能硬件底层软硬件技术基础服务平台建设	北京京东尚科信息技术有限公司
200		青岛海尔智能家电科技有限公司
201		深圳市大疆创新科技有限公司
202	大功率微波技术工业应用服务平台	南京三乐电子信息产业集团有限公司
203	电子电路用高频微波、高密度封装覆铜板、极薄铜箔	广东生益科技股份有限公司
204		高斯贝尔数码科技股份有限公司
205		常州中英科技有限公司
206	高频片式压控晶体振荡器（VCXO）	南京中电熊猫晶体科技有限公司

（续表）

序号	分包项目名称（重点方向）	中标候选人名称
207	光伏产业检测、标准、应用及运行监测公共服务平台	中国建材检验认证集团股份有限公司
208		工业和信息化部计算机与微电子发展研究中心（中国软件评测中心）
209		英利集团有限公司
210	介质多腔滤波器与介质波导滤波器	深圳市麦捷微电子科技股份有限公司
211	绿色电池技术研发与检测服务、行业管理公共服务平台	工业和信息化部电子工业标准化研究院
212	装备环境适应性公共技术服务平台	泰州赛宝工业技术研究院有限公司
213		中国电器科学研究院有限公司
214	集成电路制造工艺	上海华虹（集团）有限公司
215		中芯长电半导体（江阴）有限公司
216	56Gb/s 高速连接器	贵州航天电器股份有限公司
217		四川华丰企业集团有限公司
218		中航光电科技股份有限公司
219	超低损耗光纤	江苏亨通光电股份有限公司
220		长飞光纤光缆股份有限公司
221		中天科技精密材料有限公司
222	高端装备用精密电阻	蚌埠市双环电子集团股份有限公司
223		北京七一八友晟电子有限公司
224	高速光通信器件	长芯盛（武汉）科技有限公司
225	工业大数据公共服务平台	东软集团股份有限公司
226		浪潮软件集团有限公司
227		中软信息服务有限公司

（续表）

序号	分包项目名称（重点方向）	中标候选人名称
228	基于宽带移动互联网的智能汽车和智慧交通应用示范工程及产品工程化公共服务平台	北京千方科技股份有限公司
229		上海国际汽车城（集团）有限公司
230		重庆西部汽车试验场管理有限公司
231	嵌入式射频模组基板	贵阳顺络迅达电子有限公司
232		嘉兴佳利电子有限公司
233		浙江长兴电子厂有限公司
234	网联汽车、智能机器人等智能装备操作系统及软件	沈阳新松机器人自动化股份有限公司
235		长城汽车股份有限公司

支持单位（部分）

排名不分先后：

中国企业联合会

中国企业家协会

中国机械工业联合会

清华大学

北京科技大学

北京航天航空大学

国家科学技术奖励工作办公室

工业和信息化部电子科学技术情报研究所

工业和信息化部产业发展促进中心

中国信息通信研究院

机械工业仪器仪表综合技术经济研究所

中国科学院自动化研究所

中国电子元件行业协会

中国轴承工业协会

中国仪器仪表学会

中国液压气动密封件工业协会

新疆区域品牌经济发展促进会

中国五矿集团公司

新兴际华集团有限公司

紫光国芯股份有限公司

中广核久源（成都）科技有限公司

深圳市航盛电子股份有限公司

新疆蓝山屯河化工股份有限公司

北京四方继保科技股份有限公司

山东银光钰源轻金属精密成型有限公司

江苏凯迪航控系统股份有限公司

北京天宜上佳新材料股份有限公司

兰州威特焊材科技股份有限公司

湖南腾翔新能源科技有限公司

河北金后盾塑胶有限公司

威海万丰镁业科技发展有限公司

群达模具（深圳）有限公司

江苏品和天磁科技有限公司

湖南中锂新材料有限公司

河北立格环保科技股份有限公司

杭州高品自动化设备有限公司

南京萨特科技发展有限公司

陕西中企智联品牌管理有限公司

上海上创超导科技有限公司

广东紫晶信息存储技术股份有限公司

广州燃石医学检验所有限公司

山西科达自控股份有限公司

国工信（沧州）科技有限公司

华北（沧州）智能研究院有限公司

北京中关村海淀投资管理公司

广西北投昊元置业有限公司

和灵投资管理（北京）有限公司

中金国宏（北京）投资管理有限公司

常德财鑫投融资担保集团有限公司

北京宏石投资管理有限公司

元石资本管理有限公司

全国工业和信息化科技成果转化联盟

NATIONAL ALLIANCE OF INDUSTRY AND INFORMATION ECHNOLOGY ACHIEVEMENT TRANSFER（NIITA）

支撑政府　服务企业

促进先进、成熟、适用的科技成果推广应用和产业化

联盟服务

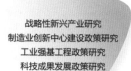

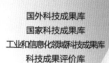

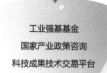

| 国家产业政策研究 | 科技成果评价 | 科技金融服务 |
| 企业科技发展规划 | 科技成果转化 | 科技成果信息化服务 |

战略性新兴产业研究	国外科技成果库	工业强基基金
制造业创新中心建设政策研究	国家科技成果库	国家产业政策咨询
工业强基工程政策研究	工业和信息化领域科技成果库	科技成果技术交易平台
科技成果发展政策研究	科技成果评价库	

联盟会员

我们不是文字的搬运工，我们是产业的架构师；

我们只说干货，不讲套话；

我们只做实事，不玩概念。

我们有上万名"真专家"数据库；

上千项"国家科技成果"项目库；

上百家"上市公司"服务真案例；

十余"产业基金"投资池；

若干国家、部委、省市县"政策研究课题库"。

找专家，找技术，找合作，找投资，找政策；

手把手指导，一对一服务；

我们是制造业的"百合网"，我们立足产业做产业；

带上你的需求，跟上我的脚步，许你一个未来。

从此，创业不再是奢侈的幸福！

选择我，成就你。

我们是全国工业和信息化科技成果转化联盟

🏠 全国工业和信息化科技成果转化联盟
　　秘书长单位：北京中企慧联科技发展中心

👤 地址：北京市海淀区万寿路27号院工业和信息化部8号楼3层配楼

👤 联系人：张健、于娟

📞 电话：010-68209350 、 68209336

📠 传真：010-68209332

🔗 网址：www.niita.org

联盟官方公众号